शेरों से मेरी मुलाकातें

शेरों से मेरी मुलाकातें

शेरजंग

राधाकृष्ण प्रकाशन

ISBN : 978-81-7119-753-8

शेरों से मेरी मुलाकातें

पहला संस्करण : 2002
दूसरा संस्करण : 2021
पहली आवृत्ति : 2023

मूल्य : ₹695

प्रकाशक
राधाकृष्ण प्रकाशन प्राइवेट लिमिटेड
जी-17, जगतपुरी, दिल्ली-110 051
शाखाएँ : अशोक राजपथ, साइंस कॉलेज के सामने, पटना-800 006
पहली मंजिल, दरबारी बिल्डिंग, महात्मा गांधी मार्ग, प्रयागराज-211 001
1, अनमोल सोराबजी संतुक लेन, धोबी तलाव, मरीन लाइंस, मुम्बई-400 002
वेबसाइट : www.radhakrishnaprakashan.com
ई-मेल : info@radhakrishnaprakashan.com

मुद्रक
राजकमल प्रेस
नई दिल्ली-110 002

SHERON SE MERI MULAKATEIN
by Sherjung

अपने पिता की स्मृति को
एक भद्र शिकारी, निर्भीक व्यक्ति, संवेदनशील कवि,
स्नेही और स्नेह योग्य मित्र
जिसने मेरे मन में शिकार का चाव पैदा किया
और
मेरे प्रारम्भिक कदमों को राह दिखाई

अनुवादक के दो शब्द

यह पुस्तक शेरजंग की अंग्रेजी में लिखी 'ट्रिस्ट विद टाइगर्स' का हिन्दी अनुवाद है। शेरजंग प्रकृति-प्रेमी तथा वनों और वन्य जीवों के आशिक थे। उनकी पुस्तक में वनों और वन-जीवन का सौन्दर्य अत्यन्त भावपूर्ण और मनमोहक शैली में वर्णित है। उसमें वनों की निजी विशेषताओं, वन-प्राणियों की शारीरिक संरचनाओं, उनकी आदतों और सहज स्वभाव की जानकारी के अतिरिक्त वन-कौशल की अनेक कहानियाँ भी हैं, जिनका सीधा सम्बन्ध लेखक के निजी अनुभवों से है। लिखने की रीति अनूठी है, जो सारी घटनाओं को एकदम सजीव कर देती है।

इस अनुवाद में मैंने यथासम्भव उस पुस्तक की निजी विशेषताओं को कायम रखने का प्रयास किया है। इस प्रयास में मुझे जिनसे सहायता मिली है, मैं उनके प्रति अपना आभार प्रकट करते हुए डॉ. विजय वधवा और श्री समरेश जंग का विशेष उल्लेख करना चाहती हूँ।

डॉ. विजय वधवा इन्द्रप्रस्थ कॉलेज, दिल्ली विश्वविद्यालय की प्राध्यापिका हैं, और हिन्दी विभाग में पिछले 35 वर्षों से कार्यरत हैं। उन्हें इन्द्रप्रस्थ कॉलेज के हिन्दी विभाग का एक स्तम्भ कहना गलत न होगा। ये साहित्य प्रेमी हैं, स्वयं भी लिखती हैं और दूसरों को लिखने को प्रोत्साहित करना और उनको सहयोग देना इनका स्वभाव है। इन्होंने जिस प्यार और आदर से मेरे इस अनुवाद को आरम्भ से अन्त तक देखा, पढ़ा और सुधारा उसके लिए आभार व्यक्त करना मेरी सामर्थ्य से बाहर है। ये सदा इसी तरह साहित्य-सृजन में सबका उत्साह बढ़ाती रहें यही मेरी कामना है।

दूसरे, इस पुस्तक को लिखने में मुझे अपने पोते **समरेश जंग** से विशेष सहायता मिली है। उसका जन्म और पालन-पोषण यद्यपि घनी आबादी वाले दिल्ली शहर में हुआ है तथापि वह स्वभाव से प्रकृति-प्रेमी है। वनों, वन्य जीवों और अस्त्र-शस्त्रों में रुचि उसने अपने पूर्वजों से विरासत में पाई है। सम्भवतः उसके और उसके दादा (पुस्तक के लेखक) के प्रेम और घनिष्ठता का यही रहस्य था। दिल्ली की ऊँची-ऊँची इमारतों

का जंगल व्यक्ति को प्रकृति से बहुत दूर ले जाता है परन्तु समरेश ने इस कमी की पूर्ति के लिए पुस्तकों, जंगलों के भ्रमण और टेलीविजन का सहारा लिया। पुस्तकों से उसने जीव-जन्तुओं और अस्त्र-शस्त्रों का ज्ञान उपलब्ध किया, और भ्रमण तथा टेलीविजन के माध्यम से जंगलों के दृश्य देखने का आनन्द उठाया। मुझे जहाँ कहीं, विशेषकर अस्त्र-शस्त्रों के विषय में अनुवाद करने में कठिनाई अनुभव हुई वहाँ समरेश से मुझे पूरा सहयोग मिला।

उसके सहयोग देने की भावना में, प्रकृति के प्यार एवं स्वच्छ और सुन्दर रुचियों में सदा निखार आता रहे यही मेरी कामना है।

—निर्मला शेरजंग

शेरों से मेरी मुलाकातें

विषय-सूची

भाग-1

शेर की विशेषताएँ

भाग-2

शेरों से मेरी मुलाकातें

भूमिका

इस पुस्तक की सब कहानियाँ एक ही जाति के जीवों, अर्थात् शेरों के सम्बन्ध में हैं, और लेखक के निजी अनुभवों पर आधारित हैं।

ये सब कहानियाँ तथ्यों पर आधारित हैं और उनमें वास्तविक घटनाओं का यथार्थ रूप से वर्णन किया गया है। कहानियों में वर्णित चरित्र भी वास्तविक हैं, और स्थानों तथा व्यक्तियों के नाम भी वास्तविक हैं।

इस पुस्तक के दो भाग हैं : पहले भाग में शेरों की निजी विशेषताओं का वर्णन किया गया है जिनके स्पष्टीकरण के लिए कुछ विशिष्ट वार्त्ताओं और घटनाओं का भी उल्लेख किया गया है। पुस्तक के दूसरे भाग में शेरों के शिकार और उनके सन्दर्भ में भिन्न-भिन्न जंगलों तथा उनमें मेरे भ्रमण करने की घटनाओं का भी वर्णन किया गया है।

मैं उन शिकारियों का विशेष रूप से आभारी हूँ जिन्होंने अपनी लेखनी द्वारा अपने शिकार सम्बन्धित ज्ञान के भंडार को मेरे सम्मुख खोलकर रख दिया है। शिकार करने में मैंने उनके ज्ञान का भरपूर लाभ उठाया है। उन विशिष्ट शिकारियों में से मैं यहाँ कुछ का व्यक्तिगत रूप से उल्लेख करना चाहता हूँ। जैसे बेकर, बेस्ट, बर्टन, कैम्पबेल, दनबार ब्रैंडर, फ़ाइफ कोक्सन, कमिंग, जिम कार्बेट, सैंडर्सन, शेक्सपीयर, शहलवर्थ, स्टीवार्ट, स्ट्रैंडेल और टेलर।

मैं आधुनिक बन्दूकों के विशेषज्ञों और निर्माताओं जैसे जिरॉल्ड, बर्रार्ड, जैक-ओ-कोंनोर, जुलियन एस. हैचर, डब्ल्यू.एच. स्मिथ के प्रति भी अपना आभार व्यक्त करना चाहता हूँ। ऐसा न करना मेरी कर्त्तव्यविमुखता होगी, क्योंकि उन्होंने वर्तमान पीढ़ी को पुरातनकाल के अस्त्र-शस्त्रों की जानकारी के साथ आधुनिक युग के अस्त्र-शस्त्रों का विस्तृत ज्ञान दिया है। उनकी पुस्तकों से उनके गहन अध्ययन का परिचय मिलता है। मैंने उनके ज्ञान भंडार का बहुत लाभ उठाया है, और उसके लिए उनके प्रति अपना आभार व्यक्त करता हूँ।

मैं उन सीधे-सादे ग्रामवासियों के प्रति भी अपनी कृतज्ञता व्यक्त करना चाहता हूँ जिनके व्यावहारिक ज्ञान ने मुझे पुस्तकों से भी अधिक जानकारी दी है। इनमें प्रमुख हैं : अशिक्षित किन्तु समझदार ग्यानू, अनपढ़ किन्तु कुलीन भूरा, निर्धन किन्तु ईमानदार मोहर सिंह, ग्रामीण किन्तु सभ्य दुलिया, निर्बल किन्तु निर्भीक गज्जू। वे शिकार करने

में बहुत कुशल थे। उनका शिकार खेलने का व्यावहारिक ज्ञान मेरे लिए बहुत लाभदायक रहा जिससे वनों और वन-प्राणियों में मेरी रुचि और बढ़ी।

मेरी अनेक अन्य शिकारियों से भी भेंट हुई। उनसे भी मैंने बहुत कुछ सीखा। इनमें से मैं नगीना के कुलीन और सरल स्वभाव के मामू अब्दुल सलीम सिद्दीक़ी तथा प्यारे मियाँ का विशेष उल्लेख करना चाहता हूँ। वे दोनों ही पुरातनकाल के शिष्टाचार का सही नमूना थे। मामू बहुत विशाल हृदय थे और मचान बनाने की कला में प्रवीण। प्यारे मियाँ निडर थे और जंगल-विद्या के गुरु। मैं उनके प्यार, सत्कार और सहयोग का ऋणी हूँ। उनके प्रति कृतज्ञता व्यक्त करने के लिए मेरे पास पर्याप्त शब्द नहीं हैं।

इस पुस्तक को लिखवाने का श्रेय मेरे मित्र अब्दुल जलील, डॉक्टर एस.एन. प्रसाद, प्रो. रामराओ और मेरे पुत्र शैलेश जंग को है। उनके हठपूर्वक आग्रह ने ही मुझे इस पुस्तक को लिखने के लिए बाध्य किया था। पुस्तक लिखते हुए मेरी अपनी किशोरावस्था और यौवन की शिकार खेलने और जंगलों में भ्रमण करने की स्मृतियाँ पुनः ताज़ा हो गईं। उस सबको कहने में मुझे बहुत आनन्द आया। पुरानी बीती बातों को दोहराना वृद्धावस्था का चिह्न है और अधिकार भी। इसे पढ़ने में पाठकों को यदि कुछ जानकारी मिली और आनन्द आया तो मुझे खुशी होगी; मैं इसे अपने समय का सदुपयोग समझूँगा।

—शेरजंग

प्रस्तावना

लोग प्रायः अपने भाग्य को आजमाने में व्यस्त रहते हैं और मैं शेरों के साथ अपना भाग्य आजमाता रहा हूँ। मेरा यह शौक मेरी परम्परा अथवा मेरी परिस्थितियों की देन है। मैंने इसे अपने पूर्वजों से पाया है। मेरे पूर्वजों के इस शौक के स्मारक-चिह्न अब भी मेरे घर में विद्यमान हैं। मजज़ल लोडिंग, मैच लोक्स्, फ्लिंट लोक्स् और कैप लोक्स् से लेकर बीच लोडिंग हाई विलोसिटी कॉरडाइट राइफल मेरे पिता के घर की शोभा है।

शिकार खेलने की रुचि मैंने अपने पूर्वजों से, विशेषकर अपने पिता से पाई है। मेरे पिता स्वयं बहुत कुशल शिकारी थे—जानवरों के हत्यारे नहीं। वे उन दिनों में भी वनों और वन्य जीवों की सुरक्षा के प्रचारक थे जब लोग खालों, सींगों और जानवरों के सिरों को इकट्ठा करने की धुन में लगे रहते थे।

औद्योगिक विकास की दुनिया जंगलों से उतनी ही दूर है जितनी बैलगाड़ी से जेट वायुयान की दुनिया। इससे बड़े शिकार के दिन अब अपने आप खत्म हो गए हैं।

वन और वन्य जीव तेजी से खत्म हो रहे हैं। जीवों के अत्यधिक चरने से धरती की ऊपरी परत नष्ट हो रही है। वातावरण के साथ सही समंजन न रखने से जलवायु भी बदल रही है। हम वनों को नष्ट कर रहे हैं, और उसके साथ वन-प्राणी स्वतः नष्ट हो रहे हैं। लगभग पिछले पचास वर्षों में जंगली जानवरों की लगभग अड़तीस जातियाँ खत्म हो चुकी हैं, और इतने ही प्रकार के पक्षियों को मार-मारकर खत्म कर दिया गया है। इसके अतिरिक्त पशु-पक्षियों की अनेक अन्य जातियाँ भी विलुप्त होने वाली हैं।

हम भारतवासी भी वनों और वन्य जीवों को नष्ट करने में दूसरे देशों से पीछे नहीं हैं। अब तक हमने पशुओं की दस जातियों को खत्म या लगभग खत्म कर डाला है। अनुमान है कि सारे भारत में अब चार हजार से अधिक शेर नहीं हैं, जबकि पचास वर्ष पहले भारत में शेरों की संख्या पचास हजार थी। हिमालय की तराई के वनों और पूर्वी तथा पश्चिमी घाट के वनों आदि को नष्ट करने से हमारी पीढ़ी ने बीस वर्षों में जितना जंगलों और जंगली जानवरों का विनाश किया है, उतना हमारी पहली पीढ़ियों को करने में दो सौ वर्ष लगते।

हमें इसके लिए कुछ करना चाहिए। हमें अपनी भावी पीढ़ियों के लिए वन्य जीवों

की बची हुई जातियों को सुरक्षित रखना चाहिए अन्यथा आनेवाली पीढ़ियाँ न वनों में भ्रमण कर पाएँगी और न वन्य जीवों को उनके प्राकृतिक आवास में देख पाएँगी।

इतना विनाश हो जाने के बाद भी हमारे देश में वनों और वन-प्राणियों की काफी समृद्ध विरासत है। कुल मिलाकर पाँच सौ प्रकार के पशु हैं, तीन हजार प्रकार के पक्षी और तीस हजार प्रकार के कीड़े-मकोड़ों की जातियाँ। आइए, हम सब मिलकर इनकी सुरक्षा करने का निश्चय कर लें। इनकी सुरक्षा पर ध्यान देना बहुत जरूरी है। जंगलों की रक्षा करना बहुत जरूरी है। केवल वन्य जीवों के लिए ही नहीं, मनुष्य के जीवन की सुरक्षा के लिए भी।

शिकार खेलना एक आनन्ददायक क्रीड़ा है। इसका उद्‌देश्य अपने भीतर के राक्षस की तुष्टि करना नहीं है बल्कि वन-प्राणियों के विषय में, उनके व्यवहार-विलक्षणताओं, आदतों, निवास-स्थानों आदि का ज्ञान प्राप्त करना है। वनों की रक्षा के लिए उन्हें दुष्ट, रोगी और विकृत जानवरों से मुक्त रखना आवश्यक है। इस काम को ठीक माली की भाँति करना चाहिए जो बाग-बागीचों में से सड़ी-गली टहनियों को छाँटता है, पागल हाथी की तरह विनाशकारी कार्य नहीं करता।

शिकारी को अपनी बन्दूक का प्रयोग उसी दृष्टिकोण से करना चाहिए जिस दृष्टि से शल्य चिकित्सक शरीर पर चाकू का प्रयोग करता है। वह रोगी को कम-से-कम चोट पहुँचाकर उसके शरीर के विकृत अंग तथा हानिकर पदार्थ को बाहर निकालता है। हमें यह याद रखना होगा कि शिकारी की बन्दूक अपराधी का हथियार नहीं है, और न ही शिकार करना फौजी कार्रवाई है, जिसमें बिना भेदभाव अनेक निर्दोष प्राणी व्यर्थ में खत्म कर दिए जाते हैं।

शिकार खेलने का सच्चा आनन्द उस समय आता है जब शिकारी धरती पर बैठकर अपने वन-कौशल से अपने प्रतिद्वन्द्वी का सामना उसी के क्षेत्र में करता है, और उसे पराजित करता है। जो शिकारी अपनी सुरक्षा को प्रथम स्थान न देकर अन्तिम स्थान देते हैं, उन्होंने आत्मरक्षा को सीख लिया है। इस नियम के पालन से मुझे सदा ही सन्तोषजनक परिणाम मिले हैं—शिकार के क्षेत्र में ही नहीं, कार्य-कलाप के अन्य क्षेत्रों में भी।

जिस प्रकार का शिकार करना मैं स्वयं पसन्द करता हूँ और दूसरों के लिए भी ठीक समझता हूँ, उसके लिए जानवरों की आदतों का ज्ञान और जंगलों की जानकारी का होना बहुत जरूरी है। इसी को ध्यान में रखते हुए मैंने इस पुस्तक में केवल उन्हीं कहानियों तथा घटनाओं का उल्लेख किया है जिनका सम्बन्ध वन-कौशल की टेकनीक से है, या जिनसे जानवरों की व्यवहार-विलक्षणताओं और आदतों का परिचय मिलता है। इसे करने में मैं कहानी कहते-कहते कभी-कभी इधर-उधर भटक भी गया हूँ, और कभी-कभी जानवरों के व्यवहार के स्पष्टीकरण में अपने विचारों को व्यक्त करने के लिए कहानी के बीच रुका भी हूँ। सम्भव है आप मेरे विचारों से सहमत न हों अथवा आपको मेरे ज्ञान का अनावश्यक आडम्बर दिखाई दे परन्तु वह सब मेरी उस मूल धारणा के

अनुरूप है, जिसने मुझे इस पुस्तक को लिखने के लिए अभिप्रेरित किया है। मुझे शेर के शिकार का तीस वर्षों का जो ज्ञान या जानकारी है, मैं उसे अपने बेटे और उसकी पीढ़ी के साथ बाँटना चाहता हूँ।

जहाँ तक मेरी बात है, मुझे जंगलों से जो आनन्द मिला है, मैं उसे संसार के किसी अन्य सुख से बदलना नहीं चाहता। जंगल मेरा स्वर्ग है, और यदि उसके साथ मेरे पास एक राइफल और एक जोड़ा शिकारी जूता भी हो तो मुझे और कुछ दरकार नहीं।

–शेरजंग

भाग–1

शेर की विशेषताएँ

शेर

शेर के ध्यान मात्र से अलग-अलग व्यक्तियों के मन में अलग-अलग प्रकार के रूप उभरते हैं; किसी को वह सुन्दरता का साकार रूप दिखाई पड़ता है तो किसी को आतंक का सजीव स्वरूप। और, मेरी आँखों के सामने उसका वह शानदार रूप आ जाता है, जब बचपन में पहली बार मैंने उसे जंगल में देखा था।

सर्दी का मौसम था। कड़ाके की ठंड पड़ रही थी। मेरे पिता ने शिवालिक की तराई में, लोहगार खोल के अन्तिम छोर पर, अपना डेरा डाल रखा था। उस घाटी में पालतू पशुओं को मारने वाले एक शेर का आतंक फैला हुआ था। उसी का शिकार करने के लिए मेरे पिता वहाँ गए थे। मैं भी वन-जीवन का आनन्द उठाने के लिए और सम्भवतः पढ़ाई के दुष्कर काम से बचने के लिए उनके साथ गया था।

दिन ढल चुका था। मुझे अपनी बिल्कुल नई एक-नली विनचेस्टर राइफल को चलाने की बहुत उत्सुकता थी। वहाँ आसपास मोर थे। मैं उनका शिकार करने के लिए अपने साथी ड्यूक को लेकर चल पड़ा। ड्यूक बहुत प्रशिक्षित फॉक्स टैरियर था। वह पक्षियों को उड़ाने और फिर गोली चलने के बाद उन्हें ढूँढ़ निकालने में बहुत कुशल था।

हमारे डेरे के पास खोल का फैलाव बहुत छोटा था। एक सूखे नाले जैसा। चट्टानों से भरे उस स्थल में लगभग पचास फुट चलने के बाद मैंने एक मोड़ पार किया और स्वच्छ पानी के एक कुंड के पास पहुँच गया। वहाँ खोल की चौड़ाई तीस फुट से अधिक नहीं थी। भूमि समतल थी। वहाँ से सारा दृश्य साफ दिखाई पड़ता था। दोनों ओर की पहाड़ियों के टूट जाने और बह जाने के कारण खोल के सामने वाला भाग बन्द था। उसके बाएँ किनारे पर दर्रे की भाँति, एक पतला-सा रास्ता खुला था।

मैं दाएँ किनारे पर चढ़ा और कुंड से लगभग दस गज दूर करौंदे की एक झाड़ी के पीछे छिपकर बैठ गया। ड्यूक भी मेरे पास ही धरती पर अपने अगले पैर बिछाकर बैठ गया। मोर झाड़ियों में से कुंड की ओर आ रहे थे। उनके चलने से झाड़ियों के हिलने की और पत्तों तथा टहनियों के दबने की आवाज सुनाई पड़ रही थी। ड्यूक उसकी ओर अपने कान लगाकर सर्तक बैठा था। तभी ऐसा लगा कि कोई चीज उन्हें झाड़ियों में रोक रही है।

ड्यूक और मैं दोनों स्थिर बैठे थे। सहसा मोरों की चिल्लाहट सुनाई पड़ी; वे जोर-जोर से पंख मारते हुए पहाड़ी के पास चले गए। मैं बहुत ही निरुत्साहित और

निराश हुआ। तभी मैंने ड्यूक को सरक कर अपने निकट आने का प्रयास करते हुए देखा। वह बहुत घबराया हुआ और बेचैन था जो उस प्रशिक्षित कुत्ते के लिए अस्वाभाविक था। मैंने उसके शरीर पर हाथ रखा। वह काँप रहा था। मैं आश्चर्यचकित रह गया। वह बहुत डरा हुआ और काँपता हुआ खोल के पार देख रहा था। मैं भी उसकी आँखों की सीध में उसी ओर देखने लगा जिधर वह एकटक देख रहा था। वहाँ खोल में बहती नदी के मुँह पर मुझे एक विशाल और भारी आकृति दिखाई दी। माथे को संकुचित किए हुए वह सिर उठाए सीधा देख रहा था। वही मेरे कुत्ते की घबराहट का कारण था। ढलते हुए सूरज के पीले और मन्द प्रकाश में वह आकृति बड़ी और ठोस दिखाई पड़ी।

कुछ समय तक वह वहीं स्थिर खड़ा रहा। सन्ध्या के सुन्दर सुनहरे और काले रंग के माहौल में उसकी अपनी त्वचा का पीला रंग और काली धारियाँ खिल रही थीं। फिर उसने अपना सिर झुकाया और लचीलेपन से अपने शरीर को मोड़कर बाहर खोल में निकल आया। कुछ क्षणों तक मैं उसे पहचान नहीं पाया। उसकी लयपूर्ण गति और चिकनी रेखाओं की सुन्दरता को देखकर मैं स्तब्ध रह गया। उसके खोल में आ जाने पर मुझे समझ आया कि वह शेर था।

हमारे पास से वह सीधा कुंड पर गया। कुछ समय तक वह वहाँ स्थिर खड़ा रहा। फिर धूप में छितरे बादलों की भाँति उसने धीरे-धीरे और सुन्दर ढंग से अपने शरीर को झुकाया और बड़ी-बड़ी मूँछों वाले मुँह को कुंड के शान्त पानी में डाल दिया। शाम का अँधेरा छा चुका था और मैं तनाव में था। आशंकाओं से विचलित होते हुए भी मैं वहाँ तीर की भाँति कमान की अत्यधिक खिंची डोर पर स्थिर बैठा था।

शेर ने पानी पीने में काफी समय लगाया और मुझे इस पृथ्वी के अलौकिक दृश्य को देखने का पूरा अवसर दिया। वह तब एक दैवी शक्ति की भाँति अपनी पूरी ऊँचाई में उठा और अपने बड़े और भारी सिर को हिलाया। उसके निचले होंठ से पानी टपक रहा था। वह वहाँ से अँधेरे में विलीन हो गया। उस रोमांचक दृश्य के नशे ने मुझे ज्ञानशून्य कर दिया। बहुत दिनों तक मैं शेर के अतिरिक्त और किसी बात को सोच ही नहीं सका। भारत के वन-राजा ने मेरे मन पर ऐसा जादू डाला कि मैं आज तक उसके प्रभाव से बाहर नहीं निकल पाया हूँ।

संसार में सम्भवतः ऐसा और कोई वन-प्राणी नहीं है जो शेर की भाँति हमारे विचारों और कल्पना पर छाया हुआ हो। इसका नाम लोककथाओं तथा बच्चों की कहानियों में बार-बार आता है। शेर या सिंह हमारे जनसमुदाय के बहुत से लोगों के नाम का अंग है। भारत के मन्दिरों में दुर्गा माँ की प्रतिमा की सवारी शेर है। इसकी शक्ति और शोभा से केवल कविजन ही प्रभावित नहीं हैं, साहित्यशास्त्रियों ने इसकी चाल की सुन्दर लय को सम्मानित करने के लिए कविता के एक छन्द को शार्दूल की संज्ञा दी है।

शेरों का प्राकृतिक आवास

शेरों का भौगोलिक क्षेत्र कोकासस् से पूर्वी एशिया, भारत, बर्मा (म्याँमार) और मलेशिया प्रायद्वीपों से लेकर इंडोनेशिया-द्वीपों, चीन, मनचूरिया, अमरलैंड और कोरिया तक फैला हुआ है। विशेषज्ञों की धारणा है कि शेर देशान्तर से भारतवर्ष के वनों में कुछ ही समय पहले आए हैं। भारत में इन्होंने हिमालय के उत्तरी-पूर्वी छोर से प्रवेश किया। भारत और लंका के बीच समुद्र होने के कारण ये लंका में नहीं पहुँच पाए। भूतत्त्व विज्ञान के अनुसार लंका पहले भारत से जुड़ा हुआ था। इसलिए यह अनुमान लगाया जा सकता है कि जिस समय शेर भारत में आए, उस समय लंका एक अलग द्वीप बन चुका था। इस समय शेर भारत में हिमालय से कैम्प कोमरिन तक पाए जाते हैं। जहाँ पर वन घने हैं, वहाँ पर इनकी संख्या अधिक है, और जहाँ पर वनों में केवल घास और छोटी-छोटी झाड़ियाँ हैं, वहाँ इनकी संख्या अपेक्षाकृत कम है।

भौगोलिक स्थिति के अनुसार भारत में दो प्रकार के शेर हैं। पहाड़ी क्षेत्रों के सुगठित और सुदृढ़ शेर और मैदानी वनों के पतले और लम्बे शेर।

घास के जंगलों के शेरों को, न जाने क्यों, बंगाल टाईगर कहा जाता है। ये नेपाल, उत्तर प्रदेश की तराई, आसाम की दक्षिणी पहाड़ियों, सुन्दर वन और बर्मा में पाए जाते हैं। एक हजार पाँच सौ मील के घास तथा झाड़ियों और साल के वृक्षों के मैदानी वन-संसार में शिकार का सबसे समृद्ध क्षेत्र है। यह क्षेत्र शेरों के रहने के लिए बहुत अच्छा स्थान है।

तराई के वनों के बाद मध्य प्रदेश के जंगल शेरों के लिए प्रसिद्ध हैं। साल और सागवान के वृक्षों के ये वन उत्तर में रेवा से दक्षिण में चाँद और दंडकारण्य (बस्तर) तक और पूर्व में उड़ीसा और छोटा नागपुर से पश्चिम में होशंगाबाद तक फैले हुए हैं।

दक्षिण भारत में वनों का फैलाव मैसूर, कोकन, मालाबार, नीलगिरि और पश्चिमी घाट तक है। ये वन, विशेषकर मैसूर और मालाबार के वन, शेरों के लिए विशेष रूप से प्रसिद्ध हैं।

पूर्वी घाट के वनों में भी शेर हैं, परन्तु बहुत कम। उनकी संख्या न के बराबर है। पूर्वी घाट के शेर आकार में छोटे हैं, और उनकी त्वचा का रंग बहुत आकर्षक नहीं है।

गुजरात में शेर प्रायः नहीं हैं, और जो थोड़े से हैं, वे आकार और कद दोनों में छोटे हैं। परन्तु यहाँ पर सिंह अर्थात् बबर शेर हैं। भारत में यही एक स्थान है, जहाँ

बबर शेर पाए जाते हैं। गुजरात के वन बबर शेरों के लिए प्रसिद्ध हैं, आम शेरों के लिए नहीं।

गुजरात के निकटवर्ती इलाके अर्थात् राजस्थान में शेर बहुत हैं। उदयपुर, जयपुर और अलवर के जंगलों में शेर हैं यद्यपि उनकी संख्या बहुत नहीं है। ये शेर लम्बाई में छोटे, कद में ऊँचे हैं, और इनका शरीर भारी है।

इन क्षेत्रों में इस अत्यन्त सुन्दर, उत्कृष्ट और अनमोल प्राणी का जीवन दुष्कर हो गया है। एक समय था जब इनके शिकार पर कड़ा प्रतिबन्ध था। लेकिन अब खेती, उद्योग, राज्य की लापरवाही और लोगों की उदासीनता ने वनों और वन्य जीवों का सर्वनाश कर रखा है। उदाहरणार्थ, ब्रह्मपुत्र के 'चुर' एक समय में वनप्राणियों से भरे हुए थे और अब खाली हैं। शेरों का इतना विनाश किया गया है कि ये अब लगभग विलुप्त होते जा रहे हैं। सर सैम्युल डब्ल्यू. बेकर के शब्दों में, 'इस सदी के आरम्भ में, कुछ-कुछ समय के बाद धबरी कचहरी में शेरों की खालों की नीलामी आठ आने प्रति खाल की दर से की जाती थी।'

मनुष्य की लूट-खसोट ने पंजाब में कांगड़ा के शिवालिक पर्वतों के वनों को नष्ट कर दिया है। जहाँगीर बादशाह के इतिहासकार के अनुसार, 'यहाँ के जंगल इतने घने थे कि पक्षी के लिए पंख फैलाना भी कठिन था।' आज ये पहाड़ी क्षेत्र पेड़-पौधों से रिक्त हैं। कहीं-कहीं घास और काँटेदार झाड़ियों के अतिरिक्त यहाँ अब और कुछ नहीं है, और वे भी सुरक्षित नहीं हैं। इसी प्रकार हिमालय के बाहरी क्षेत्रों के घने वन भी बहुत कुछ काट दिए गए हैं।

प्राकृतिक इतिहास की मुम्बई की पत्रिका (Vol. XXII, सं. 1, पृ. 33, 1920) में एन.बी. किनीवर ने शेरों के वितरण का एक बहुत रोचक विवरण दिया है। उन्होंने लिखा है, 'शेर सिन्धु, भागलपुर और पंजाब में बहुत होते थे। कहा जाता है कि पूर्व की ओर बिहार के जिला पलामू में सन् 1814 में एक शेर को मार दिया गया था।...और सन् 1832 में बड़ौदा में एक शेर को मारा गया था...ऐसा अहमदाबाद के पास बहुत होता था।...मध्य भारत में बबर शेर बहुत थे। उनकी संख्या के सम्बन्ध में कहा जाता है कि गद्दर के समय कर्नल जॉर्ज एक्लैंड स्मिथ ने भारत में तीन सौ से अधिक बबर शेर मारे थे और इनमें से पचास शेरों का शिकार दिल्ली जिले में किया गया था।'

एशियन मैगज़ीन (जून 30, 1885) में कर्नल मार्टिन ने लिखा है कि उसने और जरनल ट्रैवर्स ने सन् 1860 में ग्वालियर में, गूना के पश्चिम की ओर की एक पहाड़ी पर दो बबर शेरों का शिकार किया था और दो वर्षों के बाद उसने कर्नल बीड़न के साथ गूना से सत्तर मील उत्तर-पश्चिम में पातुल-घर में आठ शेरों का शिकार किया था।

आज भारत में बबर शेरों की कुल संख्या केवल तीन सौ है, जो गुजरात में काठियावाड़ के गीर वनों में सीमित है। पूर्व में हिमालय के निचले भागों में अब गैंडों अर्थात् गंडक (राइनोसीरोंसस्) की संख्या भी दो सौ से कम रह गई है।

बहुत से अन्य पशु और पक्षी भी लगभग विलुप्त हो चुके हैं या तेजी से विलुप्त

होते जा रहे हैं जैसे—थैमिन, चीतल, कस्तूरी मृग, हिम-चीता, छोटा सूअर, भारत का विशिष्ट वट तीतर (बस्टर्ड), लाल मुंडी बतख इत्यादि।

अपने पूर्वजों से विश्वजनीन करुणा और मित्रता की संस्कृति प्राप्त करने वाले हम लोगों पर यह एक बहुत शोचनीय आक्षेप है। हमारे धार्मिक ग्रन्थों में पशु और पक्षियों को बहुत उच्च और आदरणीय स्थान दिया गया है। हमने वानर और गाय को देवता सदृश माना है। और, अब अपने वन्य जीवों के प्रति यह लापरवाही और उदासीनता बरतना क्या हमारे लिए अपनी संस्कृति और धर्मग्रन्थों का उपहास करना नहीं है ?

कान्तालय के समय में, जैसा उनकी पुस्तक अर्थशास्त्र (321-296 बी.सी.) में वर्णित है, भारत में वनों और वन्य जीवों की सुरक्षा के लिए निश्चित कानून थे। उन्हीं के शब्दों में :

'हिरण, जंगली साँड़, पक्षी और मछलियाँ और वनों में रहने वाले जीव-जन्तु राज्य के संरक्षण में हैं। इन्हें पकड़ना, हानि पहुँचाना तथा मारना दंडनीय अपराध है। जो भी ऐसा करेगा उसे कठोरतम दंड दिया जाएगा।'

'सुरक्षित वनों में अनधिकार प्रवेश करने वाले को मध्यम वर्ग का दंड दिया जाएगा।'

'जीवित पशु-पक्षियों का छठवाँ भाग भयमुक्त स्थानों और राज्य के सुरक्षित वनों में छोड़ा जाएगा।'

'हाथी, घोड़े, मनुष्य जैसी आकृति के पशु, बैल, समुद्री गधे व तालाबों, झीलों, नदी-नालों की मछलियाँ और शिकार के पक्षी जैसे सारस, कंकरी, कोकिला, राजहंस, भाहमणी बतख, जीवन जीविका (एक प्रकार का तीतर), भ्रंगराजा, चकोर, मोर, तोता तथा अन्य शुभ पक्षियों को सब प्रकार की हानि से सुरक्षित रखा जाएगा।'

'जो व्यक्ति ऊपरलिखित आदेशों तथा नियमों का उल्लंघन करेंगे, उन्हें कठोरतम दंड दिया जाएगा।'

ईसा मसीह से तीन शताब्दी पूर्व अशोक के पाँचवें स्तम्भ पर पशु-पक्षियों और वनों तथा वन्य जीवों की सुरक्षा की घोषणा की गई थी।

हम जो शेरों से सुसज्जित अशोक चक्र को अपना राष्ट्रीय प्रतीक मानते हैं, वन और वन्य जीवों के प्रति बिल्कुल उदासीन और लापरवाह हैं। वन और वन्य जीवों की ऐसी उपेक्षा करना क्या घोर अपराध नहीं है ?

आज शेर को सुरक्षा की आवश्यकता है। उसको संरक्षण देने के लिए हमें वनों और वन्य जीवों की सुरक्षा करनी होगी अन्यथा वह दिन दूर नहीं, जब शेर जैसे उत्कृष्ट और गौरवशाली प्राणी का उसी प्रकार अंत हो जाएगा जिस प्रकार बबर शेर का लगभग हो चुका है।

शेरों की निजी विशेषताएँ तथा उनकी त्वचा के रंग

शेर सही शब्दों में मांसाहारी जीवों का एक सटीक उदाहरण है। इसमें विनाश करने की अधिकतम शक्ति है, और साथ ही स्वयं में शक्ति उत्पादन करने की सहज व्यवस्था भी है। यह दाँतों और पाचनक्रिया दोनों की समस्याओं और उलझनों से मुक्त है। इसके थोड़े से कैंचीनुमा दाँत हैं, और बड़े-बड़े सुवा दाँत। सुवा दाँत शिकार को जकड़कर पकड़ रखने में तथा उसके शरीर में धँसकर उसे प्राणहीन करने में काम आते हैं। छोटे कैंचीनुमा दाँतों से वह शिकार के ऐसे टुकड़े करता है जिन्हें वह आसानी से निगल सके। इसका पेट एक साधारण थैली जैसा है। वह छोटे-छोटे भागों और कक्षों में बँटा हुआ नहीं है। इसकी आँतें भी बहुत लम्बी नहीं हैं। उनकी लम्बाई इसके सारे शरीर की लम्बाई से तिगुनी है।

शेर के जबड़े में दाईं-बाईं ओर जाने की क्षमता नहीं है। निचले जबड़े की गोल अस्थि इतनी चौड़ी है कि वह अपने स्थान से इधर-उधर हिल नहीं सकती। वह वहाँ बहुत अच्छी तरह से बैठी हुई है। बिल्ली परिवार के इस जीव की दूसरी विशेषता उसके नखों में है, जो पंजे की खाल में अच्छी तरह से सुरक्षित धँसे रहते हैं। शिकार को उपलब्ध करने में नखों का भी उतना ही महत्त्वपूर्ण हाथ है जितना इसके दाँतों का। इसलिए इनका पैना और सुरक्षित रहना आवश्यक है। मांसपेशियों की विचित्र व्यवस्था से नखों के पैने छोर धरती को स्पर्श नहीं करते। शेर अपने पैरों की मांसपेशियों की लचीली गद्‌दियों पर, बिना आहट के चलता है। इसके अतिरिक्त शेर अपने शिकार के पीछे दौड़ता नहीं। इसलिए उसे शिकर करने में अपने नखों को धरती में गाड़ने या धँसाने की आवश्यकता नहीं पड़ती। वह अपने शिकार का अनुसरण चुपके-चुपके करता है। शिकार करने में वह तीव्र गति की अपेक्षा अपनी आहट रहित चाल पर अधिक निर्भर करता है। अतएव उसके शिकार करने में उँगलियों की अपेक्षा पंजों की भूमिका अधिक महत्त्वपूर्ण है।

जो जानवर चुपके-चुपके, चोर-चाल से अपने शिकार का पीछा करते हैं, उनके नख केवल उस समय धरती को स्पर्श करते हैं, जब वे अपने शिकार पर आक्रमण करते हैं या जब कभी वे किसी कारण से चौंक जाते हैं। अन्यथा नहीं। परिणामस्वरूप उनके पद्‌चिह्नों में नखों के निशान नहीं होते।

चिड़िया-घर या सरकस के शेर अपने आकर्षण एवं सुन्दरता में प्राकृतिक आवास

में रहने वाले शेरों की तुलना नहीं कर सकते। जंगलों में रहनेवाले शेरों की मांसपेशियाँ बहुत विकसित और सुदृढ़ होती हैं। उन्हें अपने भोजन की खोज में रातभर बहुत दूर-दूर तक भ्रमण करना पड़ता है; अनेक जानवरों से प्राणघातक संघर्ष करने पड़ते हैं। इसके विपरीत, जिन शेरों को बिना खोज किए भोजन मिलता है वे पतले नहीं होते, बल्कि मोटे और भारी हो जाते हैं। वनों में निवास करने वाले शेरों के कन्धे, पीठ और कूल्हे चौड़े होते हैं। उनकी टाँगें, विशेषकर अगली टाँगें और कलाइयाँ अच्छी विकसित और पुष्ट होती हैं। इससे उनकी कमर चौड़ी हो जाती है। शेर के दोनों कन्धों में एक-एक खड्गरूपी अस्थि होती है। ये अस्थियाँ शारीरिक ढाँचे से जुड़ी हुई नहीं हैं। ये कन्धों की मांसपेशियों में होती हैं। इन्हें शुभ अस्थियाँ कहते हैं। ये शेर के कन्धों को अतिरिक्त शक्ति देती हैं, जो उसे अपने शिकार पर आक्रमण करने में तथा उसके साथ संघर्ष करने में सहायक होती हैं।

शेर की मांसपेशियों की शक्ति आश्चर्यजनक है। उसकी इस शक्ति का अनुमान इससे लगाया जा सकता है कि सामान्य रूप से जंगली बैल के मृत शरीर को खींचने में पच्चीस-तीस व्यक्तियों को मिलकर अपनी पूरी शक्ति लगानी पड़ती है जबकि शेर उसका संहार करने के बाद उसे बहुत दूर तक अकेला ही खींचकर ले जाता है।

एक स्वस्थ शेर एक छलाँग में तीस फुट का अन्तर पार कर जाता है। यह चमत्कार मैंने उस दिन देखा था जब मैं कुछ मित्रों के साथ कोचबेली के जंगल में वनपक्षियों के लिए हाँका करवा रहा था। सुबह का समय था और वह सुबह बहुत शान्त थी। पक्षी उसी तेजी से बाहर निकल रहे थे जिस तेजी से हम अपनी बन्दूकों में गोलियाँ भर रहे थे। अपनी उपस्थिति की घोषणा करने के लिए हमने इतना शोरगुल मचा रखा था जिससे जंगल के सब जीव डर जाएँ। सहसा हाँका बन्द हो गया और उसके साथ पक्षियों का उड़ना भी रुक गया।

मुझे क्रोध आया। कुछ समय प्रतीक्षा करने के बाद मैं हाँका करनेवालों की ओर गया। मैंने देखा कि वे सब एक डरी हुई वानर-सेना की भाँति पेड़ों पर चढ़े हुए थे। उन्होंने बताया कि हाँके से एक शेर भी निकल आया था जो पीछे की ओर गया है। उन्होंने नाले की ओर संकेत किया। मैं उस नाले की तरफ गया जिसे शेर ने एक छलाँग में पार किया था।

उस नाले के दोनों ओर, आर और पार, शेर के पदचिह्न गहरे और स्पष्ट थे। एक साथी की पगड़ी को लेकर मैंने नाले के दोनों ओर के पदचिह्नों के बीच के अन्तर को नापा। वह लगभग बत्तीस फुट था। शेर की वह छलाँग बहुत आश्चर्यजनक थी। इतनी दूरी तो वे घोड़े भी एक छलाँग में पार नहीं कर पाते जिन्हें लम्बी कूद लगाने तथा बाधाओं को पार करने का विशेष प्रशिक्षण दिया जाता है।

एक बड़े और पूरे विकसित शेर का वजन आठ सौ पाउंड देखा गया है यद्यपि सामान्यतया शेरों का वजन चार सौ से पाँच सौ पाउंड तक होता है। सन् 1861 में कर्नल बोएलीन ने अवध में लुटियार नामक स्थान पर एक शेर मारा था। कहा जाता है कि

उसकी लम्बाई बारह फुट से कुछ अधिक थी। इससे अधिक लम्बाई के शेर का कोई अन्य विवरण नहीं मिलता। परन्तु अब से शेर की लम्बाई उसकी नाक से उसकी दुम के अन्तिम छोर तक यदि दस फुट हो तो उसे बहुत बड़ा शेर समझा जाता है। बुढ़ापे में शेर बहुत कमजोर हो जाते हैं, क्योंकि उन्हें बरबस भूखे रहना पड़ता है। उनका पेट एक खाली थैली की तरह लटकने लगता है।

शेर बिल्ली-वंश का जीव है। यह बहुत बड़े और भारी शरीर की बिल्ली है। इसकी नाक छोटी है। इसकी त्वचा पर भूरे रंग के छोटे-छोटे बाल हैं। इसकी त्वचा का रंग हल्के पीले रंग से लेकर गेरुए, सुनहरी लाल और जली हुई भूरे रंग की मिट्टी जैसा होता है। उनकी आयु, निवास स्थान की निजी विशेषताओं तथा जलवायु के अनुसार उनकी त्वचा के रंगों में बहुत भिन्नताएँ पाई जाती हैं। शेर का पेट, गर्दन का निचला भाग और टाँगों के भीतरी भाग लगभग सफेद होते हैं, और उनके कानों के पिछले भाग काले। उनके दोनों कानों में एक-एक श्वेत धब्बा होता है, जो बहुत साफ दिखाई पड़ता है। इनके शरीर की और पिछली टाँगों की त्वचा पर तिरछी धारियाँ होती हैं, जो प्रायः अनियमित आकार की, और दोहरी होती हैं। कुछ धारियाँ अकेली-अकेली होती हैं, कुछ गाँठ की तरह गोलाकार, और कुछ चौड़े-चौड़े पट्टे के समान। अगली टाँगों के बाहरी भाग पर धारियाँ नहीं होतीं, और सिर पर वे बहुत घनी होती हैं। दुम की धारियाँ गोल-गोल होती हैं। दुम का अन्तिम भाग काला और एक गुच्छे जैसा होता है। जिस प्रकार मनुष्य की हथेली की रेखाओं में व्यक्तिगत भिन्नताएँ हैं, उसी प्रकार शेरों की त्वचा की धारियों में भी पारस्परिक अन्तर पाए जाते हैं। इतना ही नहीं, एक शेर की त्वचा की दोनों ओर की धारियाँ भी एक जैसी नहीं होतीं। नर शेर के कानों से लेकर कपोलों को घेरते हुए बड़े-बड़े बाल होते हैं, जिन्हें प्रायः उसकी मूँछें समझा जाता है, परन्तु वे मूँछें नहीं हैं। वास्तव में उसकी मूँछें उसके होंठों के ऊपर के लम्बे-लम्बे बाल हैं।

कुछ शेरों की त्वचा का रंग सफेद भी होता है और कुछ का काला। किन्तु यह त्वचा के रंग की विकृतियाँ हैं। ऐसे शेर, विशेषकर काले शेर, बहुत कम होते हैं।

शेर की धारीदार त्वचा और उसके परिवेश की सूखी टहनियों, पीली घास तथा जले हुए पेड़ों के ठूँठों में बहुत विचित्र साम्य है। अपने परिवेश की पृष्ठभूमि में एक बड़ा शेर अपनी आहटरहित चाल से, कुछ ही कदमों की दूरी से आदमी के सामने से निकल जाता है; वह आगे बढ़ जाता है या पीछे हट जाता है, और व्यक्ति को दिखाई नहीं पड़ता।

बहुत समय तक यह विश्वास किया जाता था कि प्रकृति ने शेर की धारियों का विकास साल-वृक्षों के जंगलों तथा घास के वनों की धूप-छाया में तालमेल बैठाने के लिए किया है, परन्तु साइबेरिया के शेरों की त्वचा पर इसी प्रकार की धारियाँ हैं जबकि उन शेरों के आवास की प्राकृतिक व्यवस्था बिल्कुल भिन्न है।

दूसरे महायुद्ध के समय सेना के वैज्ञानिकों ने सेना की गतिविधियों को शत्रु की

दृष्टि से छिपाने के लिए दृष्टि-भ्रमों के कारक-तत्त्वों का बहुत गम्भीरता से अध्ययन किया था और इस विषय में उन्होंने रंगों की प्रभावशीलता के जिन चार नियमों का प्रतिपादन किया था, वे इस प्रकार हैं—

(1) विषय-वस्तु की रूपरेखा को तोड़ना अर्थात् अनियमित करना।

(2) रंगों के चढ़ाव-उतार की व्यवस्था को इस प्रकार से भंग करना कि ठोस वस्तु ठोस दिखाई देने के स्थान पर चपटी दिखाई पड़े।

(3) विषय-वस्तु की छाया को छिपाने या मिटाने की व्यवस्था करना।

(4) विषय-वस्तु और उसकी पृष्ठभूमि में तालमेल स्थापित करना।

शेर को उसके सहज परिवेश अर्थात् प्राकृतिक आवास में दिखाई न देने में और शत्रु की दृष्टि से बचाए रखने में इन चारों तत्त्वों की विशेष भूमिका है।

शेर की त्वचा के रंग, उसकी अनियमित धारियाँ और धब्बे उसे दूसरों की नजर से बचाए रखने में बहुत सहायक हैं। उसका रंग तथा धारियाँ दूसरे के ध्यान को अपनी ओर आकर्षित करती हैं। फलस्वरूप उसकी सम्पूर्ण आकृति और आकार की ओर ध्यान नहीं जाता। उदाहरणार्थ, चीते की त्वचा की रंग-व्यवस्था और धब्बों को ही लीजिए। चीते के सम्बन्ध में किपलिंग ने कहा है, 'यदि वह नंगी धरती पर लेट जाए तो वह रोड़े और कंकड़ों जैसा दिखाई देता है; यदि वह नंगी चट्टानों पर लेट जाए तो एक गोल-सा पत्थर दिखाई पड़ता है; पत्तों से ढकी पेड़ की शाखा पर बैठा हुआ वह पत्तों से छनती हुई धूप जैसा लगता है, और रास्ते में लेटा हुआ किसी भी विशिष्ट विषय-वस्तु जैसा नजर नहीं आता।' जीव वैज्ञानिकों ने इसे 'वितरित वर्णता' की संज्ञा दी है। युद्ध में जब सैनिकों की गतिविधियों को छिपाने के लिए इस रीति का प्रयोग किया जाता है तो इसे 'सशंकित छिपाव' कहते हैं। यह भी दृष्टिभ्रम का एक उदाहरण है।

रंगों की प्रभावशीलता के निर्मूलन की भी अपनी रीति है, जैसे—किसी जानवर-रूपी खिलौने को सब ओर से एक-सा गेरुआ रंग लगाकर उसे यदि कमरे से बाहर प्राकृतिक प्रकाश में रख दिया जाए तो दिन के सहज प्रकाश में उसकी पीठ का रंग हल्का फीका गेरुआ दिखाई देगा, और उसके निचले भागों का रंग गहरा गेरुआ। प्रकृति में गेरुए जानवरों की पीठ का रंग गहरा गेरुआ होता है, और निचले भागों का रंग हल्का गेरुआ, लगभग सफेद। उसके शरीर के दोनों ओर के रंग ऊपर से नीचे तक हल्के-हल्के मन्द पड़ते हुए नीचे के सफेद रंग से मिल जाते हैं। दूसरे शब्दों में, सब ओर से एक-सा गेरुआ जानवर ठोस यानी त्रिविमितीय दिखाई देने के स्थान पर चपटा दिखाई पड़ता है—वही दृष्टिभ्रम। अपने जैसे रंग की पृष्ठभूमि में जानवर नजर नहीं आता।

छाया का प्रभाव : अपनी छाया को छिपाने के लिए जानवर भूमि या अन्य पदार्थों के साथ सरककर अथवा उनसे लगभग चिपककर चलता है। इससे उसकी छाया अवरुद्ध होती है।

रंग सामंजस्य : जीव-जन्तुओं के रंगों की छवि या उनका हल्का या गहरापन जब उनकी पृष्ठभूमि अर्थात् वनस्पति, पत्थरों और भूमि के रंगों जैसा होता है तो वे दिखाई

नहीं पड़ते।

शेर में अपने आपको दूसरों की दृष्टि से बचाने वाले ये सारे तत्त्व पाए जाते हैं। उसकी त्वचा का रंग, उस रंग का चढ़ाव-उतार, त्वचा की अनियमित और बिखरी-बिखरी धारियाँ तथा धब्बे उसे छिपाने में बहुत सहायक हैं। शेर जब अपने भोजन की खोज में परिभ्रमण करता है, उस समय वह सीधा आँखों के सामने आकर भी ध्यान आकर्षित नहीं करता। जिस जगह शेर बैठा हो, उससे दो गज की दूरी से भी उसकी उपस्थिति का आभास नहीं होता, क्योंकि वह अपनी स्वाभाविक प्रकृति के अनुसार उस समय तक छिपकर स्थिर बैठा रह सकता है, जब तक मनुष्य उसके पास से आगे नहीं निकल जाता।

उसके छिपने की इस विचित्र रीति का परिचय मुझे कुछ वर्ष पहले उत्तर प्रदेश की तराई के एक वन में हुआ था। मेरा वह अनुभव बहुत ही अद्‌भुत और अनूठा है।

कालू शहीद वन-ब्लॉक में नलकाटा सोट नामक स्थान पर एक नाला है। एक दिन सुबह हम वहाँ गए। हमें एक अच्छे बड़े पशु के घसीटे जाने के चिह्न दिखाई दिए। उसके पास ही शेर के पदचिह्न भी थे। उन पदचिह्नों के साथ-साथ चलते हुए हम आगे बढ़ते गए और लगभग आधा मील चलने के बाद हमें एक पूरे विकसित भैंसे का शव दिखाई दिया। वह शव घास में छिपा हुआ था। इस आशा में कि शेर अपने शिकार को खाने के लिए वहाँ आएगा। हमने शाम को वहाँ पुनः आने का निश्चय किया।

दोपहर को तीन बजे के करीब हम उस नाले पर पहुँच गए। उस समय भैंसे का शव वहाँ नहीं था जहाँ हम उसे छोड़कर गए थे। वह नाले के बीच पड़ा था। हम यह देखकर चकित रह गए। क्योंकि शेर के लिए अपने मारे हुए शिकार को इस प्रकार खुले में छोड़ देना बहुत अस्वाभाविक है। इसके अतिरिक्त उसके छिपाने के लिए वहाँ न घास थी और न झाड़ियाँ ही। वहाँ पर उस शव को गिद्धों या मृत प्राणियों को खानेवाले अन्य जीव-जन्तुओं से छिपाने का भी कोई साधन नहीं था। ऐसा लगता था कि शेर उसे खींचकर कहीं और ले जा रहा था जब हमारे वहाँ पहुँचने की आहट ने उसे सतर्क कर दिया और वह जल्दी में उसे वहीं नाले में छोड़कर गायब हो गया।

मैंने उसके घात में वहाँ बैठने की सोची और अपनी मचान के लिए एक वृक्ष का चयन किया। साथियों से मचान बनाने की सामग्री इकट्ठा करने के लिए कहकर स्वयं नाले की रेत पर जा बैठा। वे मचान के लिए पेड़ों से डालियाँ और शाखाएँ काटने लगे। डालों और शाखाओं को काटने एवं अन्य सामग्री को इकट्ठा करने में हमें आधा घंटा लग गया होगा। इस अवधि में हम आपस में बातचीत करते रहे। सिगरेट-बीड़ी पीते रहे और शोर-गुल मचाते रहे—चुप नहीं बैठे।

मैं नदी के रेत पर आराम से बैठा सिगरेट पी रहा था। सहसा मैंने अपने निकट ऊँची घास के ऊपर के किनारों को थोड़ा-सा हिलते हुए देखा। घास में वह गति उसके केन्द्रीय स्थल में हुई थी। उसी ने घास के ऊपरी भाग में धीमी-सी लहर पैदा की थी। उस समय हवा चल नहीं रही थी, पेड़ों की चोटियों पर भी नहीं।

जिज्ञासावश मैं अपने स्थान से उठा; राइफल को वहीं छोड़कर मैं नाले के तट पर चढ़ गया। वहाँ घनी बारू घास का एक छोटा-सा टुकड़ा था। उसकी चौड़ाई लगभग आठ फुट होगी और घास नाले के किनारे को छू रही थी। मैंने उसके इर्द-गिर्द अनेक चक्कर लगाए, उसमें झाँककर देखने का प्रयास भी किया परन्तु कुछ भी दिखाई नहीं पड़ा। इतने में मैंने घास के ऊपरी सिरों को फिर से हिलते हुए देखा।

मुझे ऐसा लगा कि घास में चीतल का बच्चा छिपा है, जो बार-बार अपने कान हिला रहा है, और उससे घास हिलती है। मुझे उसे देखने की उत्कंठा हुई। मैंने सोचा कि हो सका तो मैं उसकी तस्वीर भी ले लूँगा। मैं नाले के तट से नीचे उतरा और अपने शिकार के थैले से कैमरा निकाला। वह थैला मेरी राइफल के पास पड़ा था। थैले और राइफल को वहीं छोड़कर, मैं बहुत ध्यान से घास को अपने हाथों से धीरे-धीरे इधर-उधर करते हुए, अपने लिए रास्ता बनाते हुए, कुंज के अन्दर जाने लगा। उसी समय उसमें से शेर निकला और कुछ ही छलाँगों में नाले के दूसरे किनारे से निकटवर्ती जंगल की झाड़ियों में लुप्त हो गया।

शेर यदि चाहता तो मुझे आसानी से मार सकता था। परन्तु वह भला जीव था जैसे शेर प्रायः होते हैं। इसके अतिरिक्त, मैं उसका भोजन भी तो नहीं था। हमने आपस में बातचीत करने में और वृक्षों से बड़ी-बड़ी डालें काटने और शाखाओं को छाँटने में इतना शोर मचा रखा था कि उसे विश्वास हो गया होगा कि हम गाँव के सीधे-सादे लोग हैं। उसे हानि पहुँचाने वाले नहीं। वह एक सामान्य शेर था और अपने प्राकृतिक आवास में था। वह वहाँ बैठा हमारे वहाँ से चले जाने की प्रतीक्षा कर रहा था जिससे कि वह अपना भोजन कर सके।

उसके छिपने का वह चमत्कार मैंने देखा। मैं उसके बहुत निकट था और चारों ओर दिन का प्रकाश फैला हुआ था तथापि मैं उसे देख नहीं पाया। उस पर मेरी दृष्टि अवश्य पड़ी होगी। किन्तु मैं उसे पहचान नहीं पाया। उस समय भी नहीं, जब मैं पूरी एकाग्रता से उस क्षेत्र की छानबीन कर रहा था।

प्रजनन और यौन सम्बन्ध

शेर तीन वर्ष में एक बार यौन सम्बन्ध करते हैं, और इतने ही समय तक शेर का बच्चा माँ के साथ रहता है। शेरनी की काम-उत्तेजना की ऋतु फरवरी से मई तक है, और वह दस दिन तक काम काम-उत्तेजना की स्थिति में रहती है। कामोद्दीपन की अवधि में शेर और शेरनी इकट्ठे रहते हैं। इन थोड़े से दिनों में भी वे बीच-बीच में अलग होकर फिर इकट्ठे हो जाते हैं। वे कभी-कभी शिकार भी इकट्ठे करते हैं। उस समय शेर अपनी संगिनी को प्रभावित करने के लिए कभी ऐसे शक्तिशाली और साहसी काम भी करता है जिन पर विश्वास करना भी कठिन होता है।

कामोद्दीपन होने पर जब शेरनी को अपने लिए शेर-साथी की आवश्यकता होती है तो वह दहाड़-दहाड़कर अपनी आवश्यकता की घोषणा करती है। शेर भी तब अपनी चाहत की घोषणा करने के लिए दहाड़ता है। अर्थात् इस स्थिति में शेर और शेरनी दोनों दहाड़-दहाड़कर एक-दूसरे को पुकारते हैं। जब तक उनकी कामुकता की तुष्टि नहीं हो जाती वे अपनी कामातुर पुकारों में और मिलन की चाहत में इतने खोए रहते हैं कि उन्हें न भूख की सुध रहती है और न प्यास की। मैं उन्हें जब भी इस अवस्था में देखता हूँ, मुझे विश्वास नहीं रहता कि पशु बाँधकर उन्हें ललचाया जा सकता है। क्योंकि मैंने देखा है कि दिनभर पशु के निकट रहकर भी वे उसका शिकार नहीं करते। उसे भोजन के रूप में स्वीकार नहीं करते।

मुझे इसका स्पष्ट अनुभव कुछ ही वर्ष पहले नेपाल की सीमा के निकट, सोनारीपुर के वन-ब्लॉक में हुआ था। मैं वहाँ अपने कुछ मित्रों के साथ शिकार करने गया था।

उस स्थान की विशेषताओं को जानने और समझने में हमें दो-तीन दिन लग गए थे, और हमें वह स्थान भी मिल गया था जहाँ शेर प्रायः जाते रहते थे। वहाँ पर शेरनी और उसके लगभग तीन वर्ष के बच्चे के पदचिह्न थे। शेरनी का शिकार करने में हमें रुचि नहीं थी। हम अपना ध्यान उस शेर पर लगाए हुए थे जो उस क्षेत्र में पालतू पशु मार रहा था। स्थान-निरीक्षण करते समय हम हर रोज वहाँ जाते थे, और हमें हर रोज माँ शेरनी और उसके बच्चे के पदचिह्न मिलते थे। लगभग एक सप्ताह के बाद हमें वहाँ पर केवल छोटे शेर के पदचिह्न मिले, माँ के नहीं।

उसी रात सारा जंगल शेर की दहाड़ से गूँजने लगा। कामातुर शेरनी का दहाड़ना सारे जंगल में 'उसकी साथी की आवश्यकता' को घोषित कर रहा था। दो दिन और

दो रातें वह लगातार बड़ी बेचैनी के साथ साथी के लिए पुकारती रही। इस अवधि में वह पाँच-छह बार उस स्थान से भी निकली जहाँ हमने शेर को ललचाने के लिए कटरा बाँधकर रखा था परन्तु उसने उस पर आक्रमण नहीं किया।

उसे तब साथी मिल गया और उसका दहाड़ना बन्द हो गया। उस रात, कुंड के निकट, एक अच्छे 'रुनी' वृक्ष में मैं मचान में बैठ गया। कटरा मेरे सामने बँधा हुआ था। मेरी दाईं ओर और मेरे पीछे दूर-दूर तक घनी झाड़ियाँ थीं। वे झाड़ियाँ कुंड को घेरे हुए थीं और जंगल के पथ तक फैली हुई थीं।

बादल छाए हुए थे। मूसलाधार वर्षा होने लगी थी। रात अँधेरी थी जिसे बरसते हुए बादलों ने और भी अँधेरा कर रखा था। बादलों की गर्जना से रात बार-बार काँप उठती थी।

मेरा वहाँ केवल आठ बजे तक बैठने का विचार था। लेकिन मैं मूसलाधार वर्षा में फँस गया। जंगलात के जिस विश्राम-गृह में हम रह रहे थे वह उस स्थान से दो मील दूर था। दो घंटे तक वर्षा के रुकने का व्यर्थ इन्तजार करने के बाद मैंने विश्राम गृह जाने का निश्चय किया। तभी मुझे धीमी-सी मिमियाने की आवाजें सुनाई दीं। वे आवाजें उस स्थान से आ रही थीं वहाँ मैंने कटरा बाँध रखा था। मुझे कुछ दिखाई नहीं पड़ रहा था। अपना हाथ भी नहीं और न ही पानी की घनी बौछारें जो लगातार मेरे मुँह पर और नंगे सिर पर जोर-जोर से थपेड़े मार रही थीं।

शेर यौन सम्बन्ध से पहले अग्ररतिसुख की क्रीड़ा में निमग्न थे। उनके कोलाहल से ऐसा लगता था कि उनकी प्रेमक्रीड़ा बहुत उद्धत और जोशीली थी जिसमें तीस गज के क्षेत्र की ऊँची झाड़ियाँ बुरी तरह से कुचली जा रही थीं और टूट-फूट रही थीं।

वर्षा और शेरों का शोरगुल दो घंटे तक चलता रहा। तब सहसा एक मोटर गाड़ी ने उनकी क्रीड़ा में अवरोध डाला। वह गाड़ी मेरे मित्र का बेटा अलीम चला रहा था। वह विश्राम-गृह से मुझे लेने के लिए आ रहा था।

गाड़ी की रोशनी में उसे रास्ते के बीचोबीच दो शेर दिखाई दिए। जहाँ मैं बैठा हुआ था वहाँ से शेर दस-पन्द्रह गज से अधिक दूर नहीं थे। वे अपनी प्रेमक्रीड़ा में इतने मस्त थे कि कार की रोशनी और इंजन की आवाज से उनके व्यवहार में कोई अन्तर नहीं आया। नवयुवक अलीम ने गाड़ी रोकी और हॉर्न बजाने लगा। परन्तु उसका भी उन प्रेम-दीवानों पर कोई प्रभाव नहीं पड़ा। अलीम ने तब हॉर्न के साथ-साथ खड़ी गाड़ी के इंजन को रेस दी। इन दोनों के संयुक्त शोर से काम बन गया। शेर बहुत अनमने मन से शेरनी के ऊपर से हटकर अलीम की ओर गुर्राया और फिर वे दोनों एक ओर जंगल की झाड़ियों में चले गए।

सुबह होते ही हमारे कुछ साथी उस स्थान पर गए जहाँ रात को अलीम और उसके चचेरे भाई शामा ने शेरों की रति क्रीड़ा में बाधा डाली थी। वहाँ कीचड़ में धसे बहुत से पदचिह्नों को देखकर वे चकित रह गए।

शेरनी के कामोद्दीपन की अवधि केवल दस दिन है। इस छोटे से काल की

प्रारम्भिक अवस्था में वह अनेक शेरों के साथ रहती है। अनेक शेरों के साथ इस प्रकार से इकट्ठा रहना उस समय तक चलता है जब तक वे आपस में निर्णय नहीं कर लेते कि उनमें से कौन-सा शेर उसके अनुग्रह के योग्य है।

शेरों का एक ऐसा ही समूह मैंने सन् 1961 में हल्द्वानी के निकट नंधौर के वन-ब्लॉक में देखा था। वहाँ एक शेरनी कामोत्तेजना की स्थिति में थी। उसे ललचाने के लिए मैंने चारे के रूप में कई पशुओं को बाँधा था परन्तु उसने किसी पर ध्यान नहीं दिया। किसी पर आक्रमण नहीं किया।

एक दिन मेरे बेटे शैलेश जंग ने सन्ध्या के समय एक चीते का शिकार किया। हम उस चीते के मृत शरीर को एक नाले के मुख पर छोड़कर विश्राम-गृह लौट आए। शेरनी अपने चाहनेवाले शेर समूह के साथ उस रास्ते से निकली और शव को खाने लगी। दूसरी सुबह हमें चीते का शव वहाँ से घसीटकर एक सुरक्षित स्थान पर रखा हुआ मिला। मेरा मित्र जलील—एक कुशल शिकारी और राइफल चलाने में सिद्धहस्त—शव के निकट एक पेड़ पर मचान बनाकर बैठ गया। शाम होने से कुछ पहले उसे पीछे से जानवरों के आने की आहट सुनाई दी। शेर पीछे से सामने आ गए। तभी एक शेर की दुम और दूसरे शेर का एक-चौथाई भाग नाले के मोड़ से पीछे की ओर जाते हुए दिखाई पड़े।

उसे अपने भाग्य को कोसने का समय भी नहीं मिला था जब ठीक उसकी मचान के नीचे उसे ऊँची-ऊँची श्वासों की ध्वनि सुनाई दी। उसने नीचे की ओर देखा; एक शेर कुत्ते की भाँति अपने कूल्हों पर बैठा हुआ था। वह जबान निकाले हुए हाँफ रहा था।

उसने अपनी दो-नली बन्दूक को नीचे किया और शेर की गर्दन की जड़ में एक गोली दाग दी। शेर चक्कर खाता हुआ चित हो गया। उसी समय पीछे नाले में एक जानवर के चलने की आहट सुनाई दी। उसने मुड़कर देखा, वहाँ लगभग दस गज की दूरी पर दो शेर खड़े थे, और वे उस पर अपनी नजर टिकाए हुए थे।

उसे केवल एक ही शेर को मारने की अनुमति थी। इसलिए उन्हें भगाने के लिए वह जोर से चिल्लाया परन्तु शेरों ने उसे अनसुना कर दिया। वे वहीं खड़े रहे और उसे घूरते रहे। तब उसने हवा में गोली चलाई। गोली की आवाज से उसका काम बन गया। शेर वहाँ से चले गए।

जलील साहब ने नर शेर को मारा था और जो शेर वहाँ खड़े उन्हें घूर रहे थे उनमें से एक शेरनी थी, और दूसरा उसे चाहने वाले शेरों में से एक शेर। उनकी प्रेमक्रीड़ा में बाधा डालने वाले के प्रति वहाँ खड़े रहकर वे अपना रोष प्रकट कर रहे थे। वहाँ पर कुल मिलाकर पाँच शेर थे जैसा हमें अगले दिन उनके पदचिह्नों से पता चला। वे सब जवान थे और शेरनी का अनुग्रह प्राप्त करने, अपना भाग्य आजमाने के लिए वहाँ इकट्ठे हुए थे।

कामेच्छा होने पर जब शेरनी अपने लिए साथी को निश्चित नहीं कर पाती तो वह

झगड़ालू हो जाती है। यौन-सम्बन्ध में या उससे पहले उसके साथ अनजाने में जो कड़ा व्यवहार होता है, उससे भी उसका मिजाज खराब हो जाता है। वैसे सामान्य रूप से नर और मादा शेर आपस में लड़ते नहीं। वे तभी लड़ते हैं जब शेरनी को अपने बच्चे की सुरक्षा का खतरा हो या जब वह कामुकता की आयु पार कर चुकी हो।

शेरनी की गर्भावस्था की अवधि चौदह-पन्द्रह सप्ताह है। जन्म के समय शेर के बच्चों का आकार साधारण पालतू बिल्ली से भी कुछ कम होता है। परन्तु वजन में वे भारी होते हैं; उनके कान और अगले पंजे बड़े होते हैं, और त्वचा पर अति सुन्दर और नरम रोएँ होते हैं। अनुभवहीन माँ प्रायः अपनी पहली सन्तान को त्याग देती है। वे बच्चे भूख से मर जाते हैं या नर शेर उन्हें मारकर खा जाता है। कभी-कभी स्वयं माँ ही उन्हें मारकर खा जाती है।

शेरनी एक ही बार में कभी-कभी सात बच्चों को भी जन्म देती है। परन्तु शेरों के प्रति प्रकृति बहुत निर्दयी है। अन्त में शेरनी के पास वही बच्चा रह जाता है, जो सबसे पुष्ट और सुदृढ़ होता है। वह उसके साथ-साथ भागता रहता है।

शेर का बच्चा यदि रोग, लड़ाइयों, बन्दूकों तथा अन्य आपत्तियों से बच जाए तो उसके पैंतीस से चालीस वर्ष तक जीवित रहने की सम्भावना है। शेर की मृत्यु का कारण जब उसका बुढ़ापा होता है तो वह शिकार करने में असमर्थ हो जाने के कारण अपने लिए भोजन उपलब्ध नहीं कर सकता। उस अवस्था में वह चुपचाप किसी गुफा तथा गुप्त स्थान पर छिपकर शान्ति के साथ अन्तिम नींद सो जाता है।

स्वाभाविक मृत्यु होने से पहले शेर में कमजोरी और बढ़ती हुई आयु के लक्षण दिखाई देने लगते हैं। अपने भोजन के लिए वह पालतू जानवरों को मारने लगता है। बाद में मनुष्यों को भी मारने लगता है। बहुत से घावों के चिह्नों के अतिरिक्त उसके शरीर में और भी बहुत परिवर्तन आ जाते हैं। उसकी त्वचा में चमक नहीं रहती। त्वचा के रंग फीके पड़ जाते हैं। नाखूनों में पैनापन नहीं रहता। पंजों में कुछ बाहर को निकल आते हैं। उसके कुछ दाँत भी गिर जाते हैं और कुछ टूटे हुए होते हैं। उसके पंजे फैल जाते हैं, और गीली मिट्टी में उसके पंजों में सिकुड़न के चिह्न तथा दरारें-सी दिखाई देती हैं।

शेरों के खाने की रीतियाँ और स्वजाति भक्षण

शेर जिस जानवर को मार सकता है, उसे खा भी सकता है। वह मरे पड़े और सड़े हुए जानवरों को भी खा लेता है। यहाँ तक कि वह उस जानवर को भी खा लेता है, जिसमें कीड़े पड़े हुए हों। बहुत बार वह जानवर को उसकी खाल और छोटी अस्थियों सहित खा जाता है। यह भी देखने में आया है कि वह भालू, बाघ और स्वजाति के जीवों को भी खा लेता है। मैंने इसे तराई के क्षेत्र में लालढाँग वन-ब्लॉक में देखा था। वहाँ पर एक मृत सूअर को लेकर दो शेरों में लड़ाई हुई थी। उस लड़ाई में छोटा शेर मारा गया था। बड़े शेर ने सूअर के शव को छोड़कर छोटे शेर के शव को अपना भोजन बनाया था। यह घटना सन् 1961, फरवरी की है। मैं लालढाँग वन-ब्लॉक में अपने मित्र डॉक्टर एस.एन. प्रसाद के साथ शिकार करने गया था। इसी प्रकार की एक और घटना भी है, दो शेरों की लड़ाई के बाद विजयी शेर ने पराजित शेर के शव का भोजन किया था।

हमने अपनी जमींदारी का एक क्षेत्र अपने आखेट के लिए अलग और सुरक्षित कर रखा था। वह अच्छा बड़ा क्षेत्र था, और एक पहाड़ी नाले के ऊँचे किनारे पर था। उसमें घनी काँटेदार झाड़ियाँ थीं और कुछ छोटे-छोटे पेड़-पौधे भी थे। पक्षियों, काकड़ जंगली सूअर और बाघ के आखेट के लिए वह बहुत अच्छा स्थान था।

एक बार उस क्षेत्र में बाघ ने एक गाय को मार डाला था। मेरा छोटा भाई जगदीप सिंह उस समय केवल सोलह वर्ष का था। वह उस बाघ को मारने के लिए वहाँ गया जहाँ गाय का शव था। मेरी छोटी बहन विद्या, जो उससे कुछ ही वर्ष बड़ी थी, हठपूर्वक उसके साथ चली गई। दोनों के पास केवल एक ही 12 बोर, एक-नली बन्दूक थी, जो सामान्यतया पक्षियों का शिकार करने के लिए होती है। उस बन्दूक को लेकर वे दोनों गाय के शव के निकट, झाड़ियों के पीछे छिपकर जमीन पर बैठ गए।

अँधेरा हो जाने पर जगदीप को गाय से लगभग पन्द्रह गज दूर एक सफेद-सा आकार दिखाई दिया, जो पहले वहाँ नहीं था। उसे सन्देह हुआ और वह उसे ध्यान से देखने लगा। तभी वह सफेद धब्बा हिलता हुआ दिखाई दिया। वह बाघ था जो कुत्ते की भाँति कूल्हों पर बैठा हुआ था। जगदीप ने निशाना लेकर उसके वक्ष-स्थल के सफेद धब्बे पर गोली चलाई। बाघ मरकर वहीं लुढ़क गया।

दूसरे दिन सुबह जगदीप उस बाघ को उठाने के लिए वहाँ गया। बाघ का शव वहीं पड़ा था परन्तु गाय का शव गायब था। खोज करने पर वह लगभग पचास गज

की दूरी पर एक पतले से नाले में मिला। उसे कोई दूसरा बाघ वहाँ खींचकर ले गया था। उसने उसे खा भी रखा था।

उस दिन साँझ होने पर जगदीप गाय के बचे हुए शव के निकट जाकर बैठ गया और दूसरे बाघ को अपनी बन्दूक का सफल निशाना बनाकर रात के भोजन के समय घर लौट आया।

अगले दिन जगदीप कुछ लोगों के साथ पिछली रात के अपने शिकार को उठाने के लिए वहाँ गया। बाघ के शव को वहाँ न पाकर सब चकित रह गए। लेकिन बाघ के शव को घसीटकर वहाँ से ले जाने के चिह्न स्पष्ट दिखाई पड़ रहे थे। वे उन चिह्नों के साथ-साथ चल पड़े। वे मुश्किल से बीस गज गए होंगे कि उन्हें एक झाड़ी के पास बाघ का शव दिखाई पड़ा। उसका अगला भाग तीसरे बाघ ने खा रखा था।

दिन ढलने पर जगदीप उस 'दूसरे बाघ के शव' के निकट जाकर बैठ गया और सूर्य अस्त होने से कुछ पहले उस स्वजाति भक्षक को मार डाला।

जगदीप ने इस प्रकार एक ही स्थान पर, तीन दिनों में तीन बाघों को अपनी बन्दूक का सफल निशाना बनाया था, और वह भी एक पालतू पशु के आधार पर ! यह एक अनूठा अनुभव है, सारी ही घटना असामान्य है।

प्रायः यह विश्वास किया जाता है कि शेर शिकार करने के बाद जानवर के गले को फाड़कर उसका रक्त चूसता है। यह धारणा गलत है। इसकी असत्यता से वे सब परिचित हैं, जिन्होंने शेर को शिकार करते देखा है या उसके मारे हुए जानवर का ध्यान से निरीक्षण किया है।

मेरे विचार में लोगों की यह धारणा उनका भ्रम है। वास्तव में, शेर अपने शिकार की गर्दन पर मुँह से आघात करता है। अपने मुँह से उसकी गर्दन को कसकर पकड़कर, उसे नीचे गिराता है और अपने दाँतों को उसके गले में उस समय तक धँसाए रखता है जब तक उसके मृत शरीर के सहज संकोच खत्म नहीं हो जाते और उसका शरीर बिल्कुल ढीला नहीं पड़ जाता।

शेर जानवर के शरीर को उसके पिछले भाग से खाना आरम्भ करता है। उसके वक्ष-स्थल से या अगली टाँगों से नहीं। शेर ऐसा क्यों करता है, कहना कठिन है। तथापि यही सच्चाई है। जानवर को खाना आरम्भ करने से पहले वह प्रायः उसकी दुम को काटकर फेंक देता है। कभी-कभी वह उसके कानों को भी काटकर दूर पटक देता है।

इसके विपरीत, बाघ जानवर को उसके वक्ष-स्थल या अगली टाँगों की ओर से खाना आरम्भ करता है। परन्तु उसे खाने से पहले वह उसके पेट को फाड़कर उसकी आँतें बाहर निकाल देता है। उसके बाद वह उसका दिल, कलेजा और अन्य आन्तरिक अंगों को खाता है। बाघ का जानवर को उसके पिछले भाग से खाना आरम्भ करना असाधारण है; कुछ बड़े और विरले बाघ ही ऐसा करते हैं, जबकि शेर के लिए जानवर को पिछले भाग से खाना आरम्भ करना स्वाभाविक है।

खाना खाने में शेर बहुत अप्रिय ध्वनियाँ करता है। जैसे राल को जोर-जोर से

चूसना। शेर के खाने की आवाज काफी दूर तक सुनाई पड़ती है। सामान्यतया वह अपने शिकार पर चुपके से, चोर की भाँति, आघात करता है। परन्तु कठिनाई पड़ने पर वह अपने शिकार को डराने और हतुबुद्धि करने के लिए दहाड़ता भी है।

शेर जब अपनी आत्मरक्षा के लिए लड़ता तथा आक्रमण करता है, तो उस समय वह सदा दहाड़कर प्रहार करता है। यद्यपि इसमें कुछ अपवाद भी हैं। किसी से बदला लेने में केवल क्रूर और निर्दयी शेर ही पहले चुपचाप बैठे रहते हैं, और फिर अवसर मिलने पर बिना चेतावनी के उस पर प्रहार करते हैं।

आदतें और व्यवहार

मनुष्यों की भाँति शेर भी अपने तौर-तरीकों, आदतों और व्यवहार में एक-दूसरे से बहुत भिन्न होते हैं। सुनने में यह भले ही आश्चर्यजनक लगे किन्तु यह एक सच्चाई है कि वनों की निकटवर्ती बस्तियों के लोग अपने क्षेत्र के शेरों के स्वभाव तथा उनके व्यवहार की विशिष्टताओं से परिचित होते हैं। कुछ शेर साहसी और उतावले स्वभाव के होते हैं। कुछ बहुत चालाक और कपटी, वे आसानी से छल में नहीं फँसते। कुछ शेर क्रूर और चिड़चिड़े स्वभाव के होते हैं, और कुछ बहुत नरम स्वभाव के होते हैं, और किसी को कोई हानि नहीं पहुँचाते।

शेर स्वभाव से सनकी होते हैं, और उनके स्वभाव की इस विशेषता में भी पारस्परिक अन्तर पाए जाते हैं। कुछ शेर, विशेषकर वृद्ध शेर, जब मनुष्य को देखते हैं तो उस पर गुर्राते हैं, उसका रास्ता रोकते हैं, और अपने पराक्रम का प्रदर्शन करने के लिए आक्रमणकारी व्यवहार का ढोंग रचते हैं। लेकिन अधिकांश शेर मनुष्य को देखकर चुपचाप वहाँ से हट जाते हैं।

शेरों के खाने-पीने की आदतों में भी अन्तर पाए जाते हैं। कुछ शेर सामान्य नियम के अनुसार अपने आहार के लिए जंगली जानवरों का शिकार करते हैं। कुछ आसपास की बस्तियों के पशुओं पर आक्रमण करते हैं; कुछ नरभक्षक हो जाते हैं। नरभक्षक शेर बहुत क्रूर और निर्दयी होते हैं। एक बार मनुष्य को मारकर खा लेने के बाद वे मनुष्य के मांस को अपना आहार बना लेते हैं। आसपास के गाँवों की स्त्रियों को ईंधन बटोरने के लिए और घास को इकट्ठा करने के लिए अथवा नाले पर कपड़े धोने के लिए जंगल में या जंगल के निकट जाना पड़ता है। अतएव शेर को वे बार-बार जंगल में दिखाई पड़ती हैं। एक बार उन्हें मारकर खा लेने के पश्चात् उसे पता चल जाता है कि वन-जीवों की अपेक्षा मनुष्य का शिकार करना आसान है। अतः वह नरभक्षक हो जाता है। नरभक्षक अपने आपको छिपाने की कला में बहुत चतुर होता है।

नरभक्षक शेर को मारना बहुत कठिन है, क्योंकि वह बहुत चौकस होता है, और बहुत सावधान रहता है।

घास के जंगल के शेर

वृक्षों के जंगलों की अपेक्षा घास के जंगलों के शेर अधिक खतरनाक होते हैं। इसका

कारण स्पष्ट है। घास के जंगल का शेर दिखाई नहीं पड़ता और न ही उसे उस समय तक मनुष्य दिखाई पड़ता है, जब तक वह अचानक उसके सामने नहीं आ जाता। उस समय शेर के पास इतना समय नहीं होता कि वह कोई निर्णय ले सके। उसकी प्रतिक्रिया आवेगी हो जाती है—भागे या आक्रमण करे। वह यदि खुले में होता और मनुष्य को दूर से आते देख सकता तो उसे संकट की पूर्व चेतावनी मिल जाती। उस अवस्था में उसे पलटकर पीछे हट जाने के लिए पर्याप्त समय मिल जाता।

किन्तु जब दोनों में से कोई भी एक-दूसरे को देख नहीं पाता, तब सहसा एक-दूसरे को आमने-सामने देखकर वे हड़बड़ा जाते हैं। घबराहट में स्थिति उलझ जाती है। चौपायों के लिए यह स्थिति इतनी जटिल नहीं होती। अधिकांश जानवरों में सूँघने की क्षमता बहुत अधिक है। वे शेर की हल्की-सी गन्ध पाकर वहाँ से दूर भाग जाते हैं। परन्तु प्रकृति ने मनुष्य को न उन जैसी सूँघने की क्षमता दी है, और न ही उन जैसी श्रवण क्षमता। फलतः एक-दूसरे के सामने सहसा आ जाने पर स्थिति कुछ युद्ध-सरीखी बन जाती है।

एक बार मेरे साथ ऐसा ही हुआ और मैं नहीं चाहता कि वैसी स्थिति फिर कभी मेरे सामने आए। यह बर्हापुर फॉरेस्ट रेंज में धौलखंड सोत की बात है। एक दिन शेर को इसी प्रकार सहसा अपने सम्मुख देखकर मैं हक्का-बक्का रह गया था।

एक दिन, बहुत सुबह, सूर्य निकलने से पहले मैं जंगल के पूर्वेक्षण के लिए निकल पड़ा। मैं धौलखंड सोत के साथ-साथ अकेला जा रहा था। धौलखंड सोत एक बहुत बड़ा नाला है। कहीं-कहीं उसकी चौड़ाई पचास फुट तक है। उस समय नाला सूखा और रेतीला था। उसमें केवल वर्षा-ऋतु में ही पानी होता है। उस नाले के दोनों ओर हाथी से भी अधिक ऊँची तथा घनी घास थी। मैं वहाँ जानवरों के पदचिह्नों को देखने गया था। तभी मुझे उस नाले के निकटवर्ती किनारे की ओर से कुछ ध्वनि सुनाई दी।

मुझे उत्सुकता हुई। मैं नाले के तट पर चढ़ गया। मेरे सामने दीवार की भाँति घनी घास खड़ी थी, और वह भी इतनी ऊँची कि बड़े से बड़ा हाथी भी उसमें छिप जाए। मैं घास में घुसा और उस ध्वनि की ओर धीरे-धीरे यथासम्भव बिना आहट किए आगे बढ़ने लगा। अपनी पूरी शक्ति लगाकर मैं उसमें घुसने का प्रयास करता गया, और आगे बढ़ते-बढ़ते अन्त में एक घासरहित खुले स्थान पर पहुँच गया। वह स्थान लगभग बीस फुट चौड़ा और पन्द्रह फुट लम्बा होगा। मैं बहुत परेशान था और हाँफ रहा था। उस क्षेत्र के एक ओर खड़ा होकर मैं उस ध्वनि को निर्धारित करने का प्रयास कर रहा था जो मुझे वहाँ खींचकर ले गई थी। मुझे ऐसा लगा कि वह ध्वनि भी उसी घासरहित क्षेत्र की ओर आ रही थी। मेरे हाथ में .470 दो-नली राइफल थी। मैंने उसका सेफ्टी कैच नहीं लगा रखा था जिससे कि आवश्यकता पड़ने पर वह तुरन्त चलाई जा सके।

उस ध्वनि का आना सहसा बन्द हो गया। तब मैंने अपने से लगभग तीन फुट दूर घास को हटते हुए देखा और उसके बीच घास से घिरा हुआ शेर का सिर दिखाई पड़ा।

हम दोनों, शेर और मैं, क्षण भर के लिए एक-दूसरे की आँखों में देखते रहे। हम दोनों हड़बड़ाए हुए और डरे हुए थे। तभी मैंने शेर को कान दबाते देखा और वह अगली टाँगों पर झुकने लगा जैसा वह आक्रमण करने की प्रक्रिया में करता है। वह मुझ पर आक्रमण करने ही वाला था, और मेरे पास इतना समय नहीं था कि मैं बन्दूक को उठाकर उसके कुन्दे को कन्धे पर लगा सकता। मेरी राइफल का कुन्दा मेरी कमर के निकट था। मैंने वहीं से शेर पर गोली चलाई, जो मुझसे कुछ ही फुट की दूरी पर था। खुशकिस्मती से मेरी गोली उसकी आँख में लगी। 500 ग्रेन की .470 कैलिबर की गोली के धक्के से वह दो गज पीछे घास में जा गिरा, और हाथ-पाँव पटकता हुआ कुछ ही क्षणों में खत्म हो गया।

वह शेर घास में मनमौज कर रहा था। मेरे चलने की आहट सुनकर वह चुपके-चुपके मुझ पर आक्रमण करने के लिए घास से बाहर चला आया। यह मेरा सौभाग्य था कि मैं उस समय खुले घासरहित क्षेत्र में खड़ा था। वहाँ उसे चौपाए के स्थान पर दो-पाँवों वाला जानवर दिखाई पड़ा। मुझे देखकर वह हड़बड़ा गया। उसकी हड़बड़ाहट ने मुझे इतना समय दे दिया कि मैं बन्दूक का घोड़ा दबाकर अपने प्राण बचा सकूँ।

शेर सामूहिक जीव नहीं हैं। उन्हें एकाकी रहना पसन्द है। शेर झुंड में कभी दिखाई नहीं पड़ते। जब कभी कुछ शेर इकट्ठे दिखाई देते हैं तो वे हमेशा एक परिवार के होते हैं, अपने बच्चों के साथ होते हैं। यह पारिवारिक संघठन उस समय तक चलता है, जब तक बच्चे बड़े नहीं हो जाते, और वे उन्हें आत्मनिर्भर होने के लिए अलग नहीं कर देते।

शेरों के लिए गर्मी का मौसम बहुत कष्टदायक होता है। गर्मी के दिनों में वे प्रसन्नचित्त नहीं रहते। उन्हें प्यास बहुत लगती है। धूप में जल्दी थक जाते हैं। धूप से तेज तपती धरती उनके नरम तलवों को झुलसाती है। उनकी पानी की आवश्यकता बढ़ जाती है। इसलिए वे पानी के निकट रहना चाहते हैं। गर्मियों में बहुत से कुंड सूख जाते हैं; सलिल कुंड प्रायः एक-दूसरे से दूर होते हैं। पानी की अपनी आवश्यकता को पूरा करने के लिए उन्हें कुंड पर बार-बार जाना पड़ता है। इसलिए उनका जंगल में भ्रमण करना बहुत कम हो जाता है।

शेर यद्यपि बिल्ली परिवार का जीव है तथापि उसे पानी से बहुत लगाव है। उसे छिछले पानी में लोटना बहुत अच्छा लगता है जबकि बिल्ली पानी से दूर रहती है। शेर में तैरने की भी बहुत शक्ति है। वह रात्रि में भ्रमण करते समय बड़ी-बड़ी नदियाँ पार कर जाता है। देखने में आता है कि शेर नदी को पार करने से पहले दूसरे तट पर अपने पहुँचने का स्थान निर्धारित कर लेता है। यदि धारा का प्रवाह उसे निर्दिष्ट स्थान से नीचे ले जाता है तो वह वापस आकर दूसरी बार पूर्वनिश्चित स्थान पर जाने का प्रयास करता है। निर्दिष्ट स्थान को छोड़कर वह किसी और स्थान पर उतरना नहीं चाहता।

शेर के व्यवहार की एक और विचित्र विशेषता है। वह जिस क्षेत्र को एक बार अपने रहने योग्य मान लेता है, उसे अपना स्थायी निवास स्थान बना लेता है। उस क्षेत्र

में वह अपने विश्राम करने और छिपने के ठिकाने निश्चित कर लेता है, और इधर-उधर घूमकर फिर उन्हीं सुरक्षित स्थानों पर आता रहता है।

जब एक शेर मर जाता है तो दूसरा शेर जल्दी ही उसके क्षेत्र में आ जाता है, और पहले शेर की आदतों को ज्यों का त्यों अपना लेता है। वह उन्हीं स्थानों का भ्रमण करता है, उन्हीं सुरक्षित स्थानों पर विश्राम करता है, और पानी के लिए भी उन्हीं कुंडों पर जाता है, जहाँ पहला शेर जाया करता था। भले ही पहले शेर के साथ उसका कभी कोई सम्बन्ध न रहा हो।

महाघुमक्कड़

शेर किसी सीमित क्षेत्र में दो से तीन दिन से अधिक नहीं रहता। इसका अपना कारण है। शेर जब किसी क्षेत्र में जाता है, तो वहाँ के जीव-जन्तु वहाँ से दूर जाने लगते हैं। शेर की गन्ध बहुत अप्रिय और तेज होती है। जानवर उसे दूर से पहचान जाते हैं। इसके अतिरिक्त, जब शेर किसी जानवर का शिकार करता है, तो उसकी चीत्कार सुनकर अन्य जानवर वहाँ से भाग जाते हैं। जैसे पीड़ित सूअर के किंकियाने और चिल्लाने की कर्कश आवाज। इसी कारण शेर को अपने लिए भोजन खोजने में बहुत सतर्क और सक्रिय रहना पड़ता है; वह शिकार की खोज में प्रायः एक रात में दस से पन्द्रह मील तक चलता है।

शेरों और विशेषकर पशुघातक और नरभक्षक शेरों की गतिविधियों का यदि रेखाचित्र बनाया जाए तो सामान्यतया वह एक त्रिकोण सदृश होता है। उस त्रिकोण के कोणों की परस्पर दूरी छह से दस मील होती है। एक कोण के निकट शिकार करने के बाद शेर वहाँ पर दो से तीन दिन तक रहता है, और उस शिकार को खा लेने के पश्चात् वह त्रिकोण के दूसरे कोण की ओर जाता है। वहाँ फिर दो-तीन दिन रहने के बाद वह तीसरे कोण की ओर जाता है, और वहाँ से दो-तीन दिन के बाद वह पुनः पहले कोण की ओर लौट आता है।

कभी-कभी भ्रमण करते हुए शेर बहुत दूर निकल जाता है, और महीनों तक अपने पहले स्थान पर लौटकर नहीं आता। यह भी देखा गया है कि कभी-कभी शेर अपने पहले स्थान पर वापस आता ही नहीं, परन्तु ऐसा बहुत कम होता है।

शेरों की आपसी लड़ाइयाँ

किसी क्षेत्र को एक बार अपना निवास स्थान बना लेने के बाद उसे किसी दूसरे शेर को वहाँ आना अच्छा नहीं लगता। वह उसका बलपूर्वक प्रतिरोध करता है। उन दोनों में से वहाँ कौन रहेगा—इसका निर्णय वे आपस में लड़कर करते हैं। कामोद्दीपन की ऋतु के अतिरिक्त शेरों में जो आपसी लड़ाइयाँ होती हैं, वे सदा निवास स्थान के सम्बन्ध में होती हैं, अन्यथा नहीं।

शेर तथा अन्य जंगली जानवर अपनी लड़ाई को उस सीमा तक नहीं ले जाते जहाँ

एक प्रतिद्वन्द्वी को अपनी जान से हाथ धोना पड़े। जब एक जाति के दो जानवरों में लड़ाई होती है, तब एक के हार मान लेने पर दूसरा उसे तुरन्त छोड़ देता है, व्यर्थ में अधिक पीड़ा नहीं पहुँचाता।

मैंने शेरों को दो-तीन बार लड़ते देखा है। चीतल, साम्बर, हाथी और साँपों को इतनी बार लड़ते देखा है कि मैं उसकी गणना भी नहीं कर सकता। इनकी लड़ाइयों में मैंने विजयी जानवर को सदा अपने पराजित्त प्रतिद्वन्द्वी के साथ वही व्यवहार करते देखा है, जो शूरवीर को शोभा देता है।

कोटारी वन के दक्षिण-ब्लॉक में एक बार मैंने दो शेरों को लड़ते देखा था। मैं शेर की घात में बैठा हुआ था। उसने एक निर्धन की भैंस को मार डाला था। उसके पदचिह्नों से पता चलता था कि वह छोटी आयु का युवा शेर था। सन्ध्या होने से पहले ही एक शेर वहाँ आया। देखने में वह उस शेर से काफी बड़ा लगता था जिसके पदचिह्न हमने भैंस के शव के निकट देखे थे। मैं उसका निशाना लेने ही वाला था जब उसके साथ मुझे दो बच्चे दिखाई दिए। मैंने गोली चलाने का विचार छोड़ दिया और उन्हें देखने लगा। निश्चय ही वे बिनबुलाए मेहमान थे जिन्हें राह चलते खाने के लिए अच्छा भोजन मिल गया था। वे आनन्द के साथ उसे खाने लगे। इतने में दूसरे शेर की रोष भरी गुर्राहट सुनाई दी और वह सहसा झाड़ियों के पीछे से सामने आकर खड़ा हो गया। शेरनी ने उसकी ओर घूरकर देखा। कुछ क्षण वे दोनों दाँत निकाले और गुर्राते हुए एक-दूसरे को देखते रहे, और फिर सहसा एक-दूसरे पर झपट पड़े। फिर वे दोनों अलग हो गए। तभी शेरनी गुर्राते हुए, बिजली की भाँति पुनः उस पर टूट पड़ी।

उसके बाद क्या हुआ मैं नहीं जानता, क्योंकि वह दोनों भैंस के शव के पीछे थे और मुझे ठीक से दिखाई नहीं पड़ रहे थे। थोड़ी ही देर के बाद शेरनी उठकर खड़ी हो गई। दूसरा शेर अपनी पीठ पर पड़ा था, और उसके पाँव ऊपर हवा में थे। उस छोटी-सी लड़ाई के बाद शेरनी अपनी अन्तिम गुर्राहट के साथ एक तरफ हो गई, और पराजित शेर झाड़ियों की सिमटती हुई छाया में जंगल में घुस गया।

सामान्य रूप से शेर अपने क्षेत्र में शेरनी की उपस्थिति का प्रतिरोध नहीं करते। विशेषकर यदि वह बच्चों वाली हो। परन्तु उसे अपने शिकार में किसी की भागेदारी स्वीकार नहीं होती, और न ही वह किसी दूसरे को अपना संगी-साथी बनाना पसन्द करता है।

शेरों की आवाजें

शेर अनेक प्रकार की आवाजें निकाल सकता है। वह कर्कश चीत्कार से लेकर ऊँची आवाज में गरज सकता है। वह सूअर की तरह गुर्राता है और खुले कंठ से दहाड़ता भी है। किसी संकटमय स्थिति में सहसा घिर जाने पर उसकी ऊँची गुर्राहट में खाँसने की विशेषता आ जाती है। क्रोध में वह कड़ी आवाज में गरजता है। आक्रमण करने से पहले वह जो आवाज निकालता है, वह इन सब से भिन्न होती है। उस समय वह

दो-तीन बार गरजता है, और उस समय उसकी आवाज बहुत रूखी होती है।

अपना असन्तोष व्यक्त करने के लिए वह सिसकने की आवाज भी निकालता है। मैंने स्वयं एक शेर को सिसकते हुए और कराहते हुए सुना है। शेर एक साम्बर पर आघात करने ही वाला था कि साम्बर उसकी गन्ध पाकर वहाँ से दूर भाग गया। शेर उस पर आक्रमण नहीं कर पाया। जिस रास्ते से साम्बर भागा था शेर वहीं खड़ा होकर कुछ देर तक कराहने की धीमी-धीमी किन्तु लम्बी आवाजें निकालता रहा।

शेर जब खुश होता है, और भरपेट भोजन किए हुए होता है, उस समय वह एक ही तान में गरजता है, और हर तीन-चार मिनट के बाद वह कई बार उस गर्जन को दोहराता है। कामातुर शेर जब अपने लिए साथी को पुकारता है या शेरनी अपने खोए हुए बच्चे को पुकारती है, उनकी उस समय की आवाजों का वर्णन करना कठिन है। उस समय उनकी आवाज बहुत ऊँची और गहरी होती है—ललकारने वाली और साथ ही शोकाकुल, अति भयंकर किन्तु गौरवमयी।

शेर पालतू बिल्ली की भाँति घुरघुराता भी है। उस समय उसकी आवाज कुछ कठोर होती है। एक बार मैंने एक शेरनी को भी घुरघुराते हुए सुना है। उस समय वह अपने बच्चों के पास बैठी उनसे खेल रही थी। एक बार मैंने शेरों को यौन-सम्बन्ध करते समय घुरघुराते हुए भी सुना है। उस समय बहुत अँधेरा था। मैं उन प्रेमियों को ठीक तरह से देख नहीं पाया था।

शेर कभी-कभी बहुत विचित्र आवाज में 'पूक, पूक' करते हुए भी सुनाई पड़ते हैं। उनकी यह आवाज कोमल, छोटी और मर्मभेदी होती है, ठीक एक डरे हुए साम्बर की आवाज जैसी। मैंने पक्षियों को एक-दूसरे की आवाजों की नकल करते हुए सुना है। शेर भी उस जानवर की डरी-सी आवाज की नकल करता है जिसका वह शिकार करना चाहता है। मैं इस पर विश्वास न करता यदि मैंने स्वयं उसे अपने कानों से ऐसा करते हुए सुना न होता, और वह भी एक बार नहीं, अनेक बार। 'उसका शिकार कहाँ है', वह इसे निर्धारित करने के लिए करता है। उसकी साम्बर की डरी-सी आवाज सुनकर आसपास के जानवर, चीतल, झाँक, साम्बर, काकड़ आदि एक-दूसरे को चेतावनी देने के लिए बोलने लगते हैं। इससे शेर को उनके ठिकानों की जानकारी मिल जाती है।

स्वभाव से भीरु

बिल्ली परिवार के बहुत से अन्य जीवों की अपेक्षा शेर अपने प्राकृतिक आवास में सबसे अधिक संकोची और डरपोक पाया गया है। सामान्यतया शेर को क्रूरता, निष्ठुरता और निर्दयता का प्रतिमान माना जाता है परन्तु उसके विषय में यह धारणा गलत है।

इसमें सन्देह नहीं कि शेर कभी-कभी पालतू जानवरों को भी मार डालता है, और मनुष्य पर भी आघात करता है। परन्तु इसका दायित्व स्वयं मनुष्य का है। मनुष्य बिना सोचे-समझे जंगली जानवरों को मार-मार कर शेर के स्वाभाविक आहार में बाधा डालता है। शेर को जब जंगल में अपना भोजन नहीं मिलता तो वह अन्य स्थानों पर भोजन

हिमालय की तराई के अर्द्ध-कटिबंधीय जंगलों में हाँके के दौरान लेखक का पुत्र शेर की प्रतीक्षा में।

मचान के लिए उपयुक्त स्थान।

गाँव के पास एक नाला जहाँ महिलाएँ कपड़े धोने आती हैं। ऐसी जगहों पर नरभक्षी अकसर निगाह रखता है।

को खोजने के लिए विवश हो जाता है।

जंगलात के कर्मचारी, गड़रिए, चरवाहे और वनों के निकट स्थित गाँवों के निवासी नित्य प्रतिदिन जंगलों में जाते हैं, शेर की दहाड़े सुनते हैं, और कभी-कभी वहाँ शेर को देखते भी हैं। शेर के सहज स्वभाव से परिचित होने के कारण उन्हें उसके आक्रमण का डर नहीं लगता।

'जंगली जानवर मनुष्य से दूर रहना चाहते हैं।' इसे हर शिकारी जानता है। कभी-कभी मनुष्य बहुत दिनों तक जानवरों से भरे जंगल में भ्रमण करता रहता है, और उसे एक भी जानवर दिखाई नहीं पड़ता। जंगल में शेरों के होने पर भी उनका दिखाई न पड़ना आश्चर्यजनक अवश्य है तथापि ऐसा होता है। शेर तब तक दिखाई नहीं पड़ते जब तक नियमित ढंग से उनकी खोज न की जाए। शेर जब किसी मनुष्य को अपने सामने देखता है, विशेषकर दिन के प्रकाश में तो वह तुरन्त पीछे हट जाता है।

कई बार मैं भ्रमण करते समय सीधा शेर पास जा पहुँचा हूँ, और मैंने उसे सदा ही पीछे हटते देखा है। एक बार मैं शेर के पास उस समय पहुँच गया था जब वह अपने किए हुए शिकार के निकट बैठा था। उस समय मेरे हाथ में बन्दूक भी नहीं थी। वह कुछ ही वर्ष पहले हिमाचल प्रदेश में हुआ था। मैं अपने हरिपुर गाँव में था। वहाँ सुन्दर सिंह मुझे यह कहने के लिए आया कि पिछली रात शेर ने उसके घोड़े पर घातक आक्रमण किया है। सुन्दर सिंह पास के गाँव का एक दुबला-पतला निर्धन किसान था। उसकी झोंपड़ी झील गाँव में थी, जो मेरे हरिपुर गाँव से लगभग चार मील दूर थी। उसने यह भी बतलाया कि घोड़े का मृत शरीर उसकी झोंपड़ी से एक मील दूर भालावान् वृक्ष के निकट नाले में पड़ा है। वह वृक्ष उस स्थान का पहचान चिह्न था।

सुबह के दस बजे थे और गर्मियों के लम्बे दिन थे। मैंने उसी समय अपने शिकारी सेवक मंगल को अपनी बन्दूक देकर आगे-आगे भेज दिया, और स्वयं एक घंटा बाद घोड़े पर सवार होकर उसके पीछे गया। मंगल मुझे रास्ते में मिला, उसे चरवाहे की झोंपड़ी पर पहुँचने के लिए कहकर मैं आगे बढ़ गया। चरवाहे की एक सुन्दर-सी बेटी थी, और सम्भवतः उस इलाके की सबसे शिष्ट बालिका। मैं काफी देर तक वहाँ चरवाहे की प्रतीक्षा करता रहा, परन्तु मंगल वहाँ नहीं पहुँचा। अपने उतावलेपन में मैंने घोड़े को वहीं छोड़ा और पैदल घोड़े के शव की खोज में निकल पड़ा। जाते-जाते मैं चरवाहे की बेटी से कहता गया कि मंगल के आने पर वह उसे मेरे पास भेज दे।

जब मैं चरवाहे के घर से चला था उस समय दोपहर के दो बजे थे। घोड़े के शव तक पहुँचने के लिए मुझे आधा मील और आगे जाना था। नाले के चौड़े और तंग मोड़ों के साथ-साथ चलते मैं उस स्थान पर पहुँच गया जहाँ पेड़ के ऊपर गिद्ध और कौवे बैठे थे। उन्हें वहाँ देखते ही मैं समझ गया कि घोड़े का मृत शरीर वहीं कहीं पड़ा है।

दोपहर का समय था। उस समय शेर के वहाँ होने की सम्भावना का ध्यान भी मन में नहीं आ सकता था। जहाँ तक मैं जानता हूँ, शेर के वहाँ होने की सम्भावना का ख्याल किसी भी अनुभवी शिकारी के मन में नहीं आ सकता था। वृक्ष पर बैठे कौवों

और गिद्धों ने मुझे जो संकेत दिया था उस पर मैंने उचित ध्यान नहीं दिया। उन्हें पेड़ पर देखकर मैंने केवल यही अनुमान लगाया कि शव वहीं कहीं आसपास पड़ा है, और मैं बिना बन्दूक आगे चल दिया।

जंगल में बिना आहट किए चलना मेरी आदत बन चुकी थी। मैं वहाँ से उस नाले का पहला मोड़ निकलकर दूसरे मोड़ पर पहुँच गया। वहीं सामने पेड़ पर गिद्ध और कौवे बैठे थे।

नाले के आखिरी मोड़ को पार करने के बाद मैं घास के क्षेत्र पर पहुँच गया। वहाँ बिल्कुल सामने, दो गज से भी कम दूरी पर, एक बहुत बड़ा शेर अपने शिकार के निकट बैठा था। हम दोनों ने एक साथ एक-दूसरे को देखा। आश्चर्यचकित मैं मानो वहीं धरती में गड़ गया। वह सुनहरी और काली धारियों का ठोस पुंज था। मैं उसकी निर्दयी तथा हठी और आकर्षक आँखों को देखता रहा। इससे पहले कि मैं वहाँ से पीछे मुड़ने के बारे में सोचता वह 'बहादुर' पीछे घास की ओर कूदा और लुप्त हो गया। रंगों का वह पुंज क्षणभर में वहाँ से गायब हो गया।

जैसा कि मैंने कहा, शेर स्वभाव से संकोची होते हैं। साधारणतः वे मनुष्य पर आक्रमण नहीं करते। यही कारण है कि जंगलों के आसपास के क्षेत्रों के असुरक्षित निवासी हर ऋतु में और हर रोज जंगल में जाने का जोखिम उठाते हैं, किन्तु शिकारग्रस्त व्यक्तियों की संख्या बहुत ही कम है।

कभी-कभी कोई शेर बदमिजाज भी होता है। उसके नरभक्षक न होने पर भी वह उस निर्दोष ग्रामवासी पर आक्रमण करता है, जो सहसा उसके सम्मुख आ जाता है। उस पर आक्रमण करने के बाद वह उसे बिना खाए छोड़ देता है, और फिर लौटकर वहाँ नहीं आता।

एक बदमिजाज शेर

मैंने तीस वर्षों से अधिक जंगलों में भ्रमण और शिकार किया है। इस लम्बी अवधि में मुझे केवल एक ही बदमिजाज शेर मिला है, और वह भी उस स्थान पर जो सही शब्दों में जंगल कहलाने योग्य नहीं था। काले तीतर और थोड़ी-सी नीलगाय को छोड़कर वहाँ जंगली जानवर थे ही नहीं।

यह घटना दमदमा गाँव की है, जो पश्चिमी दिल्ली से करीब बीस मील दूर दिल्ली-अलवर रोड पर है। उस गाँव में केवल घास-फूस की कच्ची, गोर-मिट्टी की झोंपड़ियाँ थीं। वहाँ की उपजाऊ धरती नष्ट हो चुकी थी। वहाँ केवल बबूल के पेड़ थे, और बीच में कहीं-कहीं घनी काँटेदार झाड़ियाँ थीं।

मैं उस क्षेत्र को अच्छी तरह से जानता था, क्योंकि मैं तीतरों के शिकार के लिए अक्सर वहाँ जाया करता था। मैं कभी यह सोच भी नहीं सकता था कि उस रेगिस्तान जैसे क्षेत्र में कभी शेर भी आ सकता है।

एक मित्र ने एक दिन मुझे बताया कि वहाँ शेर ने गाँव की एक वृद्ध स्त्री को मार

डाला है। दो दिन बाद एक और मित्र आया। उसने पहली बात की पुष्टि करते हुए कहा कि इन दिनों की अवधि में वह पाँच अन्य व्यक्तियों को मार चुका है तथा चार व्यक्ति बहुत गम्भीर अवस्था में गुड़गाँवा के अस्पताल में पड़े हैं।

मैं उसी समय अपनी गाड़ी से वहाँ चला गया। गाँव के चौकीदार से मेरी भेंट हुई। उसने आँखों देखी सारी घटना मुझे बताई। वह स्वयं भी शेर के रोष का शिकार हुआ था। उसकी पीठ पर शेर के नाखूनों की खरोंचें थीं किन्तु किसी तरह उसके प्राण बच गए थे।

शेर ने इस प्रकार का पहला प्रहार उस गाँव की एक वृद्धा पर किया था। शेर के सामने वह सहसा उस समय पहुँच गई थी जब वह उसकी गाय को मारकर उसके शव के निकट बैठा था। सम्भवतः वह बहुत भूखा था, क्योंकि उसने दिन के प्रकाश में गाय पर आक्रमण किया था। वह वृद्धा उस समय निकट के ही खेत में काम कर रही थी। खेत के किनारे पर घनी झाड़ियाँ थीं। उसने उन झाड़ियों में से अपनी गाय के बिलखने की आवाज सुनी। वह वहाँ गई और गाय के निकट शेर को खड़ा देखा। झाड़ियों के अन्दर घुसने का एक ही खुला रास्ता था और उसी रास्ते से वह वहाँ गई थी। उसे वहाँ देखते ही शेर उस पर लपका और उसके कन्धे पर अपने दाँत गाड़ दिए। उसके सीने और पीठ की हड्डियों को चूर-चूर कर डाला और फिर झाड़ियों के अन्दर घुस गया।

इस घटना की सूचना गुड़गाँवा जिला के पुलिस मुख्यालय को दी गई, जो उस गाँव से छह मील दूर था। उस शेर को मारने के लिए एक पुलिस दल भेजा गया। रास्ते में से उन्होंने भुन्दसी गाँव से दस व्यक्तियों को अपने साथ ले लिया। वह राजपूतों का गाँव था, और उन्हें अपने उन पूर्वजों पर विशेष गर्व था, जो महायुद्ध में शहीद हुए थे।

वे सब दोपहर के समय दमदमा पहुँचे और शेर की खोज करने लगे। गाँव का वह व्यक्ति जो पदचिह्नों के आधार पर निर्दिष्ट स्थान पर पहुँचने में विशेष निपुण था उन्हें उस झाड़ी के पास ले गया जहाँ शेर के पदचिह्न थे। वह स्थल बड़ा नहीं था। उसकी लम्बाई-चौड़ाई पन्द्रह-बारह गज से अधिक नहीं थी। लेकिन झाड़ियाँ घनी थीं, जो नीचे धरती को छू रही थीं। उन झाड़ियों के अन्दर घुसने के लिए, झाड़ियों से ही बनी हुई एक सुरंग-सी थी। पदचिह्नों से पता चलता था कि शेर वहीं से उन झाड़ियों में घुसा था।

उन सबने शेर को बाहर निकालने के लिए बहुत शोर मचाया। झाड़ियों पर पत्थर फेंके। हवा में गोलियाँ चलाईं परन्तु झाड़ियों में से कोई नहीं निकला। अन्त में वे इस निर्णय पर पहुँच गए कि शेर उन झाड़ियों में नहीं है। उन्होंने झाड़ियों को सब ओर से देखा। उसके चारों ओर चक्कर लगाए। शेर के अन्दर जाने के पदचिह्न तो थे परन्तु बाहर आने के पदचिह्न दिखाई नहीं पड़े यद्यपि सारा स्थान रेतीला था।

भुन्दसी का एक राजपूत नवयुवक जिसके पास बन्दूक थी झाड़ियों के प्रवेश द्वार पर आकर वहाँ से झाड़ियों के अन्दर झाँकने का प्रयास करने लगा। परन्तु उसे कुछ दिखाई नहीं पड़ा। इसलिए वह लेटकर झाड़ियों के अन्दर प्रवेश करने का प्रयास करने

लगा। वह केवल कमर तक ही अन्दर जा पाया था कि शेर के गुर्राने की रोष भरी आवाज सुनाई दी। उसे सुनते ही सब, पुलिस दल भी, अपने प्राण बचाने के लिए पूरे वेग से भागते हुए खेत में जा पहुँचे। वहाँ खेत में खड़े होकर पुलिस के उन बहादुर सिपाहियों ने सरकारी बन्दूकों से गोलियाँ चलानी शुरू कीं और कुछ समय तक गोलियों की बौछार करते रहे।

थोड़ी-सी देर के बाद भुन्दसीवासियों को अपने नवयुवक की चिन्ता हुई। उन्होंने पुलिस से विनती की कि वह उस युवक को वहाँ से ले आए। पुलिस ने उनकी प्रार्थना अनसुनी कर दी। तब उन्होंने थोड़े समय के लिए उनसे बन्दूक माँगी परन्तु पुलिस ने इनकार कर दिया। तब वे बिना बन्दूक उस स्थल पर गए जहाँ वह युवक था। वह वहाँ उसी अवस्था में धरती पर लेटा पड़ा था। उसकी टाँगें झाड़ियों से बाहर थीं। किन्तु कमर तक का भाग झाड़ियों के सुरंगरूपी द्वार के अन्दर धँसा पड़ा था। उसकी पीठ लहू से लथपथ थी, और सिर इस तरह कुचला हुआ था, जैसे किसी ने हथौड़े से चूर-चूर किया हो।

जैसे ही उन्होंने उस शव को उठाना चाहा शेर झाड़ियों को फाड़ते हुए बाहर निकला और बहुत रोष के साथ उन पर आघात कर फिर झाड़ियों में घुस गया। आठ में से पाँच व्यक्ति बुरी तरह घायल होकर वहीं धरती पर गिर पड़े और दर्द से कराहने लगे। शेर ने उन्हें बुरी तरह काटा था। दो वहीं मर गए। एक की अस्पताल में मृत्यु हो गई। उनमें से केवल दो ही बच पाए थे, और उनकी छाती तथा पीठ पर घावों के रूप में शेर के नाखूनों के गहरे निशान थे।

उस शेर ने जिस भी व्यक्ति को मारा था उसका मांस कभी नहीं खाया था। मारे जाने से पहले उसने उस क्षेत्र में, महीने भर के अन्दर, दो अन्य व्यक्तियों का भी संहार कर डाला था।

सावधान और चतुर शेर

शेर स्वभाव से बहुत सावधान और चतुर होते हैं। वे कोई भी अनावश्यक जोखिम नहीं उठाते। भोजन करने के लिए अपने शिकार किए हुए जानवर के पास जाने से पहले वे उस क्षेत्र का अच्छी तरह से निरीक्षण करते हैं। पूरी तरह से सुरक्षित दिखाई देने पर भी वे शव को उसी स्थान पर नहीं खाते अपितु उसे गर्दन से घसीटकर वहाँ से दूर ले जाते हैं, और वहाँ उसका भोजन करते हैं।

शेर परछाइयों की भाँति कुटिल है। वह अपने सिर को काफी झुकाकर चलता है। ऐसा करने से वह उन धीमी ध्वनि-तरंगों को सुन सकता है, जो मनुष्य और जानवर के चलने से धरती के निकट होती हैं। उसके कान बहुत सूक्ष्मग्राही हैं। प्रकृति ने उसके कानों की संरचना ही ऐसी की है कि वे मन्दगति की ध्वनि-तरंगों के प्रति विशेष संवेदनशील हैं। मनुष्य की अपेक्षा शेर की श्रवणेन्द्री मन्द-गति की ध्वनि-तरंगों को पकड़ने में अधिक सक्षम है। अर्थात् मन्द गति को जिन ध्वनि-तरंगों को मनुष्य के कान

पकड़ नहीं पाते शेर उन्हें बखूबी सुन सकता है। जैसे, जूते के भीतर पाँव की उँगलियों के हिलने की आवाज। उँगलियों के हिलने से जूते के चमड़े में कुछ हल्के से संकुचन होते हैं, और उससे जो ध्वनि-तरंगें होती हैं, मनुष्य उन्हें सुन नहीं पाता। परन्तु शेर का ध्यान तुरन्त उनकी ओर आकर्षित हो जाता है। वह उन्हें सुनता है, और उनके प्रति सतर्क हो जाता है। इसके विपरीत शेर में बहुत ऊँचे तारत्व की ध्वनि अर्थात् तीव्र गति की ध्वनि-तरंगों को सुनने की क्षमता नहीं है। जैसे, उसे सीटी की तीखी आवाज सुनाई नहीं पड़ती। उसके प्रति उसमें कोई प्रतिक्रिया नहीं होती।

शेर में सावधान रहने की प्रवृत्ति इतनी अधिक विकसित है कि इसे उसकी तर्क-क्षमता कहा जा सकता है। कोई भी अन्य जानवर उस जैसे सावधान तथा सन्देही स्वभाव का नहीं है। उसमें सावधान रहने की प्रवृत्ति इतनी अधिक है कि वह उसे कायरता के छोर तक ले जाती है।

शेर के स्वभाव की इस विलक्षणता को मैंने पहली बार कुमायूँ जिले के हरिकुंड वन-ब्लॉक में देखा था। वहाँ एक शेर बहुत दिनों तक मेरे साथ बहुत कुशलता के साथ छिपन-छिपाई का खेल खेलता रहा। उसकी कुशलता ने मुझे अपनी ही नजर में मूर्ख बना दिया।

मैं उस वन-ब्लॉक में अपने एक मित्र के साथ शिकार खेलने गया था। उस समय वहाँ दो शेर थे। उनमें से एक जख्मी था जिसे बन्दूक चलाने के लिए नए शौकीन अनुभवहीन शिकारी ने मोटा-साल सोत में जख्मी छोड़ दिया था। दूसरे शेर के सम्बन्ध में वहाँ के परिक्षेत्र-अधिकारी, श्री भुखंडी का कहना था, 'वह प्रशिक्षित है। उसे विदेश से आए शिकारियों की एक टोली ने अपने उदार-स्वभाव और कृपा से अच्छा प्रशिक्षित कर रखा है।'

शेरों और शेरों के शिकार के सम्बन्ध में समुद्र के पार से आए उन शिकारियों के बहुत विचित्र विचार थे। वे सोचते थे कि जिस समय वे शेर का शिकार करना चाहें शेर को उनके सामने आ जाना चाहिए जिससे वे आसानी से उस पर निशाना ले सकें। शेर के पीछे भागने या उस पर निशाना साधने के अवसर तलाश करना उनका काम नहीं। अर्थात् शेर की खोज में उन्हें जंगल के अन्दर जाने की आवश्यकता नहीं थी। सम्भवतः वे जोखिम उठाने से डरते थे। उनकी बातचीत से ऐसा लगता था। जैसे, शेर को उनके सामने वहाँ निकल आना चाहिए जहाँ उन्होंने साल के ऊँचे वृक्ष पर, धरती से करीब चालीस फुट ऊँचे, मचान बाँध रखी हो।

पहले ही दिन उन्होंने शेर को ललचाने के लिए अपनी मचान के निकट एक कटरा बाँधा। शेर ने उसे मारा और फिर उसे खींचकर जंगल के भीतर दूर ले जाने की धृष्टता की। दूसरे दिन फिर उसी स्थान पर अधिक पक्के रस्से से दूसर कटरा बाँधा। शेर ने कटरे को मारा और उस पक्के रस्से को तोड़कर उसके शव को फिर खींचकर दूर जंगल में ले गया। शेर की ढिठाई से खिन्न होकर उन्होंने फिर उसी स्थान पर एक और कटरा बाँधा, और इस बार उसे बाँधने के लिए गाड़ियों को खींचने वाली मोटी

पुष्ट रस्सी का प्रयोग किया। शेर ने फिर उस कटरे को मारा, उस मोटे पुष्ट रस्से को काटा और कटरे को खींचकर दूर ले गया। तब उन्हें शेर पर बहुत क्रोध आया, और अगले दिन कटरे को लोहे की एक ऐसी मोटी चेन से बाँधा, जो शक्तिशाली डीजल के इंजन की शक्ति सहन कर सकती थी। शेर फिर कटरे को मारकर, उसके शरीर को फाड़कर, उसके धड़ को खींच ले गया। कटरे की टाँगें लोहे की चेन के साथ लटकती हुई पीछे रह गई। उन शिकारियों के लिए शेर का यह दुस्साहस असहनीय हो गया और वे वापस लौट गए।

हम उनके चले जाने के एक महीना बाद उस वन-ब्लॉक में पहुँचे थे। हमने भी उसी स्थान पर कटरा बाँधा था किन्तु उसे अकेला नहीं छोड़ा था। मैं जमीन में गड्ढा खोदकर एक झाड़ी के पीछे बैठ गया। शेर वहाँ आया किन्तु कटरे के निकट नहीं गया। वह इधर-उधर घूमता रहा। मेरी नजर से दूर रहा और फिर गायब हो गया। दूसरे दिन मैं फिर कटरे के पास बैठा, और शेर पहले दिन की भाँति कटरे और मेरी नजर से दूर रहा। यही क्रम सप्ताह भर चलता रहा।

इस प्रकार एक सप्ताह के बीत जाने के बाद मैंने उस नाले की दूसरी शाखा पर नजर रखने की सोची, और अपने मित्र को अपने साथ ले आया। शेर रोज ही कटरे के इधर-उधर घूमकर उस नाले की दूसरी शाखा की ओर जाया करता था। उस दिन हम वहाँ कुछ जल्दी पहुँच गए। उस समय दोपहर के तीन बजे थे। मैं कटरे और अपनी अन्य वस्तुओं को अपने छिपने के स्थान के निकट छोड़कर, अपने मित्र के लिए मचान बनाने के लिए नाले की दूसरी शाखा पर चला गया, जो पहली शाखा से लगभग सौ गज दूर थी। मुझे वहाँ आध घंटे से अधिक समय नहीं लगा, परन्तु जब मैं लौटकर आया कटरा वहाँ नहीं था।

मैं अपना कम्बल, कोट, शिकार के सामान का थैला और थर्मस, सब कटरे के निकट छोड़कर गया था। वे वहीं पड़े थे। कटरे को मैंने एक मामूली-सी रस्सी के साथ झाड़ी से बाँधा था। मैंने सोचा कि वह अपने आपको छुड़ाकर पास की झाड़ियों में घुस गया होगा। मैं उसे तलाश करने लगा और शीघ्र ही उसका शव झाड़ी में धँसा हुआ नजर आया।

कितना चतुर था वह शेर। उसने अवश्य ही मुझे रोज कटरे के निकट छिपे हुए देखा होगा। इसी कारण वह कटरे के निकट नहीं आया था। यद्यपि मैं अपने छिपने के स्थानों को रोज बदलता रहता था। वह न कटरे के निकट गया, और न कभी इतना मेरे निकट आया कि मैं उसका कुछ बिगाड़ सकता। उस दिन उसने मुझे कटरे को अकेला छोड़कर जाते देखा होगा। इसीलिए बिना समय नष्ट किए वह जल्दी से वहाँ आया और कटरे को झपटकर ले गया।

शेर निर्दयी नहीं होते

शेर को सामान्यतया निष्ठुर और निर्दयी समझा जाता है। किन्तु स्वभाव से वे निर्दयी

नहीं होते। शेरों के बच्चों में शिकार के साथ क्रीड़ा करने की प्रवृत्ति है। किन्तु शेर जिन जानवरों पर स्वयं आक्रमण करते हैं, उन्हें प्रायः बिना पीड़ा पहुँचाए तुरन्त मार डालते हैं। इसके अतिरिक्त, शेर जिस समय तक अपने पहले शिकार को खाकर खत्म नहीं कर लेता नया शिकार नहीं करता। कभी-कभी कुछ विशेष स्थितियों में अनावश्यक हत्याएँ भी हो जाती हैं। एक ही रात में वह अनेक जानवरों को मार देता है। परन्तु देखने में आया है कि यह प्रायः नवयुवक शेर अपनी प्रेयसी की संगति में, उसे अपनी शक्ति से प्रभावित करने के लिए करता है। अथवा अपनी नई शक्ति और शिकार-कुशलता का आनन्द उठाने के लिए करता है।

जिन जानवरों पर शेर आक्रमण करते हैं, उन्हें बहुत जल्दी मार देते हैं। आक्रान्त को पता भी नहीं चलता कि उसके साथ क्या हो रहा है। किसी जानवर को पीड़ा पहुँचाना शेर की प्रवृत्ति में नहीं है। इसकी पुष्टि मैं उस वास्तविक घटना से करना चाहता हूँ, जिसका उल्लेख श्री ए.डब्ल्यू. स्टैचन की अपनी पुस्तक, 'शेर द्वारा जख्मी' में किया गया है। उन पर एक शेरनी ने आक्रमण किया था। यह तो उनका सौभाग्य था कि वे उस घटना का उल्लेख करने के लिए जीवित रह गए।

उन्हीं के शब्दों में—

'जिस समय शेरनी मेरे पैर को झंझोड़ रही थी, उस समय न मुझे डर लगा, न पीड़ा अनुभव हुई। उस समय का मेरा अनुभव उस चूहे जैसा था जिसे बिल्ली ने अपने पंजे में जकड़ रखा हो। कोमल-हृदय व्यक्तियों को यह जानकर सन्तोष होगा कि शेर की पकड़ में पीड़ित प्राणी विशेष पीड़ा अनुभव नहीं करता।'

श्री ए.डब्ल्यू. स्टैचन अच्छी तरह जानते थे कि वे क्या लिख रहे थे। जख्मी और मरने वाली शेरनी की जकड़ में वे बुरी तरह से घायल हुए थे। उनकी दाईं बाँह और बाँई टाँग जाती रही थी तथापि किसी तरह से बच गए। असाधारण साहस के साथ वे ललित कलाओं को, विशेषकर चित्रकला को सीखने में लग गए और उसमें उन्होंने विशिष्टता प्राप्त की। उन्होंने जानवरों के, विशेषकर शेरों के चित्र बनाए। उनकी हाथी दाँत की बनाई हुई शेरों की अलग-अलग मनःस्थितियों तथा आसनों की रूपाकृतियाँ रॉयल अकादमी ऑफ आर्ट्स में मौजूद हैं।

निशाना लगाने के उपयुक्त स्थान

व्यक्ति को उस समय तक शेर का पीछा नहीं करना चाहिए जब तक (1) उसे अपनी बन्दूक का पूरा भरोसा न हो और (2) वह चलते हुए लक्ष्य पर गोली चलाने की रीति में सिद्धहस्त न हो। शेर के शिकार करने की ये दो मूल आवश्यकताएँ हैं। इनमें से किसी एक के अभाव में शेर का शिकार करना अपने लिए ही खतरनाक नहीं है, साथियों और निर्दोष ग्रामवासियों के लिए भी बहुत संकटमय हो सकता है, क्योंकि उस अवस्था में शेर के जख्मी रह जाने की आशंका है; जख्मी शेर नरसंहार करनेवाला बन सकता है।

गोली कभी भी जल्दी में नहीं चलानी चाहिए। जो व्यक्ति गोली चलाने में जल्दी करता है, वह बहुत समय तक गोली चलाने योग्य नहीं रहता। शेर का शिकार करने वाले को यह सदा ध्यान में रखना चाहिए कि वह सबसे चतुर और भयंकर जानवर का सामना कर रहा है जिसका परिवेश, अपना बचाव करने की क्षमता एवं दूसरे पर आक्रमण करने की शक्ति उसके अपने हित में है।

शेर के शरीर के वे मर्मस्थल जहाँ उस पर घातक या अन्तिम निशाना लिया जा सकता है—

गर्दन।

गर्दन की जड़।

कन्धे से हृदय पर प्रहार करना।

वक्ष-स्थल से हृदय पर प्रहार करना।

आँखों के बीच में मस्तिष्क पर प्रहार करना।

शेर का सामने का तीन चौथाई भाग यदि शिकारी की ओर हो तो गर्दन की जड़ पर निशाना लेना सबसे ठीक रहता है। इससे शेर की मृत्यु तुरन्त हो जाती है। इससे उसकी गर्दन में स्थित धमनियाँ टूटती हैं, तन्त्रिका-तन्त्र का विनाश होता है और हृदय तथा फेफड़ों पर आघात पहुँचता है।

शेर का पूरा पार्श्व शरीर यदि शिकारी की ओर हो तो उसके हृदय पर निशाना साधना ठीक है। परन्तु निशाने को उसके कन्धे के बीच में से लगाना ठीक रहता है। कन्धे पर निशाना लेने से शेर त्वरित रूप से गतिहीन हो जाता है जबकि हृदय पर सीधे गोली लगने से शेर प्रायः तुरन्त नीचे नहीं गिरता, और अपने जीवन के अन्तिम क्षणों

में आक्रमण करने की चेष्टा करता है।

शेर यदि सीधा शिकारी की ओर आ रहा हो, और वह तथा शिकारी दोनों भूमि के एक ही स्तर पर हों, तो उसके वक्ष-स्थल का वह मध्यभाग, जो उसकी गर्दन से मिलता है, निशाना लेने के लिए उपयुक्त है। उसके कन्धे से मिलते हुए गर्दन के दाएँ तथा बाएँ भाग भी निशाने के लिए उतने ही उपयुक्त हैं। वह निशाना जो कन्धे के बीच से सिर के कुछ दाईं या बाईं ओर लगाया जाता है, वह भी अच्छा सिद्ध होता है। वह उसके हृदय पर सीधी चोट मार सकता है अथवा उसकी मेरु रज्जु अर्थात् सुषुम्ना नाड़ी को तोड़कर उसकी टाँगों और बाँहों को निष्क्रिय कर सकता है तथा कन्धे को तोड़कर उसे घातक आक्रमण करने से रोक सकता है।

शेर यदि सामने से आ रहा हो तो बन्दूक के घोड़े को दबाने से पहले शेर को एक ओर मुड़ जाने या आगे बढ़ जाने का अवसर देना जरूरी है—क्योंकि शेर गोली लगने पर उसी ओर छलाँग मारता है, जिधर उसका मुख होता है। बहुत सी ऐसी अन्य स्थितियाँ भी हैं, जिन पर गोली लगने पर उसके आक्रमण करने की आशंका न के बराबर होती है। परन्तु उस शेर से सावधान रहना आवश्यक है, जिसने आपको देख लिया हो, और उसका वहाँ से हटने का कोई इरादा दिखाई न पड़ता हो।

मस्तिष्क पर गोली लगने से मृत्यु तत्काल होती है। परन्तु मस्तिष्क पर गोली लगना बहुत कठिन है। मस्तिष्क पर निशाना लेने पर यह नहीं कहा जा सकता कि उसका परिणाम वही होगा, जो हम चाहते हैं। इसके दो कारण हैं। पहला, शेर का मस्तिष्क बहुत छोटा है, लगभग एक सेब के बराबर। अतएव निशाने का लक्ष्य बहुत छोटा है। उसका मस्तिष्क आँख से चार इंच पीछे होता है। दूसरा, शेर के माथे की संरचना बहुत धोखा देनेवाली है। उसकी आँखों के ऊपर त्वचा की कई परतें हैं, और उनकी रंग-व्यवस्था दृष्टि-भ्रम पैदा करती है। देखनेवाले को लगता है कि उसके निजी माथे की भाँति शेर के माथे की अस्थि भी ऊँची है, अर्थात् उसे लगता है कि शेर के सिर की त्वचा और नाक की जड़ के बीच ऊँची अस्थि है। परन्तु वास्तव में ऐसा नहीं है। शेर की खोपड़ी को ध्यान से देखने पर व्यक्ति को अचम्भा होगा कि उसका माथा होता ही नहीं है।

शेर के माथे के स्थान पर एक तेज ढलान वाली अस्थि होती है। उसका रुख पीछे की ओर है। सामने की ओर उसका कोई ऊँचा स्थल नहीं है जैसा मनुष्य या किसी भी अन्य जानवरों की खोपड़ी में होता है। इसलिए मस्तिष्क पर लगाई गई गोली उस ढलवीं अस्थि को तोड़ने के स्थान पर सिर की त्वचा को छूते हुए आगे सरक जाती है। उसके मस्तिष्क पर चोट नहीं करती। उसके मस्तिष्क पर आघात करने के लिए शिकारी को उसकी आँख में या नाक की जड़ पर गोली चलानी होगी। इसलिए मेरे विचारानुसार शेर के मस्तिष्क का निशाना लेना ठीक नहीं है। मस्तिष्क के स्थान पर उसकी गर्दन पर निशाना लगाना आसान है, और वह उतना ही प्रभावशाली है जितना मस्तिष्क पर लगी गोली।

शेर यदि जा रहा हो और शिकारी ऊँचे स्थान पर बैठा हो तो रीढ़ की हड्डी में कहीं भी लगी गोली उसे निष्क्रिय कर देती है। शिकारी यदि भूमि के उसी स्तर पर बैठा हो जिस पर शेर खड़ा है, तो शेर की दुम की जड़ पर गोली चलाई जा सकती है। वह उसके पूरे सीने को खुरच डालेगी। किन्तु यह एक भद्‌दा-सा निशाना है जिसे न लेना ही ठीक है।

गोली यदि मर्मस्थल पर लगने से चूक जाए तो यह देखकर आश्चर्य होगा कि उसके जख्मी हो जाने पर भी वह कितनी दूर तक जा सकता है। अनेक गोलियों के घाव सहकर भी वह बहुत दूर तक जा सकता है, और उन सब घावों को सहते हुए अन्तिम क्षण तक लड़ता रहता है।

शिकार के लिए उपयुक्त बन्दूक का चयन

समय के साथ विज्ञान ने बहुत प्रगति की है। उसी के अनुसार बड़े और खतरनाक जानवरों के शिकार के उपकरणों में भी महत्त्वपूर्ण उन्नति हुई है। अब शिकारी अपने लिए सही बन्दूक तथा अन्य उपकरणों को आसानी से उपलब्ध कर सकता है। परन्तु शिकार की कला में कमजोर और उसके नियमों के प्रति उदासीन कुछ व्यक्तियों ने इस सुविधा को अपनी कमजोरी को ढकने का साधन बना लिया है। यह दुख की बात है। मैं कई ऐसे व्यक्तियों को जानता हूँ जिनकी दृष्टि में सकुशल शिकार का अर्थ नवीनतम उपकरणों से सुसज्जित शक्तिशाली बन्दूकों का संग्रह करना है।

शिकारी के पास अच्छी बन्दूक और शिकार सम्बन्धी समुचित ज्ञान का होना जरूरी है। परन्तु यह अपने आप में पर्याप्त नहीं है। इनसे कुछ सीमा तक व्यक्ति की शिकार-निपुणता की कमी पूरी हो जाती है। किन्तु इनसे शिकारी के आत्म-सम्मान और गरिमा की तुष्टि नहीं हो सकती।

बड़े और खतरनाक जानवर का शिकार करने के लिए बन्दूक की आघात-क्षमता जानवर की शक्ति के अनुरूप होनी चाहिए। इसके अतिरिक्त वह बन्दूक चलाने वाले के लिए ऐसी हल्की होनी चाहिए जिसे वह आसानी से इस्तेमाल कर सके; शिकार करते समय उसे बन्दूक को सँभालने और चलाने में किसी प्रकार की कठिनाई नहीं होनी चाहिए।

तीव्र गति की, एक्सप्रेस गति की राइफल उठाने और चलाने में आसान है। इसका निशाना भी सही है। इसकी गोली शरीर में आन्तरिक घाव करने और जानवर को शिथिल करने में सक्षम है। इसे दूर से सफलतापूर्वक चलाया जा सकता है। साधारण शिकार के लिए यह उपयुक्त है। बड़े और खतरनाक जानवर के लिए बड़े बोर की बन्दूक का होना आवश्यक है। किन्तु अच्छे सिद्धहस्त शिकारी के लिए अत्यधिक शक्ति की बन्दूक का होना आवश्यक नहीं है। बन्दूक का चयन करने में शिकारी की मांसपेशियों की शक्ति और बाँह की लम्बाई को ध्यान में रखना नितान्त आवश्यक है।

बन्दूक के चयन में उपरिलिखित सभी बातों पर ध्यान देना जरूरी है। किन्तु सबसे अधिक ध्यान देने योग्य बन्दूक चलाने वाला व्यक्ति है। बड़े और खतरनाक जानवर के शिकार में कोई भी अन्य घटक इतना महत्त्वपूर्ण नहीं है जितना व्यक्ति की निशाने पर

सही गोली चलाने की क्षमता और जानवरों के मर्मस्थलों के विषय में उसका ज्ञान। व्यक्ति की मानसिक स्थिरता और शान्त रहने की प्रवृत्ति का महत्त्व इन सबसे अधिक है।

यह कहना अत्युक्ति नहीं होगी कि शिकार में सही और सकुशल निर्णय लेने में और वांछित परिणाम को प्राप्त करने में शिकारी के नेत्रों और हाथ की भूमिका विशेष महत्त्व रखती है और इनका महत्त्व किसी प्रकार भी उस सही बोर की राइफल से कम नहीं है जिसके द्वारा गोली चलाई जाती है।

बड़े और खतरनाक जानवर के शिकार करने के लिए शिकारी को शिकार के नियमों की अच्छी जानकारी का होना बहुत जरूरी है। शिकार में सफलता प्राप्त करने के अतिक्ति यह शिकारी की निजी सुरक्षा के लिए भी लाभप्रद है। परन्तु इसके साथ-साथ यह कहना भी आवश्यक है कि पुस्तकों से प्राप्त गहन और गम्भीर ज्ञान भी अनुभवों से प्राप्त ज्ञान की बराबरी नहीं कर सकता। इसे प्राप्त करने के लिए गोली लगने के बाद जब जानवर को काटा जाए तो उसके आन्तरिक भागों का ध्यानपूर्वक निरीक्षण करना आवश्यक है जिससे यह पता चल जाता है कि गोली शरीर के किन-किन भागों से होते हुए उसके मर्मस्थल तक पहुँची है।

बड़े और खतरनाक जानवर का शिकार करते समय नए शिकारी के हाथ में सबसे अधिक शक्तिशाली राइफल का होना आवश्यक है। परन्तु वह ऐसी होनी चाहिए जिसे वह आराम से उठा और चला सके। शेर का शिकार करने में चार हजार फुट पाउंड की मज्जल एनेर्जी से कम वाली राइफल और तीन सौ ग्रेन वजन से कम की गोली का प्रयोग करना उचित नहीं। शेर के शिकार के लिए .571 से .375 मैग्नम कैलिबर की बहुत सी राइफलें हैं जिनका प्रयोग किया जा सकता है। भारत में .500 ब्लैक पाउडर राइफल के अतिरिक्त बहुत सी अन्य प्रकार की राइफलों का भी प्रयोग किया जाता है, जैसे–.470 रिगबी, .465 हॉलैंड एंड हॉलैंड, .450/.400 जैफरी और .375 हॉलैंड एंड हॉलैंड मैग्नम।

शेर बहुत बड़ा जानवर नहीं है। इसकी गणना नरम त्वचा वाले जानवरों में की जाती है। एक पुराने शिकारी का कहना है कि शेर यदि अपना सहयोग दे और अपने हृदय को आपकी ओर कर दे तो उसे कोई भी छोटे कैलिबर की आधुनिक बन्दूक मार सकती है। परन्तु ऐसा बहुत कम होता है। कभी-कभी शिकारी को छोटे-छोटे वृक्षों और झाड़ियों के बीच से निशाना लेना पड़ता है। उस अवस्था में तीव्र गति की हल्की गोली के झाड़ी से टकराकर फट जाने की बहुत सम्भावना है। उस समय यदि शेर आक्रमण करना चाहे तो उसे रोकने में हल्के कैलिबर की राइफल पर भरोसा नहीं किया जा सकता। मस्तिष्क में लगी छोटी गोली उसे तुरन्त मार सकती है। परन्तु अभी तक ऐसा कोई व्यक्ति पैदा नहीं हुआ, जो आक्रमण करते हुए शेर के मस्तिष्क में विश्वासपूर्वक निशाना लेने में सिद्धहस्त हो।

इसलिए शेर के शिकार में भारी बोर की राइफल का प्रयोग करना नितान्त

आवश्यक है, लेकिन उसका चलाने वाले की शारीरिक क्षमता के अनुरूप होना बहुत आवश्यक है जिससे कि वह उसे सुविधा के साथ सँभालकर चला सके। किसी भी दशा में राइफल .375 मैग्नम से कम नहीं होना चाहिए। बड़े और खतरनाक जानवरों के शिकार में दो-नली बन्दूक का प्रयोग करना उचित है। इसके सम्बन्ध में कोई मतभेद नहीं है। एक-नली बन्दूक की अपेक्षा दो-नली बन्दूक का सन्तुलन अच्छा होता है। उसे इधर-उधर घुमाना, कन्धे से लगाना और तेजी से चलाना सुविधाजनक है। इसके अतिरिक्त निशाना साधने के स्थान पर उसे लक्ष्य की ओर लगाकर भी चलाया जा सकता है जबकि एक-नली राइफल के साथ यह नहीं किया जा सकता। इसलिए दो-नली राइफल और मैग्जीन राइफल की आघात-क्षमता एक-सी होने पर भी दो-नली राइफल अपेक्षाकृत अधिक उपयोगी है।

भारत के झाड़ियों वाले घने जंगलों और ऊँचे घास के वनों में शेर के शिकार के लिए कोई भी .470-.400 श्रेणी की राइफल और खासकर दो-नली राइफल उपयुक्त है। .375 हॉलैंड एंड हॉलैंड मैग्नम राइफल अपने में अनूठी है। अन्य सब राइफलों की अपेक्षा मैंने इसी से सर्वाधिक शिकार किया है जिनमें शेरों के अतिरिक्त हाथी और 'गौर' भी सम्मलित हैं।

भाग–2

शेरों से मेरी मुलाकातें

नए शिकारी का सौभाग्य

मैं अपने घोड़े को तेजी से भगाते हुए अपने गाँव से छह मील दूर एक विख्यात और सुन्दर जीव—शेर—के साथ मुलाकात करने के लिए जा रहा था।

मैं चौदह वर्ष का था। तरुणावस्था का गर्म खून मेरी रगों में दौड़ रहा था। शेर के साथ मुलाकात करने का यह मेरा पहला अवसर था। इस अवसर की मैं बहुत समय से बड़ी उत्सुकता से प्रतीक्षा कर रहा था।

मेरे पिता बहुत कुशल शिकारी थे। वे राइफल चलाने और भाला फेंकने में सिद्धहस्त थे। रियासत-प्रशासन के एक उच्च पद से अवकाश पाने के बाद वे शिवालिक पहाड़ियों की तराई में रहने लगे थे। शिकार के लिए यह उत्तम स्थान था। बड़े जानवरों का आखेट करना उनका शौक था, और यही शौक उन्हें यहाँ खींच लाया था।

सन् 1920 के आसपास दून घाटी के इस क्षेत्र में एक पशुघातक शेर ने आतंक फैला रखा था। इस क्षेत्र का विस्तार लगभग एक सौ पचास वर्गमील था। यह क्षेत्र अब दक्षिण हिमाचल में है, और इसी में उसने आतंक मचा रखा था।

उस शेर को पशु मारने की असाधारण लत थी। सामान्यतया शेर अपनी भूख मिटाने के लिए जंगली जानवरों का शिकार करते हैं, और शिकार कर लेने के बाद दो-तीन दिन उसी का भोजन करते हैं। इस अवधि में वे किसी अन्य जानवर को नहीं मारते। परन्तु इस पशुघातक को पशु मारने की लत थी। मैंने एक स्थान पर आठ भैंसों के और दूसरे स्थान पर दो अन्य पशुओं के शव देखे थे, जिन्हें उसने एक ही दिन में मारा था।

उस शेर की चाल विचित्र थी। उसका बायाँ पंजा लम्बा था और उसका पदचिह्न दाएँ पंजे की अपेक्षा अधिक स्पष्ट दिखाई देता था। वह लँगड़ाकर चलता था। आसपास के ग्रामवासियों ने उसका नाम लँगड़ा छंग्गा (छह उँगलियों वाला लँगड़ा) रख रखा था।

उसके असाधारण डीलडौल और भारी शरीर ने उसके लिए जंगल के तेज भागने वाले जानवरों को पकड़ना दुष्कर कर रखा था। अतः वह पालतू पशुओं को मारने के लिए विवश था। तीन वर्ष से अधिक समय से उसने पालतू पशुओं को मार-मारकर गाँव खाली कर रखा था।

भगवान शायद बैकुंठ में मौज मारने में इतने व्यस्त थे कि उनके पास मृतलोक की संसारी घटनाओं में हस्तक्षेप करने का समय नहीं था। वह क्षेत्र भारत की एक रियासत

में था, और भारतीय रियासतों के शासक भी अपने-अपने राज्यों में देवताओं से कम नहीं थे और उनके सदृश व्यस्त थे।

इसलिए यह काम शिकारी पर छोड़ दिया गया था कि वह छिप-छिपाकर लोगों की सहायता करे, क्योंकि शेर मारने का अधिकार केवल राजा को ही था।

लोगों को उसके आतंक से मुक्त कराने का बीड़ा मेरे पिता ने अपने ऊपर लिया और उसके लिए यथासम्भव चेष्टा भी की। गर्मी, बरसात, सर्दी अर्थात् सभी ऋतुओं में वे रातभर उस शेर के घात में बैठे, परन्तु वह कपटी उनके सामने कभी नहीं आया। उन्हें दिखाई नहीं पड़ा।

अक्टूबर की दोपहर थी। मैं घोड़े को भगाते हुए धौला कुआँ के जंगल की ओर जा रहा था। वहाँ से एक किसान यह सूचना लेकर आया था कि छंग्गे ने उसकी आखिरी भैंस भी मार डाली है।

मेरे पिता ने मुझसे पूछा कि क्या मैं अपना भाग्य आजमाने के लिए वहाँ जाना चाहूँगा। मैं तुरन्त राजी हो गया। इससे पहले कि वह अपना विचार बदलें, मैं जल्दी से कमरे से बाहर निकल आया और आध घंटे के भीतर घोड़े पर सवार होकर, उसे तेजी से भगाते हुए, उस गाँव की ओर चल पंड़ा, जहाँ से वह किसान आया था।

II

कठियावाड़ी वंशावली का मेरा घोड़ा सुन्दरता की सजीव मूर्ति था। वह सूअर के शिकार में बहुत प्रशिक्षित था। हम दोनों ने बाधाओं को फाँदने का बहुत अभ्यास कर रखा था। कूदफाँद के खेलों में हम दोनों एक-दूसरे के मन को अच्छी तरह से समझने लगे थे।

मुझे जो काम सौंपा गया था मैं उसे लेकर बहुत उत्साहित था। उसका प्रभाव मोती की मनःस्थिति पर भी दिखाई पड़ रहा था। हम दोनों खेलने की मनःस्थिति में थे। हम रास्ते की झाड़ियों और खाइयों को फाँद-फाँदकर पार करने लगे थे। परन्तु एक बार मैं कुछ असावधान हो गया, और जब मैं एक ऊँची झाड़ी को फाँद रहा था तभी मैं अपना सन्तुलन खो बैठा। अपने आपको स्थिर करने के लिए मैंने प्रतिवर्तित रूप से काठी पकड़ी। उसमें बन्दूक हाथ से छूट गई और मैं भी धड़ाम से पथरीली जमीन पर गिर पड़ा।

झाड़ी पार करने के बाद मोती तुरन्त खड़ा हो गया। मैं उठा और मैंने अपनी बन्दूक को उठाया। बन्दूक के कुन्दे के अगले और पतले भाग में तिरछी दरार आ गई, जो बाईं नली के नीचे लिबलिब्बी तक थी। मुझे शेर के शिकार करने के अवसर को खो देने का पश्चात्ताप हो रहा था, और पिता से पड़ने वाली डाँट के डर ने उस पश्चात्ताप की वेदना को और भी तीव्र कर दिया था।

अब मेरे पास गोली चलाने के लिए एक ही नली बची थी, और वह भी चिकनी नली जिसमें ग्रूव नहीं थे। मैं धर्मसंकट में फँस गया। अब मुझे निर्णय लेना था—आगे

जाऊँ या पीछे घर लौट जाऊँ ? दोनों में से किसका सामना करूँ—शेर का या पिता का ?

मैंने मोती को सहलाया, फटे हुए कुन्दे पर रूमाल बाँधा और काठी पर बैठ गया। हम दोनों जंगल की ओर चल पड़े। अब हम खेलने की मनःस्थिति में नहीं थे। हम दोनों कुछ उखड़े-उखड़े थे। मोती झाड़ियों को फाँदने के विचार को, और मैं पिता से पड़ने वाली डाँट के ख्याल को मन से दूर रखने का प्रयास कर रहा था।

III

मैं दिवास्वप्नों में खो गया। मेरे मन में एक दृश्य की स्मृति ताजा हो गई, जो मैंने दो वर्ष पहले देखा था।

मेरे पिता ने अपना डेरा उस स्थान के निकट डाल रखा था जहाँ छंग्गा ने आसपास के ग्रामवासियों के पशुओं को मार-मारकर आतंक फैला रखा था। भोजन के लिए शिकार लाना मेरी जिम्मेदारी थी। मैं अपने इस उत्तरदायित्व को कुशलतापूर्वक निभाने का पूरा प्रयास कर रहा था।

सुबह का समय था। मैंने अपनी बन्दूक उठाई और वन-पक्षियों के आखेट के लिए निकल पड़ा। जंगल के अन्दर थोड़ी दूर ही गया था कि मुझे बहुत से पक्षियों के बोलने की आवाजें सुनाई दीं। वे अपनी-अपनी बोलियों द्वारा वन्य जीवों को संकट की चेतावनी दे रहे थे। परन्तु मैं तब वन-प्राणियों की भाषा से परिचित नहीं था।

मैं हल्के-हल्के उसी ओर चल पड़ा जिधर पक्षी क्लक-क्लक-क्लक करते हुए संकट की घोषणा कर रहे थे। पक्षी झाड़ी के नीचे छिपे बैठे थे। मैं उनसे केवल पन्द्रह गज की दूरी पर था, परन्तु मुझे वे दिखाई नहीं पड़ रहे थे।

मैंने चारों ओर देखा। साल के वृक्षों की गहरी छाया धरती पर पड़ रही थी। प्रभात की तिरछी किरणें पेड़ों की टेढ़ी-मेढ़ी शाखओं से छनकर धरती पर बिखर रही थीं। उन्हीं पेड़ों के नीचे काली धरती पर मुझे कुछ बिखरी हुई सुनहरी धारियाँ दिखाई दीं। उन्होंने मुझे शेरों की उन खालों की याद दिलाई, जो मेरे पिता की बैठक का फर्श और दीवारों की शोभा थीं।

पक्षियों के क्लक-क्लक को ध्यान से सुनते हुए मैं आहिस्ता-आहिस्ता उसी झाड़ी के निकट जा रहा था जहाँ वे पक्षी छिपे बैठे थे। मुझे बन्दूक चलाने की बहुत उत्सुकता हो रही थी। मुझे विश्वास था कि उसके छर्रों से मेरे हाथ काफी पक्षी आ जाएँगे। तभी खुशकिस्मती से मुझे शिकार का एक मूल नियम याद आ गया, 'लक्ष्य जब तक सामने स्पष्ट दिखाई न दे बन्दूक कभी मत चलाओ।' मैंने अपनी इच्छा को रोका। झाड़ी के भीतर देखने के लिए मैं जमीन पर लेट गया। जिस ओर से हवा बह रही थी मैं उस ओर से, हाथ-पाँवों के बल उसके इर्द-गिर्द सरकने लगा।

झाड़ी के इर्द-गिर्द सरकते हुए जैसे ही मैंने सिर उठाया, धूप और छाया की पृष्ठभूमि में मुझे अत्यन्त सुन्दर काले और सुनहरी रंगों की आकृति दिखाई दी। वह आकृति

वॉनगोह की पेंटिंग जैसी सुन्दर थी। उसे देखकर मैं डरा नहीं। उसकी सुन्दरता के चमत्कार ने मुझे स्तब्ध कर दिया। फिर वे रंग हिले और एक रोष भरी 'हूफ' ने—जिसमें घुड़की का भाव अधिक था और गुर्राहट कम—सारे वातावरण को हिला दिया। वह जंगल में कूद गया और मेरी आँखों से ओझल हो गया

मैं तेजी से भागता हुआ डेरे पर आया। पिता को सारी घटना कह सुनाई। उन्होंने उसी समय हाँका लगवाने का प्रबन्ध किया। किन्तु सारे दिन का परिश्रम विफल रहा। शेर दिखाई नहीं पड़ा।

IV

छंग्गा के साथ जो मेरी पहली मुलाकात हुई थी उसमें वह मुझे भयंकर नहीं बल्कि सुन्दर दिखाई दिया था। अब जब मैं उसकी गतिविधियों के नए क्षेत्र में उससे मुलाकात करने के लिए भागा जा रहा था तो मेरे मन में किसी प्रकार का भय नहीं था। अपितु उससे मिलने की उत्कंठा थी।

जिस किसान के भैंस को उसने मार रखा था मैं उसके गाँव में दोपहर के तीन बजे के बाद पहुँचा। भैंस के शव तक पहुँचने के लिए अभी मुझे एक मील पैदल जाना था, और उसमें से आधा रास्ता जंगल के अन्दर था। सब लोग बेचैनी से शिकारी के पहुँचने की प्रतीक्षा कर रहे थे। मुझे देखते ही उनके चेहरे पर निराशा छा गई—शिकारी के नाम से रूखे बिखरे बालोंवाला एक छोकरा। मुझे देखते ही सबका विश्वास जाता रहा।

औरतों ने मुझे घरों के दरवाजों के पीछे से झाँककर देखा। उनमें एक मृगनयनी युवती भी थी। उसने अपने साथी के कान में हल्के से कुछ कहा और फिर उन दोनों ने उपहास भरी दृष्टि से मेरी ओर देखा।

मैंने अपनी घड़ी देखी। काफी देर हो चुकी थी। मेरे पास एक टूटी हुई बन्दूक थी। मेरा दिल बैठ गया। उस समय यदि मैं अकेला होता और मूर्ख बनने का मन में डर न होता तो मैं निश्चय ही रो देता।

मैंने हिम्मत बटोरी और साधारण आवाज में 'चाचा भूरा' के बारे में पूछा। वह अनपढ़ अवश्य था परन्तु बहुत ही शिष्ट और स्नेही स्वभाव का था। हम दोनों में घनी मित्रता थी। उस समय वह खेत में था। उसके पास मेरे पहुँचने की सूचना देने के लिए एक लड़के को भेजा गया।

चाचा भूरा भागता हुआ आया और आते ही उसने मुझे गले से लगाया।

वहाँ जो भीड़ इकट्ठी थी उसमें केवल चाचा भूरा ही था जिसे मुझ पर विश्वास था। मेरे लिए उसका विश्वास विशेष उत्साहवर्द्धक था।

'तुम्हें देर तो नहीं हो गई ?' उसने मुसकराते हुए मुझसे पूछा, 'कोई बात नहीं। चलो, जल्दी से चलें; देखें छंग्गा क्या कहता है ?'

शेर एक बड़े शरीर वाली बिल्ली होता है...

...हालाँकि यह बहुत लापरवाही से टहलता प्रतीत होता है, लेकिन उसकी पैनी नजर से कुछ भी बचकर नहीं निकल पाता। इसकी चाल असाधारण होती है–इसके एक तरफ की दो टाँगें साथ-साथ उठती हैं।

एक सींगवाला जवान भारतीय गैंडा–उन दो सौ गैंडों में से एक, जो अभी तक बचे हुए हैं।

हिमालय के काले भालू। इनसे जंगल में हमेशा खतरा रहता है, जबकि शेर से सामना कभी-कभार ही होता है।

मैंने मोती को थपकी दी। उसके खाने और रात की सुरक्षा का प्रबन्ध करने के बाद मैं चाचा भूरा के साथ जंगल की ओर चल दिया।

जिस समय हम शव के निकट पहुँचे शाम के पाँच बज चुके थे। शेर के घात में बैठने के लिए बहुत देर हो चुकी थी। मुझे वहाँ चार बजे तक पहुँच जाना चाहिए था। चार बजे तक शेर अपनी नींद से उठ जाते हैं, और अपने शिकार पर नजर रखने के लिए उससे कुछ दूर सुरक्षित स्थान देखकर बैठ जाते हैं।

शेर की मारी हुई भैंस ऊँची घास के भीतर, एक छोटे से साफ स्थल पर पड़ी हुई थी। घास के चारों ओर आकाश को छूते हुए साल के बड़े-बड़े पेड़ थे। जब मैंने उस शव को देखा तो मुझे बहुत निराशा हुई। वह कम-से-कम चार दिन पहले का मारा हुआ था। उसके पिंजर की बिखरी हुई अस्थियों के अतिरिक्त खाने के लिए कुछ भी शेष नहीं था। अस्थियों को भी गीदड़ों, लकड़बग्गों और गिद्धों ने साफ कर रखा था।

मैंने चाचा भूरा की ओर देखा। वह मुझसे भी अधिक निराश दिखाई दिया। चाचा भूरा मेरे पास आया और उसने मुझे आश्वासन देते हुए कहा कि शव पुराना है, और इसे मारनेवाला वही छली-कपटी छंग्गा है, जो अपने ताजे शिकार को भी खाने के लिए नहीं आता, और सबसे बुरी बात यह है कि अब बैठने का समय भी निकल गया है।

मैंने कहा कि हमारे पास अब हिरण का शिकार करने का समय भी नहीं रहा, और गाँव में मेरे पास करने को कुछ है नहीं। इसलिए क्यों न यहीं थोड़ी देर के लिए बैठा जाए ? बस दस बजे तक।

उसके प्रतिवाद के बावजूद मैंने उसकी आँखों में स्नेहमयी सहानुभूति की झलक देखी जिसने मेरे लिए निर्णय कर दिया। मुझे आत्मविश्वास और खुशी का अनुभव हुआ।

V

शेर के वहाँ आने की कोई सम्भावना नहीं थी। इसलिए मैंने सुरक्षा के साधारण नियमों को अनदेखा करते हुए अपने लिए न तो ढकी हुई मचान तैयार की और न अपने आपको छिपाने का सही प्रबन्ध किया। जिस स्थान पर भैंस की रूखी-सूखी अस्थियाँ पड़ी थीं वह स्थान कठिनाई से बैडमिंटन कोर्ट के बराबर था, जिस पर चारों ओर से साल के वृक्षों की घनी छाया की इतनी परतें बिछी हुई थीं कि उस छाया की मोटाई को छुआ जा सकता था। उसके वजन को अनुभव किया जा सकता था।

उस घासरहित स्थान की पूर्वी दिशा में दीमक का मिट्टी का बनाया हुआ पुराना घर था। उस दीमक बॉबी की ऊँचाई लगभग चार फुट होगी। मैंने अपने बैठने के लिए उसे ठीक किया। उसके ऊपरी भाग को समतल किया और अपने कम्बल की तीन-चार तहें लगाकर मैंने उसे उस पर बिछा दिया। इस प्रकार दीमक बॉबी पर अपने बैठने के लिए सुविधाजनक स्थान तैयार कर लिया। मैं उस पर बैठा परन्तु मेरी टाँगें हवा में लटक रही थीं। मेरी बन्दूक मेरी गोद में थी।

दीमक बॉबी पर दो व्यक्तियों के बैठने के लिए स्थान नहीं था। इसलिए मैंने चाचा भूरा को वापस जाने का इशारा किया। शेर के घात में बैठने के लिए उससे खराब कोई और जगह नहीं हो सकती थी। जिस समय मैं चाचा भूरा को जाने के लिए कह रहा था उस समय भी मेरे शरीर के पिछले भाग में बॉबी के किनारे चुभ रहे थे।

शेर के घात में अकेले बैठने का यह मेरा पहला अनुभव था। मुझे विश्वास था कि वह नहीं आएगा। परन्तु जंगल में रात बिताने और अकेले होने का मेरा पहला अवसर नहीं था। मुझे जंगलों से या अकेले होने से डर नहीं लगता था। इन दोनों की मुझे आदत थी।

मेरे घर में बहुत से पालतू जानवर हुआ करते थे। उन्हीं के बीच मैंने अपना बचपन बिताया था। पंचतन्त्र, हितोपदेश की कथा-कहानियों और किपलिंग की कहानियों को सुनते हुए मैं बड़ा हुआ था। उन सबने मेरे मन को रोमांटिक रुझान दिया था।

जंगल शान्त था। आकांक्षाओं के बोझ ने उसे कुछ भारी कर रखा था। जंगल की उस शान्ति में रात के पहले पहर की चीटों की भनभनाहट और बीच-बीच में झपक चिड़िया की चॉक-चॉक की ध्वनि सुनाई पड़ती थी। उस स्थिर शान्ति ने मेरे मन में रंगीन सपने जगा दिए। तरुणावस्था की मेरी इच्छाओं ने दिवास्वप्नों का रूप ले लिया। गाँव की किशोरी के मृगनयन मेरे साथ छिपन-छिपाई का खेल खेलने लगे।

तब सहसा शोर हुआ जो जंगल के स्वाभाविक शोर से भिन्न था। उसने मुझे एक झटका दिया—शेर !

मेरा दिल जोर-जोर से धड़कने लगा। बन्दूक के कुन्दे को मैंने कसकर पकड़ लिया। बिना हिले मैंने अपनी आँखों के किनारे से उस स्थान की ओर देखा जहाँ भैंस का शव पड़ा था। शेर के स्थान पर मुझे वहाँ गीदड़ों का एक झुंड दिखाई दिया।

VI

नए बालों के गर्म कोट में वह सात गीदड़ों का झुंड था। वे सब सतर्क थे। वे जानते थे कि वे वहाँ अनधिकार भोजन करने की चेष्टा कर रहे थे। उनमें से एक न एक चौकस खड़ा रहता था जब अन्य सब अस्थियों के ऊपर से बचे हुए मांस को साफ करते थे। इन पहरेदारों की अदली-बदली जल्दी-जल्दी हो रही थी।

वे सब वहाँ से सहसा भाग गए और पास की घास में लुप्त हो गए।

मुझे बहुत बुरा लगा। मैं अपने आपको कोसने लगा। मुझे ऐसा लग रहा था कि मेरी किसी भूल के कारण उन्हें मेरे वहाँ होने का आभास हो गया था।

तभी कुछ पीछे और दाईं ओर से एक मोर के जोर से चिल्लाने की आवाज आई। शाम का कुरकुरा मौन भंग हो गया। एक क्षण के लिए मेरी हृदय-गति रुकी। मोर की उस पुकार को अन्य मोरों ने पकड़ा, और कुछ समय के लिए सारा जंगल पक्षियों की पतली और अस्पष्ट आवाजों से गूँज उठा। पास के कुंज में से एक साम्बर की भारी

आवाज में ढाँक-ढाँक की प्रतिध्वनियाँ सुनाई पड़ने लगीं। उनका प्रतिवादन चीतलों के कोमल स्वर ने किया। उन सबका मिला-जुला स्वर-गान लगभग पन्द्रह मिनट तक चलता रहा। उनके गान की लय और ध्वनि पहले तेज थी, फिर वह धीरे-धीरे मन्द होकर शान्त हो गई। जंगल में सान्ध्य का मौन पुनः स्थापित हो गया। उसमें केवल कीड़े-मकोड़े की भनभनाहट और कभी-कभी किसी जानवर की आवाज सुनाई देती थी।

VII

मैं वहाँ बहुत तनाव से बैठा हुआ था। मेरी उत्सुकता भरी आकांक्षाओं से मेरा सारा शरीर दुख रहा था। तभी गीदड़ डरी आवाज में फी-ओ फी-ओ करने लगे। मैं समझ गया कि शेर कहीं पास ही है। परन्तु कहाँ ?

तभी बिल्कुल मेरे पास दाईं ओर, दबी घास में रगड़ने की-सी मन्द ध्वनि सुनाई दी। बिना सिर हिलाए मैंने अपनी आँखों को तिरछा किया। उन्हें घुमाकर दाईं कनपटी की ओर ले गया, और तब मुझे जो दिखाई दिया उस पर विश्वास करना कठिन था। उसे देखकर मेरा सिर चकरा गया। मेरे विचारों की उन्मत्त गति मेरे काबू से बाहर हो गई।

क्या मेरी कल्पना मुझे धोखा दे रही है ? ढलती हुई साँझ की छाया में घास से बाहर एक बड़े, बहुत बड़े शेर का सिर दिखाई दिया, जो उसने अपने अगले पंजों पर टिका रखा था। उसके शरीर का शेष भाग, पिछली टाँगों पर बैठे हुए, आलसी कुत्ते की भाँति घास में फैला हुआ था। उसकी दुम बहुत पीछे थी, मेरी तिरछी आँखों की दृष्टि के क्षेत्र से बाहर।

वह वहाँ कैसे आया ?...कब आया ?...मुझे पता नहीं चला। न कोई पत्ता हिला और न कोई टहनी टूटी। यहाँ तक कि घास का एक तृण भी हिलता हुआ सुनाई नहीं पड़ा। वह छाया की भाँति वहाँ आया था, बिना किसी पूर्व सूचना या संकेत के।

मैं वहीं स्थिर बैठा रहा। मैंने अपनी साँस को फेफड़ों में ही रोक लिया। साँस नहीं ली। पलकों को भी स्थिर रखा। आँखों को भी झपकाया नहीं।

जिस स्थिति में मैं बैठा था, उसमें मैं कुछ भी नहीं कर सकता था। शेर मेरी उल्टी ओर बैठा था और बन्दूक की नली उसकी उल्टी दिशा में थी। सबसे बुरी बात यह थी कि बन्दूक मेरी गोद में पड़ी थी। वह कन्धे से दूर थी जहाँ लगाकर मैं उसे चला सकता था। वह उस आँख से भी दूर थी जिससे मुझे निशाना साधना था।

बन्दूक को मैंने कसकर पकड़ रखा था। उससे मेरी उँगलियों के जोड़ दर्द करने लगे थे। तनाव से मेरी नसें टूटने ही वाली थीं कि वह रंगों का भारी पिंड शान से उठा और एक सुन्दर स्वप्न की भाँति बिना कुछ हिलाए और ध्वनि किए आगे बढ़ गया।

वह आगे को जा रहा था और वह मेरी गोली चलाने की ठीक दिशा में आ गया था जहाँ मैं उसके फेफड़ों पर निशाना ले सकता था।

मैंने धीरे से, बहुत ही धीरे से, अपनी बन्दूक उठाई। जैसे ही मैं उसे कन्धे से लगाने वाला था कि उसकी नली घास के एक तृण से जा टकराई। टकराने की उस धीमी ध्वनि को किसी भी मनुष्य के अत्यन्त संवेदनशील कान सुन नहीं सकते थे। परन्तु शेर को वह सुनाई पड़ गई। वह उस समय मुझसे आठ फुट दूर था। वह तेजी से मुड़ा और उसने मुझे कटाक्ष से देखा। उसी क्षण मैंने उस पर अपनी बन्दूक की उस नली से गोली चला दी, जो ठीक थी।

बन्दूक की ऊँची आवाज ने जंगल के मौन को और भी गहरा कर दिया। मेरे और शेर के बीच धुएँ की एक मोटी परत छा गई। बन्दूक में दूसरी गोली डालने के लिए मैंने अपने पैंट की जेब खोली और घबराहट में बन्दूक को एक झटका दे डाला। गोली चलने के धक्के और मेरे दिए हुए झटके ने उस काम को पूरा कर दिया जिसे मैंने दोपहर को बन्दूक गिराकर अधूरा छोड़ दिया था। अब बन्दूक का कुन्दा पूरी तरह से टूट गया। बन्दूक दो खंडों में मेरे हाथ में आ गई।

धुँआ अब भी छाया हुआ था। वह मुझे शेर से छिपाए हुए था और शेर को मुझसे। परन्तु मुझे शेर की टाँगों के पटकने की आवाज आ रही थी। उसकी क्रोध भरी चिंघाड़ों ने जंगल की शान्ति को पूरी तरह से भंग कर दिया था।

और तब मैंने उसके गले की 'आऊन, आऊन' की आवाज सुनी जो सिसकियों में बदलकर जंगल के मौन में विलीन हो गई।

धुँआ हटा। वह वीर छंग्गा मेरे सामने धरती पर फैला पड़ा था—अपनी अन्तिम निद्रा में पूरी शान से लेटा हुआ था।

मेरी घड़ी के अनुसार छह बजकर चालीस मिनट हुए थे। मैंने दस मिनट और प्रतीक्षा की। फिर अपने स्थान से नीचे कूदा और शेर के पास गया। उसकी दुम को स्पर्श किया। मेरे मन में अपने प्रति घृणा भर आई। मैं मन-ही-मन दुखी हुआ। मुझे अपना यह काम बहुत ही नीच और घटिया दिखाई दिया...साथ में मुझे गर्व भी अनुभव हो रहा था।...मैं उसके सिर के पास बैठ गया।

और तब सन्ध्या की अन्तिम क्षणों की सिमटती हुई छाया में मुझे चाचा भूरा दिखाई दिया। वह गाँव नहीं गया था। मुझे जंगल में अकेला छोड़कर गाँव में जाने का विचार उसे स्वीकार नहीं था। वह पास ही एक पेड़ पर चढ़कर उसकी टहनियों में छिपा बैठा था। उसने वहाँ से सबकुछ देखा था, सबकुछ सुना था। वह भागता हुआ मेरे पास आया। मुझे गले से लगाया और मेरा माथा चूमा। फिर जंगल में एक तरफ चला गया। वहाँ से कुछ पत्ते तोड़कर लाया। उन्हें हाथ में लेकर, अपने हाथ जोड़कर, जंगल के उस राजा को प्रणाम किया।

हम दोनों साथ-साथ गाँव लौट आए—वृद्ध गर्वित और प्रसन्न, और बालक प्रसन्न तथा गर्वित। चाचा भूरा का प्रतिभाशाली बालक।

मेरे इस कार्य की सूचना पाकर सारा गाँव मेरे इर्द-गिर्द इकट्ठा हो गया। उसमें वह मृगनयनी भी थी; वह भावावेश में हाँफ रही थी। मैं विश्वास के साथ कह सकता

हूँ कि रोमन साम्राज्य के चढ़ाव-उतार ने मेरे मन में उतनी हलचल पैदा न की होती जितनी उसके कुरते के चढ़ाव-उतार ने मेरे मन में की थी।

मेरी डायरी में छंगा के विषय में एक टिप्पणी है; वह इस प्रकार है—

28 अक्टूबर, '24; आखिर कल शाम छंगा मेरी गोली का निशाना बन ही गया। बन्दूक की सब गोलियाँ गुच्छे के रूप में उसके गर्दन में लगी थीं और उसकी गर्दन को तोड़ दिया था। उसके घाव में गोली का डट्टा भी दिखाई पड़ रहा था।

उसकी नाक की शुरुआत से उसकी दुम के अन्त तक उसकी लम्बाई दस फुट ग्यारह इंच थी। उसका घेर बहुत बड़ा था। मेरे पिता के अनुसार वह एक असाधारण बड़ा शेर था। उसकी गर्दन के गिर्द के बाल असाधारण लम्बे और घने थे, लगभग बबर शेर के अयाल जैसे।

उसका बाँया पंजा विकारग्रस्त था। उसकी दूसरी उँगली में बकशॉट की गोली धँसी हुई थी। उसने उसकी उँगली को फाड़कर दो हिस्सों में बाँट रखा था। उसका वह घाव पुराना दिखाई पड़ता था। उसका निशाना काफी कठोर था।

इस टिप्पणी के नीचे मेरे पिता की अपनी लिखाई में एक और टिप्पणी भी है—

तुमने इस श्रेष्ठ क्रीड़ा के सब नियम तोड़े हैं। तुम अपने भाग्य को सराहो कि तुम साबुत लौटकर आ गए। हजारों में से कोई एक अपने भाग्य को यों आजमाएगा जैसा तुमने किया है, और पूरी वार्त्ता को कहने के लिए जीवित रह गए हो। इसे अपना सौभाग्य समझो। इस अकास्मिक घटना से यह मत सोच बैठना कि तुम बड़े शिकारी बन गए हो।

तुम इसे एक नए शिकारी का सौभाग्य ही कह सकते हो। परन्तु ऐसा न बहुत समय तक चल सकता है, और न बार-बार।

शिकार के सब नियमों का सदा पालन करो। वे नियम तुमसे माँग करते हैं कि सबसे पहले किए हुए शिकार का आदर करो और फिर अपने हथियार का।

सदा याद रखो, 'शिकार का अर्थ जानवरों की हत्या करना नहीं है। शिकार का महत्त्व जानवरों को मारने से बहुत अधिक है। शिकार करने में जानवर को मारने का महत्त्व सबसे कम है।'

मेरी घबराहट का शिकार

वह घुड़सवार सेना का भूतपूर्व सिपाही था। वह जाट था। वह शरीर का पतला और आयु में पचास वर्ष से कुछ अधिक था। वह स्वभाव से बेपरवाह था। उसे बन-ठनकर रहने की आदत थी। आतिथ्य में उसकी उदार प्रवृत्ति उसे आर्थिक कठिनाई में डाल देती थी, और वह उसकी कमी को अपनी छोटी सी जमीन की आय से पूरा करता था।

वह पोस्त के रस का सेवन करता था जिसे तिरस्कार से सामान्य भाषा में अफीम कहा जाता है। उसका नाम सदाराम था। जब कभी उसे हस्ताक्षर करने होते थे तो वह अपने नाम के आगे नम्बरदार लिखना नहीं भूलता था।

उसके गाँव में जब कभी शिविर लगाया जाता था तो हम दोनों का समय बहुत आनन्द से बीतता था। उसका गाँव यमुना नदी के ठहरे हुए जल के पास था। ठहरे हुए पानी की दलदल में बेंत के पौधे थे, और बत्तखे और घड़ियाल भी थे।

उसे प्रभात की ओस से भीगी हुई घास में चलना पसन्द नहीं था। इस भय से कि उसके सफेद कपड़े और चमकते हुए लाल जूते ओस से खराब हो जाएँगे। वह मेरे साथ शिकार खेलने के लिए जाना पसन्द नहीं करता था। वह खुले दिल से खिलखिलाकर हँसता था। वह उन सबके साथ जिन्हें पोस्त का रस पसन्द था, उसे बाँटकर पीता था।

वह बहुत बढ़िया मित्र था। मेरा ही नहीं, उन सबका जो उसके सम्पर्क में आते थे। भले ही वे मनुष्य हों या कुत्ते। घोड़े या अन्य जानवर। इसके अतिरिक्त वह दार्शनिक, डॉक्टर और मार्गदर्शक सभी कुछ था।

सदाराम के साथ मेरी पहली मुलाकात उसके गाँव के एक मेले में हुई थी। मैं सूअर के शिकार के लिए उसके गाँव में से जा रहा था। गाँव की लड़कियों को लुभाने के लिए दुकानदारों ने अपना सामान सजा-सँवारकर प्रदर्शित कर रखा था। अपने आकर्षण के प्रति सचेत युवतियाँ, अपने शरीर का रहस्यपूर्ण प्रदर्शन करते हुए, और नवयुवकों को तिरछी नजरों से देखते हुए दुकानों पर भीड़ लगाए खड़ी थीं। नवयुवक भी अपने मन की तुष्टि के लिए, छोटे-छोटे समूह बनाकर, एक दुकान से दूसरी दुकान पर जा रहे थे।

मैं अपने काठियावाड़ी घोड़े, मोती पर सवार वहाँ से जा रहा था। घोड़ा भी अपने अतुलनीय सुन्दरता के प्रति सचेत था और गाँव के मेले के महत्त्व को भी समझता था।

उस मेले में नई माड़ लगी सफेद पगड़ी पहने एक व्यक्ति मेरे निकट आया। उसकी

पगड़ी में चटकीली अबरक चमक रही थी। वह मेरे निकट आकर खड़ा हो गया। उसकी आँखें मेरे घोड़े मोती पर टिकी हुई थीं। जिस स्नेह से वह मेरे मोती घोड़े को देख रहा था उससे घोड़ों के प्रति उसका लगाव स्पष्ट दिखाई पड़ रहा था। वह कुछ समय तक मोती को प्यार भरी दृष्टि से देखता हुआ वहाँ खड़ा रहा, और फिर उसने उसकी वंशावली के विषय में पूछा। मैं घोड़े से उतरा और उससे बातें करने लगा। वह सदाराम था। इस प्रकार मोती के माध्यम से वह जीवन भर के लिए मेरा मित्र बन गया।

एक बार मैं उसे अपने क्षेत्र में खींच लाया और हम दोनों इकट्ठे शिकार के लिए निकल पड़े। शेरों और बाघों का सामना करने के विचार से वह खुश नहीं था। उसने मुझसे वचन लिया कि भविष्य में मैं कभी भी उसे इन जानवरों के शिकार के लिए लेकर नहीं जाऊँगा। उसके लिए चीतल, हिरण और अधिक से अधिक जंगली सूअर का शिकार ही बड़े जानवर का शिकार था।

हम बेलवाली जंगल में शिकार कर रहे थे। वह जंगल शिवालिक की तराई में है, और स्वतन्त्रता से पूर्व एक रियासत के अन्दर था। अपने पूर्वी किनारे से वह दो भागों में बँट जाता था। एक भाग लम्बी पट्टी की तरह सीधा निकल जाता था। वृक्षों से भरी छोटी पहाड़ियों और टेढ़ी-मेढ़ी घाटियों में से होते हुए वह पट्टी सहसा नीचे ढलकर यमुना के निकटवर्ती किनारे की ओर मुड़ जाती थीं। यमुना नदी वहाँ से बीस मील दूर थी। दूसरा भाग पहाड़ पर चढ़ते हुए उसके शिखर के पठार पर पहुँच जाती थी। फिर दूसरे किनारे से नीचे उतरते हुए मैदानी खेतों से आ मिलता था।

हमने अपना शिविर पठार पर लगाया। वह सुरक्षित वन था। महाराजा और उसके मेहमानों, जैसे ब्रिटिश राज्य के वाइसराय, गवर्नर आदि के लिए सुरक्षित था। साधारण व्यक्तियों को उसमें जाने की अनुमति नहीं थी। उनके लिए वहाँ जाने का अर्थ था कड़ा दंड, जैसे भारी जुर्माना, लम्बी कैद और हथियारों का जब्त हो जाना।

हम वहाँ लुका-छिपी शिकार कर रहे थे। कहा जाता है न, 'चोरी के फल मीठे', वहाँ पर लगे प्रतिबन्ध ने हमारे उत्साह और उमंग को बढ़ा रखा था।

वन-संरक्षकों की चौकी वहाँ से चार मील दूर थी। जंगल के भीतर अवैध रूप से घुसे शस्त्रधारी शिकारियों का सामना करने का उन्हें ऐसा कोई प्रलोभन नहीं था जिसके लिए वे संकट मोल लेते। उनका वेतन इतना कम था कि उन्हें हिरण की एक टाँग देकर या एक रुपया देकर शिकारियों का काम चल जाता था। इसलिए छिप-छिपाकर चुपके से शिकार करना एक सामान्य क्रीड़ा बन चुकी थी। विशेषकर उनके लिए जो दुर्गा की पूजा करते थे, और शिकार करना उनके खून में था।

शिकार पर लगे प्रतिबन्ध ने मेरे मित्र को परेशान कर रखा था। परन्तु उसे जब वहाँ भिन्न-भिन्न प्रकार के अनेक जानवर देखने को मिले तो उसके मन को काफी सुख मिला।

II

मैं दोपहर के बाद लौटकर आया। मेरा सेवक मेरे ही गाँव का लड़का था। वह हिम्मतवाला था और मसखरी तबीयत का था। उसे हँसी-मजाक करना बहुत अच्छा लगता था।

मेरे लौट आने पर वह मुझसे अपनी स्वाभाविक ठिठोलियों के साथ सदाराम के उस दिन के शिकार की बातें करने लगा। उसने कहा, 'बारहसिंगा जैसे बड़े और स्थिर खड़े लक्ष्य पर गोली चलाने पर भी निशाने का चूक जाना कोई आसान काम नहीं। इसके लिए सदाराम को अपनी सारी युक्तियाँ लगानी पड़ी होंगी। असल बात यह है कि वह आपकी तरह जानवर को मारने के लिए गोली चलाने में विश्वास नहीं रखता। वह जानवर को बचाकर गोली चलाने में विश्वास रखता है।'

हम दोनों हँस पड़े और सदाराम भी इस उपहास पर हमारे साथ हँसी में शामिल हो गया।

वह फिर कहने लगा, 'इनका गोली चलाने का दृश्य देखने योग्य था। राइफल चलाने में इनकी उँगलियाँ वैसे ही काँप रही थीं, जैसे वह अफीम के प्याले को उठाए हुए काँपती हैं। अफीम पीने के बाद ये अपनी आँखें बन्द करते हैं, परन्तु राइफल चलाने में गोली के राइफल से निकलने से पहले ही इन्होंने अपनी आँखें बन्द कर ली थीं; सच पूछो तो घोड़ा दबाने से भी पहले।

इन्होंने बारहसिंगा पर गोली चलाई तो वह हवा में ऐसा उछला जैसा मधुमक्खी के काटने पर घोड़ा उछलता है, और फिर सदाराम अपने कूल्हों पर ऐसे गिरे जैसे वह फटा हुआ बैलून हों। ये दोनों ढेंकुल के दो किनारे थे, एक ऊपर उठा और दूसरा नीचे आया।'

'क्या ? बारहसिंगा ढंक खाए घोड़े की तरह ऊपर हवा में उछला था ?...तब तो सदाराम की गोली उसे अवश्य लगी है।' मैंने कहा।

'ऐसा कुछ नहीं हुआ।' उसने कहा, 'आप कहना चाहते हैं कि सदाराम ने बारहसिंगा के शरीर पर अपने हस्ताक्षर कर दिए हैं ?...नहीं-नहीं। हमारे सदाराम बहुत सावधान हैं। वह गलती से भी कहीं अपने हस्ताक्षर नहीं करेंगे। आप जानते ही हैं। वे अपने हस्ताक्षरों का महत्त्व उस दिवानी मुकद्दमे में समझ गए थे जिसमें इनके हस्ताक्षरों के कारण साहूकार मुकद्दमा जीत गया था, और ये हार गए थे।...अब ये कभी हस्ताक्षर नहीं करेंगे।...कभी भी नहीं। इस पर आप विश्वास रखिए।'

'बेवकूफों की तरह बक-बक मत करो।' मैंने कहा, 'मुझे बस इतना बतलाओ कि गोली चलने के बाद क्या तुमने वहाँ जाकर उसके पदचिह्न देखे थे ?'

'हाँ, हाँ। वहाँ खून की एक बूँद भी नहीं थी। गोली बिल्कुल साफ गई। उतनी ही साफ जितनी साफ पगड़ी के नीचे इनकी खोपड़ी है।' उसने दबी हँसी हँसते हुए कहा।

मुझे उसकी बात पर विश्वास नहीं आया। गोली लगने पर जानवर की जो

प्रतिक्रिया होती है, मैं उसे भलीभाँति जानता हूँ। अपने अनुभवों के आधार पर मैं यह कह सकता हूँ कि गोली चलने के बाद जानवर का ऊपर हवा में उछलना इस बात का प्रमाण है कि गोली उसके उदर और आँत में लगी है।

मेरे विचार में जानवर को जख्मी करने के बाद उसे पीड़ा में मन्दगति से मरने के लिए छोड़ देना बहुत नीच काम है। मैंने उसे कोसते हुए उसे उसकी गलती से अवगत कराने की बहुत चेष्टा की। परन्तु वह मेरी बात का प्रतिरोध करता रहा। उसका कहना था कि वह नशे की हालत में था, इसलिए उसकी गोली निशाने पर लग ही नहीं सकती थी। मेरे सेवक का उपहास भी इसी बात की पुष्टि करता था।

गोली चलाते समय वह जिस स्थान पर खड़ा था वह हमारे शिविर से लगभग बीस गज दूर था। शिविर और बारहसिंगा के बीच कोई ओट नहीं थी। बारहसिंगा वहाँ खड़ा घास चर रहा था, और उसके शरीर की एक पूरी दिशा शिविर के ओर थी। धरती पर कहीं भी खून दिखाई नहीं दिया, और न ही खून उस घास पर था जिधर वह भागते हुए गया था। दबी हुई घास और कुचले हुए पत्तों से उसके जाने के रास्ते का अनुमान लगाया जा सकता था।

हम उसी रास्ते से आगे चलते गए। करीब पचास गज आगे जाने पर मुझे बारहसिंगा के जख्मी होने का पक्का प्रमाण मिल गया। मुझे घास के ऊपर गुलाबी रंग का लिसलिसा द्रव चिपका हुआ दिखाई दिया। इससे पता चलता था कि गोली उसकी आँतों में लगी थी, फेफड़ों में नहीं, जहाँ सदाराम निशाना लेना चाहता था। बारह सौ फुट प्रति सैकण्ड की गति से जाती हुई एक सौ बीस ग्रेन की गोली उसके शरीर में घुसी अवश्य थी परन्तु शरीर से बाहर नहीं निकली थी, क्योंकि वह लिसलिसा द्रव घास पर एक ही ओर था, दूसरी ओर नहीं।

सूखे नाले में बारहसिंगा के पदचिह्नों को देखते हुए हम नाले के अन्तिम छोर तक पहुँच गए, जो हमारे शिविर से आध मील की दूरी पर था। नाला एक चौड़े दर्रे पर खत्म होता था। हम उसके किनारे पर रुक गए। मैं थका हुआ था और भूखा भी था। दर्रे में घनी फलदार झाड़ियाँ थीं। लाल-लाल जंगली खुमानियों को देखकर मेरा मन ललचा गया। मैंने अपनी .405 वेडचैस्टर मैग्जीन राइफल को एक पेड़ के तने से लगाया और फल तोड़ने लगा। अफीम के व्यसनियों को खट्टे खाद्य पदार्थ अच्छे नहीं लगते। मैं जब उन लाल-लाल खट्टे-मीठे फलों का आनन्द उठा रहा था, सदाराम ने मेरी राइफल उठाई और आगे बढ़ गया। दस गज आगे जाने के बाद वह एक बड़ी और घनी झाड़ी के पास बैठ गया। वह बैठा ही था कि झाड़ी के नीचे हलचल हुई और बारहसिंगा छलाँग भरता हुआ बाहर निकला और भाग गया। उसकी जिह्वा बाहर निकली हुई थी, और पूँछ का अन्तिम भाग झंडे की भाँति ऊपर उठा हुआ था।

उस हास्यप्रद स्थिति पर उसे मुसकरा देना चाहिए था किन्तु उसकी शिकवे-शिकायतों की झड़ी लग गई। वह कहने लगा, 'बारहसिंगा की जगह यदि शेर होता तो ?...तुम मुझे अपने साथ लेकर क्यों आए ?...मुझे लाने का कोई काम नहीं था...।'

मैं तेजी से भागा और एक छोटी ढलान के किनारे पर खड़ा हो गया। एस (S) घाटी के बाह्य भाग से शोर की-सी आवाजें आ रही थीं। वहाँ पहुँचने के लिए मैं दूसरे किनारे पर चढ़ने लगा जहाँ कम ढलान थी।

घास से ढकी, ऊपर से चौड़ी और नीचे से पतली घाटी की परिधि रेखा के साथ रेंगता हुआ मैं दर्रे के एस (S) आकार के ढलान वाले भाग पर पहुँचा। शोर की आवाजें अब भी सुनाई पड़ रही थीं, और वह स्थान मुझसे अधिक दूर नहीं था; परन्तु अब वह शोर कुछ धीमा पड़ गया था। एस रूपी पथ का मध्य भाग इतना चौड़ा था कि मेरी दृष्टि को अवरुद्ध किए हुए था। जहाँ मैं था, वहाँ से मुझे कुछ दिखाई नहीं पड़ रहा था। वह स्थान भी नहीं जहाँ से आवाजें आ रही थीं।

ठंड बढ़ रही थी। मेरी पीठ के पीछे सूर्य ऊँचे पहाड़ों के पीछे जा चुका था। नीले आकाश पर बिखरे हुए गुलाबी रंग में लम्बी होती हुई छाया अँधेरे को बढ़ा रही थी।

सायंकाल की ठंडी हवा से और धुंध से ठंड बढ़ती जा रही थी तथापि मैं पसीने से भीग रहा था। मेरी कमीज मेरी पीठ से चिपक रही थी। कपड़ों के गीले हो जाने के कारण तेजी से चलती हुई ठंडी हवाएँ मेरी परेशानी को बढ़ा रही थीं। बहुत समय तक रेंगते रहने की थकान और मानसिक तनाव से मुझे कँपकँपी छिड़ गई। अपनी हाँफती हुई साँस पर नियन्त्रण पाने के लिए मैंने कुछ देर तक विश्राम किया और साथ-साथ सदाराम को इधर-उधर देखने लगा। वह अधोमुख पड़ा कटोरे से अफीम पी रहा था। उस समय का उसका आसन प्रतिरोध, आक्रोश, व्यग्रता और घबराहट की एक स्वतः स्पष्ट तस्वीर थी।

मैंने अपने आपको सँभाला और रेंगता हुआ उस स्थान पर जा पहुँचा जो निरीक्षण की दृष्टि से अधिक सुविधाजनक था। परन्तु औंधा होने के कारण मुझे वह स्थान दिखाई नहीं पड़ रहा था जहाँ से आवाजें आ रही थीं। घास का एक छोटा-सा कुंज मेरी दृष्टि में बाधा डाल रहा था। मैंने अपने आपको घुटनों पर उठाया, तब भी मेरी आँखें उस बाधा को पार नहीं कर पाईं। मैं फिर सीधा खड़ा हुआ। खड़ा होने में एक सूखा पत्ता मेरे पैर के नीचे आ गया और उसके दबने की ध्वनि से मेरा छिपन-छिपाई का खेल खत्म हो गया। चुपके से उस स्थान पर पहुँचने के मेरे सब प्रयास विफल हो गए जहाँ से आवाजें आ रही थीं।

घास के जिस कुंज पर मैं अपनी आँखें जमाए हुए था उस कुंज में से वह जख्मी बारहसिंगा नहीं निकला जिसका मैं पीछा कर रहा था बल्कि एक शेर निकला। उसके चेहरे पर भयंकर आक्रोश था और उसका मुँह ताजे खून से लथपथ था। उसने अपने कान गर्दन के पीछे चपटे कर रखे थे। कुत्ते से घिरी बिल्ली की भाँति वह अपने विषैले दाँत निकाले हुए था। अपनी स्वाभाविक प्रवृत्ति के अनुसार मैंने तुरन्त निशाना साधा और राइफल का घोड़ा दबा दिया। राइफल के चलने की आवाज चारों ओर गूँज उठी और शेर के भयंकर गर्जन ने सारे वायुमंडल को और मुझे भी हिला दिया। मैंने खाली कारतूस को निकाला और नया कारतूस डाला। इससे पहले कि मैं इस कार्य को पूरा

कर पाता, शेर ने एक तिरछी छलाँग ली और एस आकार के मध्य मोड़ की ओट के पीछे चला गया।

मेरा सिर चकरा गया। मैंने गहरी थकान अनुभव की। मुझे लगा कि खड़े होने में ही मेरी सारी शक्ति व्यय हो गई थी। मैं धरती पर बैठ गया और मैंने सिगरेट सुलगाई।

निश्चय ही शेर उस घाटी में सारा दिन बैठा रहा होगा। झाड़ी के नीचे से निकले हुए जख्मी बारहसिंगा के घाटी में गिरने की आवाज ने उसे चौकन्ना किया होगा। अभागा बारहसिंगा अनजाने में सीधा उसके मुँह में पहुँच गया होगा। थोड़ी देर पहले घाटी में जो शोर हुआ था उस समय वह बारहसिंगा अपने आपको उससे छुड़ाने का, और शेर उसे जकड़ रखने का प्रयास कर रहा होगा।

थोड़ी सी असावधानी के कारण मैंने अपने आपको जख्मी शेर को खोजने की परेशानी में डाल दिया। मुझे बहुत बुरा लग रहा था। मेरे पेट में ऐंठन होने लगी। इसके अतिरिक्त साँझ हो गई थी और उस बढ़ते हुए अँधेरे में मैं कुछ नहीं कर सकता था। सन्ध्या का अँधेरा पहाड़ों के शिखर पर भी छा गया था। उस बढ़ते हुए अँधेरे में से मुझे अपनी स्तम्भित अवस्था से बाहर निकलने की प्रेरणा मिली। मुझे सदाराम की याद आई। 'वह कहाँ है ?...वह किस अवस्था में होगा ?' मैं सोचने लगा।

मैं उस स्थान पर वापस चला आया जहाँ मैंने उसे अधोमुख पड़े देखा था। वह वहाँ नहीं था। केवल उसकी पगड़ी पड़ी थी। मुझे चिन्ता हुई और कई प्रकार के कुविचार मेरे मन में उभरने लगे।

मैंने सीटी बजाई। पहले हल्के से और फिर जोर से। कोई उत्तर नहीं आया। मैं हताश हो गया। सुरक्षा की चिन्ता छोड़कर मैं जोर-जोर से उसे पुकारने लगा। बार-बार पुकारने पर उसकी धीमी सी विचलित आवाज सुनाई दी। वह आवाज एक पेड़ से आई थी। मैं उस पेड़ के निकट गया। उसे बहुत खतरनाक ढंग से एक पेड़ की सबसे ऊँची डाली पर बैठ हुए देखा। इससे पहले वह अपने जीवन में कभी किसी पेड़ पर नहीं चढ़ा था।

उसे सुरक्षित पाकर मेरा तनाव कम हुआ। मैंने हास्य-विनोद से उसे पेड़ पर चढ़ने के लिए बधाई दी। दुर्भाग्यवश उससे उसका व्याकुलता भरा आक्रोश बढ़ गया और वह मुझे, शिकार को और शेर के पूर्वजों को माँ-बहन की भद्दी से भद्दी गालियाँ देने लगा। उसने कसम खाई कि भविष्य में वह मेरे साथ शिकार खेलने के लिए कभी नहीं आएगा। उसने देवताओं के उन सब वंशों को भी गालियाँ दीं जिन्होंने मानव जाति को शेर का शिकार करने के लिए उकसाया था। इसके अतिरिक्त उसने पेड़ से नीचे उतरने के लिए भी इनकार कर दिया। अन्त में मेरे यह कहने पर कि मैं शिविर में जा रहा हूँ और दूसरे दिन सुबह उसे लेने के लिए आऊँगा, वह अनमने भाव से नीचे उतरने के लिए राजी हुआ। नीचे उतरने में उसे बहुत कठिनाई हो रही थी। वह पेड़ पर चढ़ तो गया था परन्तु नहीं जानता था कि वह उस पर कैसे चढ़ा था। नीचे उतरना उसकी क्षमता से बाहर था और वह बार-बार कह रहा था।

पहले महायुद्ध में उसने लड़ाई में भाग लिया था। उस समय के पराक्रमी कार्यों की रोमांचक कहानियाँ सुना-सुनाकर हमारा मनोरंजन किया करता था। उसके कहने के अनुसार ऐसा कोई संकट नहीं था जिसका वह सामना नहीं कर सकता था परन्तु एक जख्मी शेर के आसपास होने पर पेड़ से नीचे उतरने की बात अलग थी। बहुत कठिनाई के साथ उसे पूरा आश्वासन दिलाते हुए मैंने उसे नीचे उतरने के लिए सहमत किया। उसने पहले अपना कोट उतारा और उसे नीचे फेंक दिया। फिर अपने जूते उतारे और उन्हें एक-एक करके नीचे फेंका, और फिर मोजे। इन सबसे छुटकारा पाने के बाद उसने पेड़ के इर्द-गिर्द अपनी बाँहें डालीं और नीचे फिसलने लगा। ऐसा करने में उसका पेट, और छाती की त्वचा बुरी तरह से छिल गई थी। जब वह नीचे आया उसकी कमीज, और पैंट की धज्जियाँ ही उसके शरीर पर थीं। उसके एक घुटने पर मोच भी आ गई थी।

नीचे उतरने पर सबसे पहले उसने अफीम के कटोरे की माँग की जिसे मैंने उसकी कोट की जेब से निकालकर उसे दे दिया। उसने दुगुनी मात्रा में अफीम का सेवन किया और फिर लँगड़ाता हुआ मेरे साथ शिविर जाने के लिए चल पड़ा। शिविर से पचास गज की दूरी पर जलती हुई आग को देखकर उसे कुछ ढाढ़स हुआ, और उसने अपना मौन तोड़ा। उसकी आवाज में उलझन की कसक थी। उसने पूछा, 'झाड़ी के निकट मेरे बैठने से जो जानवर निकला था, क्या वह वही शेर तो नहीं था जिस पर तुमने गोली चलाई थी ?'

उसके प्रश्न से उसके मन का दबा तनाव विमुक्त हुआ। मैं जोर से हँस पड़ा।

'क्या तुमने उस जानवर के सींग देखे थे ?' मैंने पूछा।

'हाँ, हाँ। मेरा ख्याल है कि उसके सींग थे। यह बात मेरे ध्यान से निकल गई थी। तुम्हारे पूछने पर याद आ गई है। फिर भी वह शेर हो सकता था। वह स्थान ही ऐसा था, तुम इससे इनकार नहीं कर सकते।'

'हाँ, पर एक बात मुझे कहने दो। हमारे क्षेत्र में शेरों के सिर पर सींग नहीं होते, क्योंकि वे उनके किसी काम के नहीं हैं।'

इस तरह हँसी-मजाक करते हुए हम शिविर पहुँच गए। वहाँ जाकर उसने एक बार फिर अफीम की दुगनी खुराक ली। उसके लिए वह सब बीमारियों की एकमात्र दवाई थी।

III

मुझे अपने जख्मी शेर की खोज में जाना था। इसी चिन्ता में मैं रातभर सो नहीं सका। इसी के बारे में सोचते हुए सारी लम्बी रात बीत गई। जब भी मेरी आँख लगी जख्मी शेर और मेरे बीच काले आलसी अजगर की भाँति जंगल का अँधेरा छा जाता था और मेरे मन को विचलित कर देता था, और मेरी नींद टूट जाती थी। शेरों के

शिकार की पुरानी घटनाओं की स्मृतियाँ मेरे मन को घेर लेती थीं और उसे अशान्त कर देती थीं।

मेरी आँखों के सामने एक ऐसा दृश्य आ जाता था जिसे मैंने बहुत पहले देखा था। उस समय मुझसे पाँच फुट दूर जख्मी शेर ने एक आदमी को मार डाला था। उस घटना को मैंने अपने बचपन में देखा था और उसकी याद मुझे आज भी उद्विग्न कर देती है।

वह घटना सन् 1914 के शीतकाल की है। उससे एक रात पहले मेरे पिता के हाथ से एक शेर घायल हो गया था, जो पालतू पशु के मारने के बाद उसके शव के निकट बैठा था। उस पर मेरे पिता ने .500 बोर की एक्सप्रेस राइफल से गोली चलाई थी। उन्हें विश्वास था उनकी .570 ग्रेन की सोफ्ट-नोज गोली उसके वक्ष-स्थल पर लगी थी। उसकी चोट लोहा पीटने वाले उस सबसे बड़े हथौड़े के बराबर थी जिसे 5850 फुट पाउंड की ताकत से लगाया गया हो। उसके धक्के से शेर चारों खाने चित धरती पर गिरा था। कुछ समय तक वह अपनी टाँगें-बाँहें पटकता रहा, और फिर उठा, और जोर से गरजता हुआ, तेजी से भागकर, जंगल के अँधेरे में विलुप्त हो गया था।

मेरे पिता को विश्वास था कि खोजने पर शेर उन्हें मरा हुआ ही मिलेगा। सुबह होते ही वह उसकी खोज में निकल पड़े। शिविर के तीन अन्य व्यक्तियों के साथ मैं भी उनके साथ गया। उनमें एक उनका बन्दूक उठानेवाला सेवक था और एक वह जिसकी भैंस को शेर ने मारा था।

सुबह सात बजे तक हम उस क्षेत्र में पहुँच गए। वह सुबह बहुत ठंडी थी। पेड़ों पर घनी धुंध छाई हुई थी। जिस स्थान पर पिछली रात शेर पर गोली चलाई गई थी वह दो नालों के बीच नलका नामक घाटी थी। उसकी पूर्वी दिशा में वह पहाड़ी थी जहाँ शेर घायल हुआ था।

उस स्थान पर पहुँचने के लिए हमें पहले पहाड़ी की पिछली ओर से उस पर चढ़ना था और फिर शिखर पर पहुँचने के बाद, नीचे उतरकर उस स्थान पर आना था जहाँ शेर घायल हुआ था। जंगल में सावधानी बरतना सामान्य रूप से आवश्यक होता है और जख्मी जानवर, विशेषकर खतरनाक जानवर का पीछा करने में सावधानी बरतना और भी जरूरी है। घायल जानवर आमतौर पर चढ़ाई चढ़ना पसन्द नहीं करते। चढ़ाई चढ़ने में उनके घाव की पीड़ा और बढ़ जाती है।

इसलिए सामने की ओर से पहाड़ी चढ़ने के स्थान पर हम पहाड़ी के पिछली ओर गए। वहाँ से पहाड़ी चढ़ने लगे और अन्त में उसके शिखर पर पहुँच गए। बहुत दूर तक पैदल चलने पर तिरछी चढ़ाई चढ़ने के कारण हमारी सावधानी में कुछ शिथिलता आ गई, जो उस स्थिति में आनी नहीं चाहिए थी। हमारी सर्तकता में ढील आने का एक कारण और भी था। मेरे पिता का विचार था कि .500 एक्सप्रेस राइफल की गोली की चोट लगने पर शेर जीवित नहीं हो सकता। इस धारणा के कारण शेर के चोट सहने की क्षमता को समझने में हमसे एक बड़ी भूल हो गई। यदि गोली शेर के मर्मस्थल पर

न लगे तो वह एक नहीं, दर्जनों .500 एक्सप्रेस राइफल की गोलियों को सह सकता है। शिकार के ग्रन्थों में इसके विश्वसनीय रिकॉर्ड भी हैं। हृदय में शक्तिशाली गोली के लगने के बाद भी शेर ने पीछा करनेवाले हाथी पर सवार शिकारी पर आक्रमण किया और अपने मरने से पहले उसे मार डाला था।

पहाड़ी के शिखर पर चढ़ने के बाद हम उसके मध्य-स्थल पर पहुँचने के लिए नीचे उतरने लगे। सबसे आगे मेरे पिता थे। उनके पीछे वह अभागा तेलु था जिसकी भैंस को शेर ने मारा था। उनके दस गज दूर हम एक पंक्ति में पहाड़ी उतर रहे थे। सबसे आगे मैं था, और मेरे पीछे अन्य सब थे।

हम एक चौड़ी-सी ढलान पर पहुँचे। उस ढलान के किनारे पर साल का एक वृक्ष था। वह मोटा और ऊँचा था और बाँस के एक कुंज को ऊपर से ढके हुए था।

मेरे पिता अभी साल वृक्ष के निकट पहुँचे ही थे कि एक छोटी किन्तु तेज गर्जना ने बाँस के सारे कुंज को हिला दिया।

मेरे पिता साल के पीछे थे और हम सब ऊँचे घास में छिपे हुए थे। मैंने अपने पास से एक आदमी को तेजी से भागते हुए देखा, और उसी क्षण तेजी से भागती हुई एक पीली धारी ने उस पर पीछे से आघात किया, और उसे जमीन पर गिरा कर दबोच लिया। तभी मैंने गोली चलने की तेज आवाज सुनी, और उसके बाद दूसरी गोली चलने की आवाज सुनाई पड़ी। जले हुए बारूद की तीखी गन्ध मेरी नासिकाओं में भर गई, और धुएँ के कारण मुझे कुछ दिखाई नहीं पड़ रहा था।

मेरे पिता ने कुछ कहा। मुझे वह समझ में नहीं आया। मैं स्तब्ध था। फिर पिता की आवाज ने मुझे उस स्तब्ध स्थिति से बाहर निकाला। मैं उनके पास जाने के लिए अपनी जगह से हिला। वे जोर से चिल्लाए, 'हिलना नहीं, अपनी-अपनी जगह पर खड़े रहो।' उन्होंने अपनी इस चेतावनी को दोहराया। हम एकदम स्थिर हो गए।

लगभग दस मिनट के बाद मेरे पिता धीरे-धीरे उस आदमी की ओर बढ़े जो मुँह के बल धरती पर पड़ा था। वह स्थान जानवरों के आने-जाने का संकीर्ण पथ था जो ढलान में से होता हुआ बाहर निकलता था।

मैं चुपके से अपने पिता के पीछे हो लिया। मैं जहाँ खड़ा था वहाँ से पाँच-छह फुट दूर तेलु का कुचला हुआ शरीर पड़ा था और उसी के पास शेर का शव।

उस आदमी का सिर फटा हुआ था। शेर के नाखूनों ने उसके सिर पर गहरे घाव कर रखे थे। वे घाव ऐसे थे जैसे झाड़ियों को छाँटने वाले चाकू से किए गए हों। वे घाव उसकी ललाट से खोपड़ी पर होते हुए उसकी गर्दन के पीछे तक थे। कन्धों के पास से शेर ने उसकी छाती और पीठ को दाँतों से चबा रखा था। उसने आदमी का सारा शरीर चिथड़े कर दिया था। उसमें उसके दाँतों के घुसने के छेद दिखाई पड़ रहे थे, और वे इतने चौड़े थे कि उनमें से फेफड़ों के टुकड़े निकल रहे थे। झाग और बुलबुलों के साथ उसका रक्त टपक रहा था।

उस दृश्य से मेरा दिल मचलने लगा। मुझे जोर से उबकाई आई। उस पर मेरे पिता

ने रोष भरी दृष्टि से मेरी ओर देखा।

आठ साल की आयु में जंगल के राजा शेर की शक्ति का यह मेरा पहला परिचय था और वह किसी प्रकार भी मेरे लिए सुखकर नहीं था।

IV

मैं सुबह शिविर के अन्य सब व्यक्तियों की आँख खुलने से पहले उठा और बहुत सावधानी के साथ मैंने अपनी बन्दूक साफ की। मुझे उस दिन के शिकार की जटिलता और परिणामों को समझना था। इसलिए कोई जोखिम मोल लेना नहीं चाहता था।

मेरी दृष्टि में घायल शेर से बढ़कर कोई और खतरनाक जानवर नहीं है। भारतीय वनों में दो अन्य खतरनाक जानवर भी हैं, हाथी और जंगली भैंसा। घायल होने पर वे प्रतिहिंसा का साकार रूप बन जाते हैं। बदला लेने के लिए सब प्रकार की युक्तियाँ और छल-कपट का प्रयोग करते हैं। घायल शेर की तुलना में उनकी विनाश-क्षमता फीकी पड़ जाती है। इनका भारीपन एवं आक्रमण करने की रीति कुछ ऐसी है कि एक कुशल और साहसी शिकारी उनकी इन कमजोरियों का लाभ उठा सकता है और अपना बचाव कर सकता है। परन्तु घायल शेर के विषय में यह नहीं कहा जा सकता। वह क्रोध की जलती ज्वाला सदृश होता है।

घायल शेर का पीछा करने की चार रीतियाँ हैं–

(1) प्रशिक्षित हाथियों पर सवार होकर उसका पीछा करना। यह एक अच्छी रीति है। इस रीति के प्रयोग में हाथियों की संख्या क्षेत्र के विस्तार तथा उसकी विशिष्टता के अनुसार निश्चित की जाती है। किन्तु हाथी एक से अधिक होने चाहिए, क्योंकि सही समय आने पर हाथी के घबरा जाने की आशंका रहती है।

(2) पालतू जानवरों के झुंड को उस क्षेत्र में ले जाना जहाँ घायल शेर छिपा बैठा हो। शेर की गन्ध-संवेदनशीलता बहुत तेज है। पशुओं की गन्ध पाकर उसके अपने विश्राम-स्थान से बाहर निकल आने की सम्भावना है, जिससे शिकारी को उसका पता चल जाता है। इसके अतिरिक्त, उस समय शेर यदि आक्रमण भी करता है तो उसके आक्रमण का शिकार पशु होता है, और शिकारी बच सकता है।

इस विधि की कुछ अपनी कमजोरियाँ भी हैं, क्योंकि शेर की गन्ध बहुत तेज होती है जिससे जानवरों को उनकी उपस्थिति की चेतावनी मिल जाती है। वे उसकी गन्ध पाकर आगे नहीं बढ़ते जब तक बहुत से आदमी उन्हें घेरकर आगे नहीं ले जाते। इसके अतिरिक्त, विपरीत दिशा में चलती हुई वायु का लाभ उठाकर यदि उन्हें शेर के स्थल की ओर ले जाया भी जाए तो शेर की हल्की सी गति से उनमें ऐसी भागदौड़ मचती है कि बहुत से पशु तथा मनुष्य भी उनके पैरों तले कुचले जाते हैं।

(3) कुत्तों की सहायता से शेर को खोजना। परन्तु यह काम हर कुत्ता नहीं कर सकता। उसकी थोड़ी सी गन्ध आने पर वे दुम दबाकर मीलों दूर भाग जाते हैं। केवल

विशेष प्रशिक्षित कुत्ते ही इस काम के लिए प्रयोग में लाए जा सकते हैं।

(4) शेर के पदचिह्नों के साथ-साथ चलते हुए उसके विश्राम-स्थल के निकट पहुँचना। शेर के शिकार की यह सबसे अच्छी रीति है। यह शिकारी के शिकार-कौशल और साहस की सही परीक्षा है। इसके लिए यह बहुत जरूरी है कि शिकारी कम-से-कम व्यक्तियों को अपने संग लेकर घटना स्थल पर जाए। उन सब व्यक्तियों का शेर के शिकार में अच्छा प्रशिक्षित होना जरूरी है। अधिक व्यक्तियों का शिकारी के साथ होना अनावश्यक ही नहीं है, सुरक्षा की दृष्टि से भी संकट से खाली नहीं है। इसे ध्यान में रखना बहुत ही आवश्यक है।

सदाराम को उसके मोच खाए घुटने की देखभाल करने के लिए मैंने उसे शिविर में छोड़ा। सब रोगों की उसकी अपनी एकमात्र औषधि अफीम के सेवन से वह अपने आपको तनाव-विमुक्त भी कर सकता था। मैंने अपने साथ अपने सेवक को लिया जो शिकार में अनाड़ी नहीं था। घायल शेर का पीछा करने का मेरा यह पहला अवसर नहीं था। मैंने पहले भी अनेक बार शेर का शिकार कर रखा था। परन्तु मुझे जब भी किसी घायल शेर का शिकार करना पड़ता है, कष्ट होता है, भद्दा लगता है, क्योंकि शेर का जख्मी होना शिकारी की असावधानी का परिणाम होता है। मैं सदा ही असावधान निशाने को कोसता हूँ, क्योंकि असावधान निशाने के कारण ही मुझे यह करना पड़ता है।

पिछली रात मैंने जिस स्थिति में गोली चलाई थी उसका निर्णय स्वयं शेर का था। वह अपनी इच्छा से मेरे सामने आया था और स्वेच्छा से मुझे निशान लगाने का अवसर दिया था। मेरी प्रतिक्रिया स्वाभाविक थी। इससे पहले मैं सोचता कि मैं क्या कर रहा हूँ, मैंने गोली चला दी थी। मैं नहीं जानता कि मैंने वह आत्मरक्षा की भावना से किया था या भयवश। सम्भवतः मैंने वह आत्मरक्षा के लिए किया था। परन्तु मेरी उस मूर्खता का कारण भय भी हो सकता है। मेरे पास इसके बारे में कहने के लिए और कुछ नहीं है।

प्रचलित किस्से-कहानियों में शेर को यद्यपि बहुत क्रूर और निर्दयी दर्शाया गया है, वास्तव में ऐसा कुछ नहीं है। स्वस्थ और सामान्य शेर कुलीन जीव है। पूरे बत्तीस वर्षों के मेरे जंगलों और जानवरों के अनुभवों में मुझे अभी तक ऐसा कोई शेर नहीं मिला, जिसने अकारण किसी मनुष्य पर आक्रमण किया हो। ऊँची और घनी घास में लेटे हुए शेर को जब कभी कोई असाधारण ध्वनि सुनाई देती है, तो उसकी जानकारी प्राप्त करने के लिए तथा अपने लिए शिकार को पकड़ने के लिए वह ध्वनि की दिशा में आगे बढ़ता है। ध्वनि करनेवाला यदि मनुष्य हो तो घास में छिपा शेर अनजाने में उस पर, सहसा आक्रमण कर सकता है जो घातक भी हो सकता है। शेर यदि नरभक्षक न हो तो वह यह देखते ही कि मृत प्राणी उसका सामान्य भोजन नहीं है, वह लज्जित सा होकर, उस शव को वहीं छोड़कर, वहाँ से चुपचाप चला जाता है।

इसमें सन्देह नहीं कि कल रात शेर चौंक गया था। किन्तु वह घिरा हुआ नहीं था। उसके पास उस स्थान से भाग जाने के लिए पर्याप्त जगह थी। मुझे यह भी विश्वास है कि वह मुझे हानि पहुँचाना नहीं चाहता था। उसने मेरी ओर रोष से देखा अवश्य था, परन्तु वह उतना ही चौंका हुआ था जितना मैं। मेरी यह कायरता थी कि मैं अपना सन्तुलन खो बैठा और मैंने उस पर बिना निशाना साधे गोली चला दी।

हम चलते-चलते उस घाटी पर पहुँच गए जहाँ पिछली रात सदाराम ने फलदार झाड़ियों के नीचे से बारहसिंगा को चौंकाया था। मैंने अपने सेवक से कहा कि वह अपनी जेबों में और मेरे उस थैले में, जिसे उसने उठा रखा था, कंकड़-पत्थर भर ले और हर झाड़ी पर पत्थर फेंकता हुआ तीस गज आगे बढ़ जाए। मैं इस आशा में बन्दूक लिये हुए तैयार खड़ा था कि शेर यदि वहीं कहीं किसी झाड़ी के नीचे छिपा बैठा होगा तो वह पत्थरों-कंकड़ों के पड़ने पर झाड़ी से बाहर निकलेगा और मुझे उस पर निशाना लेने का दूसरा अवसर मिल जाएगा। शेर के विश्राम में जब कभी कोई ऐसा विघ्न पड़ता है, तो वह उस समय तक आक्रमण नहीं करता जब तक वह उसके कारक को देख या समझ न ले। विश्राम में विघ्न पड़ने पर वह गुर्राता है, अपना स्थान भी बदलता है। इससे वह अनजाने में शिकारी को अपनी उपस्थिति का परिचय दे देता है।

हमारे पत्थर मारने से कहीं कोई प्रतिक्रिया नहीं हुई। हम धीरे-धीरे आगे बढ़ते गए। हमने अपने निरीक्षण-क्षेत्र को बीस गज और आगे बढ़ा दिया। परन्तु परिणाम वही रहा। कहीं कोई प्रतिक्रिया नहीं हुई। उस क्षेत्र का ध्यानपूर्वक निरीक्षण करते हुए हम उस स्थान पर पहुँच गए जहाँ पिछली रात मैंने शेर को और शेर ने मुझे चौंकाया था। यह स्थान नाले के किनारे से लगभग दस गज की दूरी पर था।

मैंने अपने सेवक को एक ऊँचे पेड़ पर चढ़ने के लिए कहा। उस पेड़ की शाखाएँ नाले पर फैली हुई थीं। उसे पेड़ की एक ऊँची शाखा पर ठीक से बैठा देखकर मैं जमीन पर औंधे मुँह लेट गया और सरक-सरककर नाले के किनारे पर पहुँच गया और उसे पत्थर फेंकने का इशारा किया। उसने पाँच-सात पत्थर ही फेंके होंगे जब मुझे शेर की धीमी सी गुर्राहट सुनाई दी। मैं S आकार के मोड़ को सपष्ट देख सकता था, किन्तु शेर को नहीं।

शेर का छिपने का स्थान उस जगह से कोई बीस गज दूर था जहाँ मैंने उस पर पहला निशाना लिया था इससे मुझे विश्वास हो गया कि पहले दिन की गोली ने शेर को अपंग कर रखा था। अन्यथा वह वहाँ से कहीं दूर चला जाता। कम-से-कम पानी के घाट तक तो अवश्य जाता जो वहाँ से केवल एक चौथाई मील दूर था।

मेरे नौकर ने भी उसकी गुर्राहट सुनी थी। वह मुसकरा रहा था और उस स्थान को इंगित कर रहा था जहाँ से वह ध्वनि आई थी। उसने मुझे जब बहुत सतर्क और निशाना लगाने के लिए तैयार देखा, तो उसने घास के उस कुंज पर पत्थर फेंके। कुछ पत्थर शेर को भी लगे होंगे, क्योंकि अब उसकी रोषभरी गर्जना इतनी ऊँची थी कि मुझे धरती हिलती हुई महसूस हुई।

जिन लोगों ने केवल चिड़ियाघर या सरकस में शेर देखे हैं और उनकी क्रोध की गर्जना नहीं सुनी वे कल्पना भी नहीं कर सकते कि वह क्या हो सकती है और कितनी भयंकर हो सकती है।

शेर उस समय भी नाले के S आकार के मोड़ के बढ़े हुए किनारे की ओट में छिपा हुआ था और लगातार गरज रहा था और अपनी दुम को पटक-पटक कर घास को पीट रहा था। मैंने निश्चय कर लिया कि मैं उस समय तक गोली नहीं चलाऊँगा जब तक उसका सिर या हृदय का क्षेत्र मुझे स्पष्ट दिखाई नहीं पड़ेगा। परन्तु ऐसा लग रहा था कि शेर ने निर्णय ले रखा था कि वह ऐसा कुछ नहीं करेगा जिससे मैं उस पर निशाना लगा सकूँ। वह अपने छिपने के स्थान से न बाहर निकल रहा था और न अपने शरीर के उन क्षेत्रों को मेरी ओर कर रहा था जहाँ मैं निशाना लेना चाहता था। मेरा सेवक भी मानो उसी की मंशा पूरी करना चाहता था। उसने पत्थर मारने बन्द कर दिए थे। मुझे समझ में नहीं आ रहा था कि क्या करूँ ?

मैंने स्वयं कंकड़ मारना चाहा। इधर-उधर देखा पर कोई कंकड़-पत्थर नहीं मिला। मिट्टी का ढेला भी नहीं। नौकर को इशारा करने के लिए ऊपर पेड़ की ओर देखा। परन्तु वह टिकटिकी बाँधकर उसी ओर देख रहा था जहाँ से शेर का गर्जन सुनाई पड़ रहा था। मैं उसे इशारा नहीं कर पाया।

शेर की गर्जना से सारा जंगल गूँज रहा था और वातावरण में तनाव फैला हुआ था। मेरा धीरज भी जवाब दे रहा था। मेरे लिए एक-एक पल भारी होने लगा और स्थिर बैठे रहना लगभग असम्भव हो गया। मैंने अपनी जेब से एक कारतूस निकाला और शेर की दिशा में उसे फेंक दिया। कारतूस के गिरने की आवाज सुनकर शेर उछला और पक्षाघात से पीड़ित अपने अर्द्धशरीर को उसने खींचकर बाहर निकाला। अब मैं उसके सिर को स्पष्ट देख सकता था। फिर मैंने करीब पन्द्रह गज की दूरी से उस पर गोली चलाई। मस्तिष्क पर गोली लगते ही वह तुरन्त शान्त हो गया। मेरा वह निशाना मेरी घबराहट के शिकार को पीड़ामुक्त करने में सफल हुआ, किन्तु पिछली रात को मेरी असावधानी मेरे मन को कुरेदती रही।

पिछली रात 3240 फुट पाउंड की शक्ति से चली हुई मेरी 300 ग्रेन की गोली उसकी छाती पर लगी थी किन्तु छाती के मध्यस्थल से दो इंच दाईं ओर। वह उसके कन्धे को तोड़ती हुई उसकी आँतों में चली गई थी। उसके लिए खड़ा होना या थोड़ा सा चलना भी असम्भव हो गया था।

वह सुन्दर जीव था। अपनी यौवनावस्था में था। उसकी त्वचा पर शरद ऋतु के नए बाल आ चुके थे और उसकी बिखरी-बिखरी, काली-पीली धारियों पर नया निखार आया हुआ था।

उसकी लम्बाई नौ फुट आठ इंच थी। वह अच्छे बड़े शरीर का युवा शेर था।

विचित्र स्थिति

वह शेर का छोटा सा बच्चा था। जब मैंने उसे पहली बार देखा था उस समय उसकी आयु एक वर्ष के लगभग होगी। वह टैरियर नस्ल के छोटे कुत्ते के बराबर था। वह बहुत नटखट और नासमझ था। उसकी मूर्खों जैसी छोटी-छोटी हरकतों को देखते ही मुझे उससे प्यार हो गया था। हम दोनों स्वभाव और व्यवहार में एक जैसे थे। सम्भवतः यही मेरे आकर्षण का कारण था।

यह बहुत दिन की बात है। उस समय तराई के भाभर क्षेत्र के कालागढ़ के वनों में एक पशुघातक शेर का आतंक फैला हुआ था। उसी शेर का शिकार करने के लिए मैं वहाँ गया था।

वह शेर बहुत चतुर था। उसके पीछे मैं तीन वर्षों तक भटकता रहा था। उससे मुझे जंगलों और शिकार की गतिविधियों के सम्बन्ध में बहुत सी जानकारी भी प्राप्त हुई। एक दिन उसने मुझे सर्दियाँ की पूरी रात एक पेड़ पर बैठाए रखा। फिर भी वह बच निकला और संयोग से वह एक ऐसे व्यक्ति की गोली का शिकार हुआ जिसने उसे झाड़ी में छिपा साम्बर समझने की भूल की थी। परन्तु इनका सम्बन्ध उस मूर्ख के जीवन से नहीं है।

उस नन्हें शेर से मैं पहली बार पाखराओ के नाले में मिला था। इन बरसाती नदी-नालों को वहाँ की क्षेत्रीय भाषा में स्रोत कहते हैं। अन्य पहाड़ी नालों की भाँति पखराओ नाला भी कुमाऊँ की पहाड़ियों में से रास्ता बनाते हुए कुमाऊँ के दक्षिणी भाग के जंगलों में आ जाता है। यहाँ से हिमालय पर्वत की तराई के घने और हरे वन पूर्व की ओर नेपाल के निचले भागों और आसाम से बर्मा तक फैले हुए हैं। पूर्वी क्षेत्र के वनों का विस्तार 1500 मील है। इसमें यदि पश्चिम के वनों को भी जोड़ लिया जाए, जो काश्मीर से आगे तक फैले हुए हैं, तो इनका कुल विस्तार 3500 मील से भी अधिक हो जाता है। ये वन, विशेषकर पूर्वीय वन, शिकार के लिए दुनियाभर में सबसे अच्छे क्रीड़ा-स्थल हैं और ये जंगल के राजा, शेर के आवास के लिए भी सर्वोत्तम हैं।

उस समय शाम के छह नहीं बजे थे। हिमालय के पश्चिमी छोर पर सूर्य का प्रकाश फैला हुआ था। उत्तर की ओर से सान्ध्य समय की पवन चलने लगी थी। वह मेरी बाईं ओर की घाटी से शुरू हुई थी और विषादमय ध्वनि के साथ एक ही सुर और लय में चल रही थी। मेरे पीछे खड़े ऊँचे, जीर्ण और पत्ते-विहीन पेड़ों पर से उसकी विषादमयी

एवं कर्कश ध्वनि सुनाई पड़ रही थी। ये उत्तरी हवाएँ पहाड़ों की तराई में चलती हैं। इन्हें वहाँ की क्षेत्रीय भाषा में ढाडू कहते हैं। ये सूर्य अस्त होने पर चलने लगती हैं और धीरे-धीरे इनका कोलाहल बढ़ता जाता है और ये प्रचंड वायु में बदल जाती हैं।

मैंने एक कम्बल की तह लगाकर उसे अपने छिपने के स्थान में बिछाकर अपने बैठने के लिए आरामदेह स्थान तैयार कर लिया। इसी प्रकार पेड़ की एक मोटी, पक्की, दोमुखी शाखा को मैंने अपने बैठने के स्थान के सामने धरती में गाड़कर बन्दूक रखने के लिए सुविधाजनक स्थान भी बना लिया और उसमें अपनी .470 कोर्डाइट दो-नली बन्दूक को अपने सामने टिका दिया। बन्दूक को अपने अगल-बगल या अपने सामने नीचे रखने की अपेक्षा उसे इस प्रकार अपने सामने टिकाकर रखने की विधि बहुत अधिक सुविधाजनक और उपयोगी है। इस तरीके से रखी बन्दूक को अवसर आने पर न्यूनतम गति से कन्धे पर लगाया जा सकता है।

बन्दूक रखने की व्यवस्था करने के उपरान्त मैंने अपने छिपने के स्थान पर पुनः दृष्टि डाली। जहाँ कहीं भी कोई खुला स्थान दिखाई दिया उसे पत्तों आदि से ढक दिया, और जो शाखा तथा पत्ता दृष्टि में बाधक दिखाई दिया उसे तोड़कर अलग कर दिया। तदोपरान्त अपनी पानी की बोतल और अतिरिक्त गोलियों को अपने बैठने के स्थान के निकट लगाकर मैं अपने लिए सुरक्षित और सुविधाजनक स्थान बनाकर निवृत्त हुआ ही था कि नाले के मोड़ की दूसरी ओर सान्ध्य समय के किंचित अँधियारे में मुझे हाथियों का झुंड दिखाई दिया।

हाथियों का झुंड मुझसे करीब चालीस गज दूर था। वे हाथी मेरी दिशा में नहीं आ रहे थे। वे नाले को पार कर रहे थे। हवा उनसे विपरीत दिशा की ओर बह रही थी। यद्यपि हाथियों की दृष्टि बहुत कमजोर होती है, उनकी गन्ध-संवेदनशीलता बहुत तीव्र होती है और उनके कान भी बहुत सूक्ष्मग्राही हैं। परन्तु पवन-तरंगें उनकी ओर से आ रही थीं इसलिए उनके लिए मेरी गन्ध पा सकना सम्भव नहीं था।

वे हाथी सूखे नाले में चले गए और वहाँ से सीधे नाले के दूसरी ओर ऊँचे घास में स्थित एक पोखरी में चले गए। उन्हें न मेरी गन्ध मिल सकती थी और न वे मुझे देख सकते थे। परन्तु मैं अपने छिपने के सुरक्षित स्थान से उन्हें बहुत अच्छी तरह से देख सकता था। उनके पीछे हल्के-धूसर पहाड़ थे जिनकी गोद में घना जंगल बिछा हुआ था। उस समय तरह-तरह के पक्षी और कीटाणु बोल रहे थे। उनके स्वरों की पृष्ठभूमि में जंगल की शान्ति और भी मुखरित हो रही थी। जंगली हाथियों का झुंड पूरी तरह से आश्वस्त और मस्त था। वे उस पोखरी में एक-दूसरे पर पानी और मिट्टी उछाल-उछालकर खेल रहे थे।

वे वहाँ काफी समय तक रहे। उन्हें पानी से खेलते हुए देखने में मैं अपने अस्तित्व को भी भूल गया था। इतने में मुझे सहसा अपनी जाँघ के बाहरी भाग पर किसी वस्तु के स्पर्श का अनुभव हुआ। मैं महात्मा बुद्ध की तरह चौकड़ी मारे बैठा था। मेरी टाँगें पतले-से कम्बल से ढकी हुई थीं। मैंने तिरछी नजर से देखा और देखकर सन्न रह गया।

एक विषैला साँप, कोबरा मेरी जाँघ पर था। मैंने साँपों और साँपों की आदतों के सम्बन्ध में काफी अध्ययन कर रखा था। मैं जानता था कि स्थिर बैठे रहना ही उसके काटने से बचने का एकमात्र तरीका है।

मैं सदा साँपों की चमकीली सुन्दरता का आशिक रहा हूँ। मैं सदा उनकी अखंड रेखाओं, रंगों की संरचना, सरलता और सुन्दरता से प्रभावित हुआ हूँ। परन्तु यह सब उन्हें दूर से देखने की बात है। उस समय वह मेरे बहुत निकट था। मुझे विश्वास है कि मेरे जैसी स्थिति में डी.एच. लॉरेंस ने भी साँप पर अपनी सुन्दर कविता लिखने के स्थान पर केवल एक ही शब्द लिखा होता। उस समय मुझे लिजलिजी वस्तु अपनी नसों में रेंगती हुई अनुभव हो रही थी। आखिर वह दस फुट लम्बा साँप मेरी मुड़ी हुई टाँगों के ऊपर से धीरे-धीरे रेंगता हुआ नीचे उतर गया।

उन युगों जैसे लम्बे क्षणों के बाद मेरी टाँगों पर से बोझ और रगड़ का अनुभव दूर हुआ। परन्तु फिर भी मुझे उस पर विश्वास नहीं आ रहा था। मैंने अपनी आँखें नहीं खोलीं। मुझे अपना मस्तिष्क और टाँगें संवेदनशून्य प्रतीत हो रही थीं। मैं स्थिर बैठा रहा किन्तु कितनी देर, यह मैं नहीं जानता। मैं यह भी नहीं जानता मैं कितनी देर तक आँखें बन्द किए वहाँ बैठा रहा था। हो सकता है कि यह सब कुछ ही मिनट की बात हो परन्तु मेरे लिए समय अपना अर्थ खो बैठा था। तब, जब मेरी आँखों में चुभन-सी होने लगी और पलकें बहुत भारी हो गईं तो मैंने आँखें खोलीं। साँप वहाँ नहीं था। पसीने की मोटी-मोटी बूँदें मेरे चेहरे पर टपकने लगीं।

II

हाथी पोखरी से निकलकर स्रोत के पश्चिमी किनारे के बाँसों के एक बड़े कुंज में प्रवेश कर चुके थे। बाँसों के उस घने कुंज को बाँसों का जंगल कहा जा सकता था। वह मीलों तक फैला हुआ था। उसमें हाथियों ने बहुत शोर मचा रखा था। वे पेड़ों को गिराते और उनकी शाखाओं को तोड़ते हुए उसमें से आगे जाने के लिए अपना रास्ता बना रहे थे। उनकी भरभराहट और दुंदुभी की-सी तीखी आवाजें मीलों दूर सुनाई पड़ रही थीं। मैं अपने अनुभवों के आधार पर कह सकता हूँ कि जंगल के ये दो महापराक्रमी, शेर और हाथी, एक-दूसरे के निकट रहना पसन्द नहीं करते। वे एक-दूसरे का रास्ता नहीं काटते। वे प्रायः एक-दूसरे से दूर रहते हैं।

फिर भी शेर कभी-कभी इस सामान्य नियम का उल्लंघन करता है। वह ऐसा क्यों करता है और कब करता है, कहना कठिन है। इस विषय पर बहुत मतभेद हैं। मैं दो-एक ऐसी घटनाओं को जानता हूँ जिनमें शेर और हाथी की लड़ाई हुई थी, और हाथी मारा गया था। एक घटना धौलाखंड स्रोत में हुई थी जिसमें एक शेर ने एक युवा हाथी को मारा था। दूसरी घटना मोरघाटी के वन में हुई थी। आधी रात का समय था। क्रोध में गरजते हुए एक शेर ने हाथियों का पीछा किया और वे हाथी भागते हुए विश्राम-गृह

के खुले आँगन में आ गए।

शेर और हाथियों की लड़ाई के मेरे यही दो अनुभव हैं। परन्तु इसी प्रकार की एक अन्य घटना का उल्लेख भी चौथे दशक के भारतीय समाचार-पत्रों में मिलता है। वह घटना ही ऐसी थी कि उस समय के सब पत्रों ने उसे विस्तारपूर्वक प्रकाशित किया था। उस घटना का उल्लेख जिम कोरबेट ने भी अपनी जंगल-लोर नामक पुस्तक में किया है। वह घटना भाभर तराई क्षेत्र के तनकपुर नामक वन में हुई थी। उसमें भी हाथी मारा गया था। उसको दो मछुआरों ने उस समय देखा था जब वे दिनभर के काम से निवृत्त होकर शाम को घर लौट रहे थे।

घास के जंगल से निकलने के बाद मछुआरे चौड़े स्रोत की उस अन्तिम धारा पर पहुँच गए जो उनके और नाले के ऊँचे किनारे के बीच बह रही थी। धारा के दूसरे किनारे पर उन्हें दो शेर खड़े दिखाई पड़े। वहाँ पर स्रोत की चौड़ाई करीब चालीस गज थी। शेर उनके घर के रास्ते के बीच खड़े थे। इसलिए वे झाड़ियों में छिप गए और उनके वहाँ से जाने की प्रतीक्षा करने लगे। कुछ ही देर में उन्हें अपने पीछे के घास में कुछ गति होने की ध्वनि सुनाई दी। और तब सहसा बड़े दाँतोंवाला एक हाथी घास से बाहर निकल आया। तनकपुर क्षेत्र में वह हाथी विख्यात था, बहुत बदनाम था। कुछ ही दिन पहले उसने वहाँ के जंगलात भवन का विनाश किया था। उसके खम्भे तोड़कर उसकी छत नीचे गिरा दी थी।

हाथी जैसे ही घास से बाहर निकला उसने धारा के दूसरे तट पर दो शेरों को खड़े देखा। उसने अपनी सूँड़ उठाकर तीखी आवाजें निकालनी शुरू कीं और शेरों की ओर जाने लगा। शेर भी उसकी ओर बढ़े। हाथी को सामने खड़ा देखकर एक शेर ने उस पर पंजा मारा, दूसरा उसके पीछे गया और उसकी पीठ पर कूद पड़ा। हाथी ने सिर घुमाकर अपनी सूँड़ से शेर पर आक्रमण करने का प्रयास किया। सामने खड़े शेर ने उसी क्षण उसके सिर पर आक्रमण किया। हाथी क्रोध से चिल्ला रहा था और शेर भी जोर-जोर से गरज रहे थे। मछुआरे अपने जालों को वहीं छोड़कर, तेजी से भागते हुए, तनकपुर भाग गए। लोगों का कहना है कि घर पहुँचने पर सबसे पहले उन्होंने अपने गन्दे कपड़े बदले थे।

जिस समय तनकपुर में शेरों के गरजने की आवाजें सुनाई पड़ रही थीं। उस समय वहाँ के निवासी रात का भोजन बना रहे थे। मछुए जब वहाँ पहुँचे और उन्होंने हाथी और दो शेरों की लड़ाई की आँखों देखी घटना की बात की तो कुछ साहसी नवयुवक उसे देखने के लिए स्रोत के ऊँचे तट पर जा खड़े हुए। परन्तु यह देखकर कि वे लड़ते-लड़ते उन्हीं की ओर आ रहे थे, वे वहाँ से भाग खड़े हुए। उनके घर पहुँचते ही तनकपुर के सब घरों के दरवाजे बन्द हो गए। एक अवकाश प्राप्त सज्जन, श्री मैथेसन का घर उसी ऊँचे तट पर था जहाँ हाथी और शेरों की लड़ाई हुई थी। उनका कहना था कि वह लड़ाई कई घंटों तक होती रही थी। पुलिस और गाँववालों ने उन्हें डराने के लिए रातभर गोलियाँ चलाई थीं। किन्तु उनका वह प्रयास असफल रहा था।

सुबह होने पर तनकपुर के निवासी उस घटना स्थल पर गए। उस सौ फुट ऊँचे, चट्टानों से भरे तट से उन्हें नीचे मरे हुए हाथी का शव दिखाई पड़ा। शव का कोई भी भाग खाया हुआ नहीं था और न ही उस समय या उसके बाद उस स्थल के आसपास कोई जख्मी या मरा हुआ शेर मिला। राजस्व अधिकारी ने हाथी के जिन घावों का विवरण दिया था उसके अनुसार उसकी मृत्यु उसके रक्त के अत्यधिक बह जाने के कारण हुई थी।

तनकपुर के निकट जिस हाथी को दो कामातुर शेरों ने मारा था वह बहुत बड़ा हाथी था। उसके दाँतों का वजन 10 पाउंड था। उनमें लड़ाई उस समय शुरू हुई थी जब हाथी ने उन्हें बरबस अपने रास्ते से हटाना चाहा था। शेरों ने उस लड़ाई में बहुत चतुराई से काम लिया था। एक ने उसके ध्यान को अपनी ओर आकर्षित किया और दूसरे ने उसके सिर पर कूदकर अपने नखों से उसकी आँखें निकाल डालीं, और उसे अन्धा कर दिया। वह नेत्रहीन किसी तरह भटकते हुए ऊँचे तट पर चढ़ गया। वहाँ पर चिकने गोल पत्थर थे जिन पर पाँव टिकाए रखना कठिन था। हाथी उन शेरों की जकड़ में आ गया। उन्होंने अपने पैने दाँत उसकी गर्दन में गाड़ दिए। उन घावों से अत्यधिक खून बह जाने से उसकी मृत्यु हो गई।

परन्तु ऐसी घटनाएँ बहुत कम होती हैं। अपने दीर्घकालीन अनुभवों से शेर और हाथी एक-दूसरे की शक्ति और हठ को जानने और पहचानने लगते हैं। इसलिए वे सामान्यतया एक-दूसरे का सामना करने के स्थान पर एक-दूसरे से दूर रहना पसन्द करते हैं।

मेरे मन में पूरा विश्वास था कि जब तक हाथी मेरे बैठने के स्थान के आसपास है, शेर के वहाँ आने की सम्भावना नहीं है। मैंने वहाँ से उठ जाने की सोची। परन्तु मैं सावधान था, क्योंकि उस समय भी हाथी पेड़ों की शाखाओं को तोड़ रहे थे और उन्हें खा रहे थे। मुझे भी अपनी दुंदुभी सुनने की इच्छा नहीं थी।

तभी सहसा सारे जंगल में सन्नाटा छा गया। हाथियों की तीखी आवाजें और शाखाओं का टूटना बन्द हो गया। जगल में अशान्त मौन छा गया। तभी हाथियों की ओर से एक विचित्र धातु की रगड़ जैसी पतली ध्वनि सुनाई दी। मैं उसे पहचान गया। हाथी उस पतली-सी आवाज को अपनी सूँड़ को जमीन पर पटककर निकालते हैं। वे यह प्रायः उस समय करते हैं जब शेर कहीं आसपास होता है।

तभी सारा जंगल शेर की गर्जना से गूँजने लगा। शेर की गर्जना भी अद्‌भुत होती है। वह बहुत व्यापक होती है, गहरी होती है और सब ओर बराबर फैली हुई होती है। उसकी आवाज से उसकी दिशा का थोड़ा-बहुत अनुमान लगाया जा सकता है किन्तु उसके स्थान को निश्चित नहीं किया जा सकता। वह कितनी दूर से आ रही है, कहा नहीं जा सकता। दूरी दस गज की भी हो सकती है, और दो सौ गज की भी, क्योंकि वह सब ओर बराबर फैली हुई होती है। यही कारण है कि डरे हुए जानवर उसकी दिशा और दूरी को समझ नहीं पाते और बहुत बार घबराहट में भागते हुए सीधे उसी के पास

पहुँच जाते हैं।

शेर की गर्जना फिर सुनाई दी जो पहाड़ों से टकराकर चारों ओर गूँजने लगी। पाँच-छह मिनट के अन्तराल से वह लगातार गरजता रहा। आवाज क्योंकि पहाड़ों से टकराकर गूँज रही थी इसीलिए यह अनुमान लगाया जा सकता था कि वह उत्तर-पूर्व की दिशा की ओर जा रहा था। उससे मेरी ओर आते हुए हाथियों की गतिविधियों में अड़चन पड़ना स्वाभाविक था। तभी शेर ने अपनी दिशा बदल ली। वह पहाड़ों की आधारभूमि के समानान्तर दूसरी दिशा में जाने लगा।

मैंने मन-ही-मन हाथियों को कोसा और साथ-ही-साथ अपने भाग्य को भी कोसा। उस पशुघातक शेर पर निशाना लेने के अपने बीसियों विफल प्रयासों में, मन-ही-मन, एक और असफल प्रयास जोड़ लिया।

हाथियों का ध्यान आकर्षित किए बिना मैं अपने शिविर को लौट जाना चाहता था। इसलिए हाथियों के जंगल में कुछ और अन्दर चले जाने की प्रतीक्षा कर रहा था। शेर की उपस्थिति ने हाथियों को रोक रखा था और हाथियों की उपस्थिति मुझे रोके हुए थी। आठ बज चुके थे। हिमालय की पहाड़ियों के शिखर पर चाँद दिखाई पड़ रहा था और इधर-उधर पड़ी छाया कुछ-कुछ सिमट रही थी। चाँद के प्रकाश ने हजारों वृक्षों के नीचे छाए हुए अँधेरे को छिन्न-भिन्न कर रखा था और कठफोड़ा अपने 'टक-टक' के स्वर के साथ उन्हें सीने का प्रयास कर रहा था।

उसी समय साम्बर ने आपत्ति की घोषणा की। उसकी आवाज मेरे पीछे से, जंगल की उत्तरी-पूर्वी दिशा से आ रही थी। मैंने उस पर ध्यान नहीं दिया। यद्यपि वह पूरे जोर से आपत्ति की सूचना दे रही थी।

साम्बर की पुकार की व्याकुलता और आवृत्ति बढ़ती गई। उसकी पुकार को चीतल ने पकड़ा। वे भी टून-टूट करने लगीं। तभी एक काकड़ बोला। उसकी आवाज बहुत कठोर थी। उसे सुनकर जंगली सूअर एक दम भाग कर नाले में चले गए। उन्होंने नाले के छायादार स्थानों को पीछे छोड़ा और नाले के बीच चले गए जहाँ चाँदनी चटक रही थी। वे यह स्वाभाविक रूप से जानते हैं कि उनके लिए जंगल की झाड़ियों के नीचे और किनारों की घास में संकट छिपा रहता है अथवा उनके लिए नाले के मोड़ों पर भी खतरे की आशंका होती है। इसलिए वे इन असुरक्षित स्थानों को छोड़कर खेतों की ओर भागने लगे थे। वे वहाँ से नाले की निचली ओर जा रहे थे तथापि तीस गज की दूरी से उन्हें उस बछड़े की गन्ध आ गई जिसे मैंने शेर को ललचाने के लिए बाँध रखा था। वे उसे देख नहीं सकते थे क्योंकि वह छाया से ढके घास के क्षेत्र में निश्चल बैठा था और उसका रंग भी वह चट्टान जैसा था जिसकी ओट में वह बैठा हुआ था।

जंगली सूअरों की सूँघने की क्षमता बहुत तेज होती है। गन्ध से वे उस हर जानवर को, मनुष्य को भी पहचान जाते हैं, जो जंगल का वासी नहीं होता। बछड़े की गन्ध पाते ही वे कुछ क्षण के लिए वहीं रुक गए और फिर गुर्राते हुए तेजी से भाग गए। सैनिकों की भाँति वे जिस क्रम और रीति से भागे थे, मैं उसे देखकर आश्चर्यचकित

रह गया। उनकी अनुशासन निष्ठा पर मुझे अचम्भा हुआ। मेरा मन कर रहा था कि मैं खड़े होकर उनका अभिवादन करूँ।

जंगल के सब जीवों पर शेर की गर्जना का जो जादू चला था उसे देखकर मुझे अत्यन्त विस्मय हुआ। वे घबराए हुए थे तथापि छिपे हुए संकट के प्रति बहुत सचेत और सतर्क थे। अपनी-अपनी भाषा में तथा अपने-अपने स्थान से वे संकट की सूचना का संचार कर रहे थे।

सब ओर से चेतावनी की पुकारें आ रही थीं। इसी बीच मुझे अपने पीछे से, थोड़ी बाईं ओर से हल्की सी हलचल सुनाई दी। मेरी जिज्ञासा जागी। मुझे उसे जानने और पहचानने की उत्सुकता हुई। तभी हलचल की वह धीमी ध्वनि मुझे अपने पास आती हुई सुनाई दी। उस हलचल को करने वाला मुझसे दो गज से अधिक दूर नहीं हो सकता था। कुछ समय तक वह ध्वनि उसी स्थान से आती रही और फिर पीछे हट गई। वह क्या था ? मैं देख नहीं सकता था। वह न सूअर था और न भालू, इसका मुझे विश्वास था। तो फिर वह क्या था ?

थोड़ी सी देर के बाद वह आवाज नाले की ओर जाती हुई सुनाई दी। हलचल करनेवाला जीव नाले की गहरी छाया में विलुप्त हो गया। सम्भवतः वह उस छाया में बैठ गया था। जंगली जानवर प्रायः खुले में जाने से पहले कुछ समय के लिए सुरक्षित स्थान पर छिपे रहते हैं; वहाँ से खुले स्थान को ध्यान से देखते हैं। मांसाहारी इसे अपने शिकार की प्राप्ति के लिए करते हैं और शाकाहारी अपनी सुरक्षा के लिए। मैं उसे खुले में देखने के लिए उतावला हो रहा था। किन्तु कोई भी छाया से बाहर नहीं निकला। मैं थक-सा गया। मेरा धैर्य भी खत्म होता जा रहा था। मैंने वहाँ पर और बैठे रहने का विचार छोड़ दिया और शिविर में जाने की सोची।

मैंने अपनी चीजों को इकट्ठा करना आरम्भ किया। मैं खड़ा होने ही वाला था कि कुछ हलचल हुई और हलचल की उस ध्वनि ने मेरा ध्यान अपनी ओर आकर्षित किया। मेरी जिज्ञासा मेरे मन-मस्तिष्क पर छा गई।

अब हलचल करने वाले ने छाया की सुरक्षा छोड़ दी। वह खुले में आ गया। मुझे अपने से लगभग चालीस गज दूर चार जानवरों की रूप-रेखाएँ दिखाई पड़ रही थीं। उनमें से एक जानवर बड़ा था और तीन छोटे। वे छाया की आड़ में चलते हुए मेरी ओर आ रहे थे। उस स्थिति में उन्हें ठीक से देख और पहचान सकना मेरे लिए असम्भव था। उनके आकार तथा व्यवहार से यह स्पष्ट था कि वे सूअर या भालू नहीं थे। मैं सोचने लगा, 'ये क्या हैं ?...लकड़बग्गा ? परन्तु लकड़बग्गा कभी भी समूह में नहीं होते। वे सदा एकांकी रहते हैं। सम्भवतः ये माँ-लकड़बग्गा के साथ उसके बच्चे हैं।'

वे चार-पाँच कदम और आगे बढ़े और फिर पास की छाया में छिपकर बैठ गए। उनमें से एक, छोटेवाला, बीच-बीच में छाया से बाहर निकल आता था। कभी अपनी पिछली टाँगों पर खड़ा होकर कलाबाजियाँ लगाता था और फिर भागकर माँ की पीठ पर चढ़ जाता था। माँ उसे हटाती थी। वह तट पर चढ़कर घास में घुस जाता था, और

घास में से हलचल की ध्वनि आने लगती थी। उसकी उछल-कूद को मैं कुछ-कुछ देख सकता था।

माँ उठी और नाले के उस क्षेत्र में चली गई जहाँ चाँदनी चटक रही थी। मुझे अपनी आँखों पर विश्वास नहीं आ रहा था। इतनी देर तक मैं मूर्ख क्यों और कैसे बना रहा। वह शेरनी थी और उसके साथ उसके तीन बच्चे थे।

III

शेरनी नाले के तट की छाया में धीरे-धीरे चलती हुई मेरी दिशा की ओर आ गई। उसका एक बच्चा, जो बहुत नटखट था, बीच-बीच में खुले में चला जाता था। कभी-कभी वह पीछे रुक जाता था, और फिर भागकर सबके साथ मिल जाता था। चलते-चलते वे उस स्थान पर पहुँच गए जहाँ नाले का तट कुछ कटा हुआ था और वह पगडंडी, जहाँ से जानवर आते-जाते थे, उस नाले से मिल जाती थी। वहाँ से घास का कुंज शुरू होता था और उसके पीछे जंगल था।

शेरनी घास के क्षेत्र के निकट आकर खड़ी हो गई। उसके बच्चे भी उसके साथ वहीं खड़े हो गए। जिस स्थान पर मैं छिपा बैठा था वहाँ से मैं बिना दिखाई दिए उन्हें ठीक से देख सकता था, क्योंकि वे मुझसे केवल बीस गज दूर थे। एक-दो लम्बे पग लेकर वे रेतीले स्थान पर चले गए। वहाँ छाया कम घनी थी।

वह शेरनी सामान्य शेरनियों से बड़ी थी। वह नौ फुट की होगी। उस जगह से उस पर निशाना आसानी से लिया जा सकता था। मैंने अपनी राइफल उठाई और उसे अपने कन्धे पर लगाया। वह जब बाईं ओर के जंगल को देखते हुए खड़ी थी, उस समय उसका मुँह मेरी ओर था। केवल उसकी गर्दन का थोड़ा सा झुकाव बाईं ओर था। निशाना लेने के लिए मैं इससे अच्छी स्थिति की आशा नहीं कर सकता था। राइफल के घोड़े को हल्का सा दबाने पर मैं उसे वहीं रोक सकता था। परन्तु मुझे उसे मारने की न इच्छा थी और न विचार ही। वह माँ थी; माँ की पवित्र भूमिका निभा रही थी। वह एक रचनात्मक कलाकार के सभी अधिकारों से पूर्ण थी। न मैं उसे मारना चाहता था और न मैं इतना हृदयहीन था कि माँ को मारकर उसके असहाय बच्चों को भूखा मरने के लिए छोड़ देता या लकड़बग्गों और गीदड़ों का शिकार बना देता। मैंने अपनी राइफल कन्धे से उतारी और उसे उसके ठिकाने पर टिका दिया।

शेरनी अपनी अगली टाँगों को अपने सामने फैलाकर धरती पर बैठ गई और अपने पेट को धरती से लगा दिया। उसके बच्चे उसके आसपास खेलने लगे। बिल्ली के बच्चों की भाँति वे एक-दूसरे पर कूद रहे थे और बीच-बीच में माँ की पीठ और गर्दन पर भी चढ़ जाते थे। कभी वे एक-दूसरे का पीछा करते थे, कभी माँ के शरीर से अपना शरीर रगड़ते थे और कभी उसका मुँह चाटते थे। शेरनी भी कभी-कभी उन्हें चाटती थी।

वह दृश्य बहुत ही सुन्दर था। शास्त्रीय कला की परम्पराओं के अनुरूप रचा हुआ एक अत्यन्त रमणीक चित्र था वह। मैं मुग्ध मन से उसे देख रहा था और उस आनन्द में अपनी सुधबुध खो बैठा था। शेरनी के वे तीनों बच्चे टैरियर नस्ल के कुत्ते के बच्चे जैसे थे। उनमें से एक का शरीर भारी था और दूसरे दोनों बच्चों की अपेक्षा उसका सिर भी बड़ा था। सम्भवतः वह नर था। वह बहुत नटखट था। उन बच्चों की आयु एक वर्ष की होगी या उससे कुछ बड़ी। वे इतने बड़े हो चुके थे कि माँ के प्रशिक्षण से वे शिकार करने में उसकी सहायता कर सकते थे। जैसे, शिकार को घेर कर माँ की ओर ले आना या उसकी देखरेख में उसे गिरा कर मारना इत्यादि।

पूर्ण रूप से विकसित होने में शेर के बच्चों को लगभग पाँच वर्ष लग जाते हैं। अपने जीवन के पहले दो-तीन वर्ष वे माँ के साथ व्यतीत करते हैं। माँ भी दो-तीन वर्ष से पहले दूसरी सन्तान को जन्म नहीं देती।

शेरनी का दूध जब बच्चों की भूख मिटाने के लिए पर्याप्त नहीं रहता तो वह बच्चों को मांस खिलाने लगती है; वह पहले उसे स्वयं खाती है और फिर मांस के टुकड़े उगल-उगलकर बच्चों को खाने के लिए देती है। बच्चे जब पाँच-छह महीने के हो जाते हैं, तब वह छोटे जीवों को, जैसे मोर, मुर्गे, चीतल के बच्चे या सूअर के बच्चे का नरम मांस लाकर उन्हें खाने को देती है।

कुछ ही महीनों में माँ जब भोजन की खोज में निकलती है, तो वे भी उसके साथ जाने लगते हैं। वह शिकार करते समय उन्हें अपने पास रहने के लिए प्रोत्साहित करती है। छोटे-छोटे घायल किन्तु जीवित जीव उनके सामने डाल देती है जिससे कि वे उन्हें उछालें, अपने नखों से और घायल करें और चबाएँ। उनका गरम रक्त पीने से उनमें शिकार करने की इच्छा पनपती है।

शेरनी अपने बच्चों को दूसरे वर्ष में भी शिकार करने का प्रशिक्षण देती रहती है, और मैं अपने अनुभवों के आधार पर कह सकता हूँ कि छोटा शिकार करने में उन्हें डेढ़ से दो वर्ष लग जाते हैं। पहले वर्ष में वे जो कुछ सीखते हैं, वह उनके शिकार-कौशल का एक छोटा सा अंश होता है।

शेरनी के बच्चे जब छोटे होते हैं, वे अपनी सहनशील माँ और अपने बहन-भाइयों के साथ बहुत कुश्तियाँ लड़ते हैं। तनिक बड़े होने पर वे झाड़ियों, शाखाओं, पत्तों और अन्य गतिमान पदार्थों के साथ कुश्तियों जैसी हरकतें करने लगते हैं। और अन्त में, उन जीवों पर 'आक्रमण' करते हैं जिन्हें माँ घायल करने या मारने के बाद उनके सामने छोड़ देती है। एक बार मैंने एक शेर के बच्चे को चीतल के बच्चे के शव के साथ खेलते हुए देखा था। मैं एक मनुष्य-घातक शेर की ताक में रातभर एक झरने के पास बैठा था। पास की झाड़ी से एक तरुण शेर निकला। वह मुँह में चीतल के बच्चे का शव लिये हुए था। मेरे सामने नदी का रेतीला स्थल था और उस पर चाँदनी चटक रही थी। उस शेर ने अपनी माँ से शिकार के सम्बन्ध में जो कुछ सीखा था वह उसे दोहरा रहा था। उसने शव को उठाया, अपने कूल्हों पर बैठकर उसे अपने से कुछ दूर उछालकर

फेंक दिया और फिर उस पर ऐसे झपटा जैसे कि वह जीवित हो। वह उस शव पर ऐसे पंजे मार रहा था जैसे बिल्ली मरे हुए चूहे पर हल्के-हल्के पैर मारती है। उसने फिर उस चीतल के मृत शरीर को मुँह में जकड़ा और कुछ ही छलाँगों में झाड़ियों के अन्दर भाग गया।

दूसरे दिन मैंने उसी तरुण शेर को माँ के साथ उसी झरने पर फिर देखा। वे दोनों पकड़-पकड़ाई का खेल खेल रहे थे। बच्चा किसी पेड़ के पीछे छिप जाता था, और जब माँ उसके निकट पहुँचती थी तो वह उस पर झपटता था। वे दोनों धरती पर लुढ़कते हुए एक-दूसरे के पेट पर ऐसे पंजे मार रहे थे मानो वे एक-दूसरे का पेट फाड़ रहे हों। परन्तु वह झपटा-झपटी बहुत हल्की थी। एक बार बच्चे को माँ का पंजा कुछ जोर से लग गया, वह चिल्लाया और रुष्ट होकर झाड़ियों में चला गया।

प्रशिक्षण के इस प्रकार के दृश्य मैंने पहले भी देखे थे। उन प्रशिक्षणों के शिकार मेरे वे कटरे थे जिन्हें मैंने शेर को ललचाने के लिए बाँध रखा था। शेरनी की देख-रेख में उनके बच्चों ने कटरों की गर्दनों को तोड़ने का प्रयास किया और उन्हें बहुत घायल किया। अन्त में माँ ने आगे बढ़कर अपने बच्चों के लिए कटरों की गर्दनें तोड़ दीं।

मैं देख रहा था।

शेरनी अपने सिर को पैरों के बीच रखे हुए और पेट को धरती से लगाए हुए बैठी थी। उसके कान जंगल की उस पगडंडी की ओर लगे हुए थे जो नाले के पार करने के लिए या नीचे खेतों में जाने के लिए जानवरों का रास्ता था। मेरा कटरा सिर नीचे किए बिल्कुल निश्चल बैठा था। वह न अपने कान फटक रहा था और न आँखें झपक रहा था। उसका रंग कुंज के घास जैसा था। वह एक चट्टान की पृष्ठभूमि में बैठा हुआ था। वह बिल्कुल निश्चल था। सम्भवतः वह स्वाभाविक रूप से जानता था कि उस स्थिति में उसी समय तक सुरक्षित है, जब तक वह निश्चल बैठा है।

शेरनी पौराणिक यूनानी कथा के स्फिंक्स की आकृति में बैठी हुई थी। उसके कान जंगल की दाईं ओर लगे हुए थे और आँखें जंगल के पथ पर टिकी हुई थीं। उसके बच्चे भी उसी तरह उसके पास लेटे हुए थे। बड़ा बच्चा कभी-कभी चुपचाप दूर चला जाता था। माँ उसे धीमी किन्तु कठोर गुर्राहट के साथ पुकारकर अपने निकट बुला लेती थी। वह अड़ियल माँ के पास आता था और अपने शरीर को मेहराब बनाकर और दुम को अर्द्धवृत्ताकार आकृति में ऊपर उठाकर अपने शरीर को उसके मुँह के साथ रगड़ने लगता था। माँ कभी-कभी उसके इस व्यवहार के जवाब में उसके शरीर को चाटती थी। किन्तु बहुधा नाराज होकर उसको पंजा मारती थी और अपने पंजे के नीचे दबा लेती थी। तब वह प्रायः उसके मुँह को नोचता था; माँ जब उसे छोड़ देती थी तो वह फिर शरारतें करने लगता था। इसी प्रकार खेलते-खेलते एक बार जब वह अपनी पिछली टाँगों पर नाच रहा था तो अपना सन्तुलन खो बैठा। वह पीठ के बल नीचे गिर पड़ा। इससे पहले

कि वह मूर्ख उठ पाता उसकी बहनों को अवसर मिला और वे उस पर कूद पड़ीं। वह पीठ के बल नीचे पड़ा अपने चारों पंजों को उछाल-उछालकर अपने आपको छुड़ाने का प्रयास कर रहा था। उसे देखकर मुझे हँसी आ गई जिसे मैंने बरबस अपने पेट में दबाए रखा।

वह मूर्ख कभी-कभी माँ से काफी दूर चला जाता था। एक बार वह मेरे बहुत निकट आ गया। उसने मुझे संकटमय स्थिति में डाल दिया। मनुष्य हो या जानवर, जो भी माँ शेरनी और उसके बच्चे के बीच आ जाए, उसके दुर्घटनाग्रस्त हो जाने की पूरी आशंका है। लोगों की सामान्य धारणा के विपरीत, अपने बच्चों के साथ होने पर शेरनी किसी पर आक्रमण नहीं करती। यद्यपि इसमें कुछ अपवाद अवश्य हैं। सामान्यतया वह उस हर जोखिम को टालती है, जो उसके बच्चों के लिए थोड़ा सा भी हानिकर हो सकता है। बच्चों की सुरक्षा उसके जीवन और व्यवहार का प्रथम लक्ष्य होता है। अन्य सब विषय गौण हो जाते हैं।

नाले के तट की छाया के साथ-साथ भागते हुए वह नटखट बेपरवाही से मेरे निकट आ गया था। वह मेरे आगे से होकर आगे जाने ही वाला था जब घास की ऊँची फलकों की हिलती-डुलती छाया ने उसके ध्यान को अपनी ओर आकृष्ट किया। उस समय तेज पवन चल रही थी, और उसी से घास के फलकों के सिरे हिल रहे थे। गतिशील पदार्थ सामान्य रूप से शिकार करने वाले जीव-जन्तुओं के ध्यान को अपनी ओर आकृष्ट करते हैं। जो मनुष्य और जीव उनके सम्मुख आ जाने पर भागने की चेष्टा करते हैं, स्थिर प्राणियों की अपेक्षा उनके संकट में फँस जाने की आशंका अधिक होती है।

वह नटखट तुरन्त नीचे झुक कर उस गतिमान छाया को छिप-छिपकर पकड़ने का प्रयास करने लगा। उसने अपना शरीर झुकाकर लगभग धरती से लगा रखा था। बिना आहट किए वह धीरे-धीरे आगे बढ़कर उस पर आक्रमण करने का प्रयास कर रहा था। उसकी दुम कुत्ते की दुम की भाँति इधर-उधर हिल रही थी और उसके काँपते हुए शरीर पर उसका सिर सीधा तना हुआ था। आसपास की सुधबुध खोकर मैं मुग्ध मन से उसे देख रहा था। अन्त में वह रुका। छलाँग लगाने के लिए अपने आपको तैयार किया और पूरे जोर से छाया पर झपटा। 'मूर्ख कहीं के', मैंने मन-ही-मन कहा और फिर मन-ही-मन दुलार भरी हँसी हँसने लगा।

छाया पर झपटने और उसे पकड़ने के प्रयास में वह वहाँ कुछ समय रुका रहा। तभी माँ ने अधीर स्वर में उसे पुकारा और अपने निकट बुला लिया।

वह वहाँ से चला गया। परन्तु जाते हुए वह नाले में मेरे बाँधे हुए कटरे के आगे से निकला। सम्भवतः कटरे ने घबराकर अपने कान झटके थे या उस नटखट ने स्वयं ही अपने लिए स्वादिष्ट भोजन खोज लिया था। वह वहीं रुक गया। जो भी हुआ हो, उसने मुझे परेशानी में डाल दिया। वहाँ रुककर वह नीचे धरती पर उसी प्रकार झुका जैसे वह घास की गतिमान छाया पर आक्रमण करने के लिए झुका था। परन्तु इस बार वह शिकार की ओर स्वयं आगे नहीं बढ़ा अपितु एक विचित्र आवाज निकाली—धीरे

से म्याऊँ किया। मैंने उसकी माँ को सावधान होकर उसकी ओर आते देखा।

मैं उस पर गोली नहीं चलाना चाहता था परन्तु अपने कटरे के प्राण भी नहीं गँवाना चाहता था। शेरनी धीरे से निकट आई और प्रत्येक बीतते क्षण के साथ मुझे अपने कटरे की मृत्यु निकट आती दिखाई पड़ रही थी। मेरे मन में एक विचार आया, 'मैं क्यों न अपनी उपस्थिति को प्रकट कर दूँ ?' उससे वह डरकर वहाँ से चली जाएगी। मैंने ताली बजाई, परन्तु उससे नया झंझट खड़ा हो गया।

शेरनी एकदम वहाँ रुक गई और एक मूर्ति की भाँति वहाँ स्थिर खड़ी रही। वह उस समय ठोस चट्टान से कटी हुई गौरव और क्रोध की कलाकृति थी। फिर उसने पूरे हठ से गरजना शुरू किया। उसकी गर्जना ने रात्रि को भयंकर बना दिया और मेरे विचारों की शृंखला को एकदम अवरुद्ध कर दिया। रात काँपने लगी। समय रुक गया और मेरे प्राण संकट में फँस गए। क्षणभर के लिए मेरा मस्तिष्क शिथिल पड़ गया। मैंने अपनी स्वाभाविक प्रवृत्ति के अनुसार अपनी राइफल के कुन्दे को पकड़ा और उसे कन्धे पर लगाया। रात्रि के अँधेरे में वह अपनी गर्जना के साथ छिटकी चाँदनी पर अपने क्रोध का वज्राघात करती गई। उसकी गर्जना की प्रचंडता और विस्तार से मैं समझ गया कि वह मुझे डराने और मेरा मनोबल तोड़ने के लिए ही उतना गरज रही थी, क्योंकि मैं अनधिकार उसके पारिवारिक कार्यों में हस्तक्षेप कर रहा था। उसके पूरी निष्ठा से बनाए हुए सुरक्षामय एकान्त की मर्यादा भंग कर रहा था।

मैंने फिर ताली बजाई और थोड़े से समय के बाद उसे दोहराया। इस बार उसके उत्तर में मुझे शेरनी की गर्जना सुनने को मिली। मैंने वहाँ से जाने की सोची, भाग जाने का विचार भी मन में आया। सौभाग्य से मैंने इस खतरनाक विचार को सही समय पर मन से निकाल दिया। मैं अपने आपको कोस रहा था और उस कटरे को भी कोस रहा था जिसने अकारण ही उसके ध्यान को अपनी ओर आकृष्ट किया था। किन्तु मुझे समझ में नहीं आ रहा था कि मैं क्या करूँ। मेरी सहनशीलता जवाब दे रही थी। मैंने अपने आपको बचाने के लिए अपनी राइफल उठाई। परन्तु उसके घोड़े को दबाने का साहस जुटा नहीं पाया। वह माँ शेरनी थी और अपने बच्चों के साथ थी।

मैंने सोचा उसे एक अवसर और देना चाहिए। उसके सामने मैंने जो ताली बजाई थी, सम्भवतः वह उस अपरिचित ध्वनि से ताली बजानेवाले को पहचान नहीं पाई थी। इसलिए मैं यदि खड़ा हो जाऊँ और अपने आपको उसके सामने प्रत्यक्ष कर दूँ तो सम्भवतः वह तिरस्कार के साथ मुझे अपनी लड़खड़ाती हुई टाँगों और धड़कते हुए दिल के साथ वहाँ छोड़कर चली जाएगी।

मैं अपने राइफल को कन्धे पर और अपनी उँगलियों को उसके घोड़े से लगाए हुए वहीं खड़ा रहा। मैं निशाना साधे हुए था। किन्तु गोली चलाना नहीं चाहता था। वह भी मेरी ओर घूरते हुए कुछ समय के लिए वहीं निश्चल खड़ी रही। 'वह क्या करेगी', इसे देखने के लिए मैं बिना आँखें झपके उसे देखता रहा। मेरी उँगलियाँ बन्दूक के घोड़े पर टिकी हुई थीं। उसने अपने अगले पंजों से धरती को नहीं पीटा। जैसे शेर प्रायः

आक्रमण करने से पहले करते हैं।

उसने केवल अपने दाँत दिखाए और जोर से गुर्राई। मैं समझ गया कि वह आक्रमण करना नहीं चाहती। मैंने बन्दूक के घोड़े से उँगलियाँ हटा लीं। वह एक बार फिर गरजी और गर्जना की ऊँची आवाज मेरी बाईं ओर के पहाड़ से टकराकर, रात के मौन को चीरती हुई जंगल में फैल गई। मुझे एक झटका सा लगा और मैंने अपनी उँगलियों को एक बार फिर घोड़े पर टिका लिया। मुझे यह सब करने में क्षणभर भी नहीं लगा होगा परन्तु इतने में ही वह अपने तीनों बच्चों के साथ रात के अँधेरे में लुप्त हो गई।

मैं बुरी तरह से घबराया हुआ था। मैं अपने छिपने के स्थान से बाहर निकला और तनाव की थकान से धरती पर बैठ गया। उस अर्द्धमूर्छित अवस्था में मैं वहाँ कितनी देर तक बैठा रहा था, मैं नहीं जानता।

मैं उठा और शिविर लौट आया। मेरी वह रात बहुत बेचैनी से बीती। सारी रात मेरी आँखों के सामने गरजते हुए तूफानों, धरती को हिलाते हुए भूकम्पों, हाथियों की आक्रमणकारी आवाजों और आक्रमण करते हुए शेरों की भयंकर गर्जना के दृश्य आते-जाते रहे और उन्होंने मेरी नींद में ऐसी व्यग्रता भर दी कि मैं पलभर भी चैन से सो नहीं पाया।

IV

उस वनक्षेत्र में जितने समय के लिए मुझे शिकार खेलने की अनुमति मिली थी वह अवधि खत्म हो रही थी। इसलिए उस पशुघातक शेर का शिकार किए बिना मुझे अपना शिविर उठा लेना पड़ा। तथापि पालतू पशुओं की हत्या करने वाले शेर का शिकार करने का मेरा निश्चय अटल रहा। मैं कई वर्षों तक, समय-समय पर, उस वन में जाता रहा, परन्तु प्रत्येक बार मैंने उसे अपने से अधिक चतुर और सतर्क पाया और मुझे निराश लौट आना पड़ा था।

शेरनी के उन तीन बच्चों में मेरी रुचि बनी रही। मैं जब भी उस क्षेत्र में जाता था, अक्सर मिलने पर उन्हें खोजने और देखने का प्रयास करता था। जंगली जानवरों के आने-जाने वाले रास्तों पर नजर रखता था। सुबह-सुबह सूर्य निकालने से पहले उनके पदचिह्नों का अनुसरण करते हुए मीलों चलता था। मैं उन्हें केवल देखना चाहता था। मैं अपनी चेष्टा में ज्यादातर असफल ही रहा। बहुत कम बार मैं उन्हें दूर से देख सका और चाहने पर भी मैं उनकी तस्वीर नहीं ले पाया।

उस शेर परिवार से मेरी पहली मुलाकात पाखराओ वन में हुई थी। करीब पाँच वर्ष के बाद मेरी अपने उस मूर्ख मित्र से पुनः भेंट हुई। उस समय वह एक युवा शेर था। दुर्भाग्य से मुझे ही उसे मारना पड़ा।

यह घटना राजीवाला फार्म के निकट, बरहापुर रेंज के डामक नामक वन-क्षेत्र की है। वह वन-क्षेत्र कालू शहीद जंगल के समानान्तर स्थित है। इन दोनों के बीच खुश्क

मौसम में चलने योग्य एक पतली-सी सड़क है जो दूर पश्चिम से हरिद्वार को जाती है और इधर-उधर मुड़ती, बलखाती रामनगर, तनकपुर और उससे आगे पूर्वी दिशा में चली जाती है। यह वह वन है जहाँ कवि कालिदास ने ऋषि काणव के आश्रम में उसकी अनुपम सुन्दरी कन्या शकुन्तला की कल्पना की थी जिसने शिकारी राजा दुष्यन्त के मन को मोह लिया था, और कवि को एक अमर काव्य रचने की प्रेरणा दी थी। यह जंगल मुगल बादशाहों के शिकार का भी क्षेत्र था। उन्होंने इसके एक भाग को शिकारगाह का नाम दिया था। अब यह मुख्य रूप से कृषिभूमि है जो अलग-अलग विस्तार और आकार के खेतों में बँटी हुई है। इन हरे-भरे खेतों के बीच जहाँ-तहाँ खुजलीग्रस्त पशुओं की त्वचा के सदृश भद्दे और नंगे क्षेत्र भी दिखाई पड़ते हैं।

इसी क्षेत्र में, एक खेत के निकट, मेरी अपने मूर्ख मित्र से भेंट हुई, और उसकी बहुत दुखदायी हरकतों की बातें सुनने को मिलीं। अप्रैल का महीना था। मैं वहाँ शिकार खेलने गया था। वहाँ के निवासियों ने अपने स्वभाव के अनुसार खुले दिल से मेरा स्वागत और अतिथि-सत्कार किया। आर्थिक दृष्टि से वे लोग बहुत निर्धन थे तथापि मन से धनी थे। अपने अतिथि-सत्कार में उन्होंने मेरे सामने वह सब रख दिया जो उनके पास था। उनका विशिष्ट जन एक वृद्ध निर्धन राजपूत था। उसे संकटमयी निर्धनता ने घेर रखा था। तथापि दूसरों के आदर-सत्कार में सबकुछ न्योछावर कर देना उसका स्वभाव था। उस बहादुर वृद्ध का नाम ठाकुर अमर सिंह था। लोग उसे प्यार से भाई साहब कहते थे। वह केवल आर्थिक कठिनाइयों से ही पीड़ित नहीं था, वह लकवे के अनुप्रभाव से भी पीड़ित था जो उसे युवावस्था में हुआ था। बोलने में वह हकलाता था, चलते हुए डगमगाता था, और उसका एक हाथ लगभग निष्क्रिय था। परन्तु हार न मानने वाली राजपूती आत्मा ने उसकी शारीरिक कठिनाइयों पर विजय प्राप्त कर रखी थी। उसे शिकार का पीछा करने में विशेष रुचि थी। वह उस क्षेत्र का एक बहुत अच्छा हँकारा था और जंगल की प्रत्येक झाड़ी और पेड़ को जानता था।

वह उस क्षेत्र के प्रत्येक शेर को जानता और पहचानता था। उनके व्यवहार की विलक्षणताओं और शारीरिक आकार तथा गठन को भी अच्छी तरह से जानता था। जंगली जानवरों के पदचिह्नों का अध्ययन करना उसका शौक था। अपनी इस कला को उसने ठीक एक विज्ञान की भाँति विकसित कर रखा था। जानवरों के पदचिह्नों को देखकर वह उनकी आयु, शारीरिक गठन, और लिंग बता सकता था, और यह भी बतला सकता था कि वे जानवर वहाँ से कब निकले थे।

शिविर की व्यवस्था करने से पहले मैं भाई साहब का अभिवादन करने के लिए उनकी झोंपड़ी में गया जो वहाँ से एक-डेढ़ मील दूर थी। मैं उनसे यह भी जानना चाहता था कि उस समय उस क्षेत्र में कितने शेर थे। इस सामान्य जानकारी के साथ मैं पशुघातक शेर के विषय में भी पूरी जानकारी प्राप्त करना चाहता था, और पाखराओ स्रोत के अपने पुराने मित्र के विषय में जानने की भी मुझे उत्कंठा थी।

उनसे मुझे पता चला उस समय उस मूर्ख की माँ अपने चार नए बच्चों की सन्तान

के साथ थी। पहले तीनों बच्चे माँ से अलग होने के बाद कुछ समय तक इकट्ठे रहे और इकट्ठे शिकार करते रहे। उनमें से एक मादा को एक बन्दूक चलाने के शौकीन शिकारी ने उस समय अकारण मार डाला जब वह कुंड के पास खड़ी मेंढक पकड़-पकड़कर खा रही थी। दूसरी मादा सम्भवतः अपने लिए साथी की खोज में वहाँ से दूर चली गई थी। उसके विषय में उन्हें कोई जानकारी नहीं थी। मेरा मित्र पूरा विकसित शेर था, बहुत सुन्दर था और उसी क्षेत्र में रहता था। उसने अपनी असामान्य हरकतों से उस क्षेत्र में उत्पात मचा रखा था। वह अपने भोजन के लिए जंगली जानवरों का पीछा करने के स्थान पर पालतू जानवरों पर प्रहार करता था। उसकी इस असामान्य आदत ने आसपास के रहने वालों के लिए संकट पैदा कर रखा था।

मैं उसकी इस अस्वाभाविक और भद्दी विलक्षणता को सुनकर चकित रह गया। सामान्य रूप से युवा शेर बस्तियों से दूर रहते हैं। वे जंगली जीवों पर निर्वाह करते हैं। वृद्ध या बहुत भारी हो जाने के कारण जब वे तेजी से भागने में असमर्थ हो जाते हैं, तो वे जंगल के तीव्र गति से भागने वाले जानवरों को पकड़ नहीं पाते। फिर वे पालतू पशुओं पर आक्रमण करने लगते हैं। परन्तु उस युवा शेर का ऐसा करना बहुत कष्टकारी था।

उसकी इस भद्दी आदत ने उसे सबकी घृणा का पात्र बना रखा था। इसके अतिरिक्त, उसके मनुष्य-घातक हो जाने की भी आशंका बढ़ रही थी जो आगे चलकर उसे नरभक्षक भी बना सकती थी।

दूसरे दिन हम उन गड़ेरियों के साथ जंगल में गए जो अपने पशुओं को घास चराने के लिए जंगल में ले जाया करते थे। भाई साहब भी हमारे साथ गए। हमारे अनुरोध पर गड़ेरिए अपने पशुओं को जंगल के भीतर वहाँ तक ले गए जहाँ उसके होने की सम्भावना थी।

हम दोपहर तक पशुओं के साथ जंगल में रहे किन्तु वह मुझे दिखाई नहीं पड़ा। मुझे इसका बुरा नहीं लगा। मैंने सोचा कि उसे शायद समझ आ गई है और अब मुझे उसे मूर्ख कहना छोड़ना पड़ेगा जैसाकि मैं कई वर्षों से उसे कहता आया था।

दिन ढलने लगा और पशुओं की वापसी का समय आ गया। गड़ेरिए अपने-अपने पशुओं को जंगल से बाहर निकालने लगे। मुझे भी भूख लगी थी। मैंने भाई साहब को भी शिविर में वापस चलने को कहा और वे सहमत हो गए। हम उन्हीं नदी-नालों के रास्ते से वापस लौटने लगे जहाँ एक दिन पहले हमने उसके पदचिह्न देखे थे।

उसके पदचिह्नों से यह स्पष्ट था कि वह शेर युवा था, लगभग नौ फुट लम्बा। वह भारी शरीर का भी नहीं था। उसका वजन 300 से 325 पौन्ड के अन्दर था। उसके पदचिह्नों को अच्छी तरह से देखने के बाद मैंने भाई साहब से कहा कि हमें उस युवा शेर का शिकार करने का विचार छोड़ देना चाहिए। वह इतना छोटा था कि एक निर्बल और भूख से पीड़ित बैल को मारने योग्य भी नहीं था, और सम्भवतः उसमें कुछ और शक्ति आ जाने पर, वह अपनी इस बुरी आदत को छोड़ दे और जंगली जानवरों का

शिकार करने लगे।

भाई साहब सद्विचारी शिकारी थे। स्वभाव से जंगली जानवरों को प्यार करते थे। परन्तु वे मेरे इस विचार से सहमत नहीं हुए। वह उसे मारने के निश्चय पर स्थिर थे, क्योंकि उसके द्वारा की गई पशुओं की हत्याओं से गाँववालों को केवल असहनीय हानि ही नहीं पड़ रही थी, उसके नरभक्षक हो जाने की आशंका भी दिनोंदिन बढ़ रही थी।

नरभक्षक शेर अन्य शेरों की अपेक्षा सामान्यतया अधिक सतर्क और सावधान होता है। सम्भवतः उसके नरभक्षक हो जाने का कारण शिकारी का गलत निशाना होता है, जो उसे अपंग कर देता है जिससे वह भागदौड़ कर अपने शिकार को पकड़ने में अक्षम हो जाता है। शेर के नरभक्षक हो जाने का केवल यही एक कारण नहीं है। कभी-कभी पालतू पशुओं पर आक्रमण करते-करते उसका साहस इतना बढ़ जाता है कि उसकी मनुष्य पर प्रहार करने की स्वाभाविक हिचकिचाहट जाती रहती है, और वह चरवाहों पर भी आक्रमण करने लगता है। यह जान लेने पर कि गाय-बैल पर आघात करने की अपेक्षा मनुष्य को मार लेना कहीं अधिक सुगम है, वह मनुष्य-घातक हो जाता है और कुछ नरभक्षक भी बन जाते हैं।

मुझे तब भी अपने उस मित्र को मारने की इच्छा नहीं थी। मैंने उसे बचपन से देखा था और पिता की भाँति उसके विकास में रुचि ली थी। परन्तु भाई साहब का मत भिन्न था। वह स्वभाव से कम बोलने वाले थे। उन्हें चुप रहना पसन्द था। परन्तु इस विषय पर वे इतने बल और तर्क से बोल रहे थे कि मेरे पास उसे मारने के अतिरिक्त कोई अन्य विकल्प नहीं रहा। मुझे अपनी भावुकता को त्यागकर उनके मानवीय तर्क के सामने झुकना पड़ा।

V

दूसरे रोज सुबह होते ही, हर रोज की भाँति, भाई साहब अपनी गाय का दूध लेकर हमारे शिविर में आए। एक गाय और थोड़ी सी कृषिभूमि के अतिरिक्त उनकी कोई और धन-सम्पत्ति नहीं थी।

हम दोनों ने जल्दी से एक-एक प्याला चाय पी। अपने मूर्ख मित्र, पशुघातक शेर से मिलने की आशा में मैंने गड़ेरियों के साथ जंगल में जाने की इच्छा व्यक्त की। अपने इस सुझाव के प्रति भाई साहब को उदासीन देखकर मुझे अचम्भा हुआ। उन्होंने मुझे वहीं बैठे रहने और आराम करने को कहा। मैं असमंजस में पड़ गया। यही व्यक्ति कल तक शेर के नरभक्षक हो जाने की आशंका पर बल देते हुए, मानवता के नाते मुझे उसे मारने के लिए प्रेरित कर रहा था, और आज उसका पीछा करने से रोक रहा है। क्यों ? ...मैं समझ नहीं पाया।

उनके सुझाव पर ध्यान न देते हुए मैं उन्हें शिविर में छोड़कर गड़ेरियों और अनेक पशुओं के साथ जंगल में चला गया। मैं उनके साथ बहुत देर तक एक स्थान से दूसरे

स्थान घूमता रहा, और उन्हें और पशुओं को जंगल में, और अन्दर ले जाने के लिए प्रोत्साहित करता रहा। मैं उनके साथ उस समय तक घूमता रहा जब तक मैं भूख और थकान से हार नहीं गया। अपनी आशा को विफल होते देखकर मैं हताश हो गया। मैंने वापस लौट आने का निश्चय किया। वहाँ से चलने से पहले मैंने गड़ेरियों को सुझाव दिया कि यदि शेर ने उनके किसी पशु पर आक्रमण किया तो न तो वे डराकर उसे उसके शिकार से दूर भगाएँ और न ही उसके शिकार को उठाकर गाँव में लाएँ। अर्थात् वे उसे उसी स्थान पर उसी तरह छोड़ दें।

मैं थका हुआ था; लँगड़ाता हुआ शिविर लौट आया। तीन बज चुके थे। उन्होंने शान्त भाव एवं कुछ इने-गिने शब्दों में कहा कि शेर ने डेढ़ मील की दूरी पर एक गाय को मार डाला है। इसलिए वहाँ तुरन्त जाना है। उन्होंने यह भी कहा, 'देरी हो चुकी है, इसलिए समय नष्ट न करो, वहाँ तुरन्त जाना जरूरी है।'

मैं उसी समय जंगल के लिए चल पड़ा। भाई साहब आगे-आगे चल रहे थे। उन्होंने थोड़े से शब्दों में बताया कि बारह बजे के करीब शेर एक झाड़ी से निकला और गाय पर झपट पड़ा। वह गाय अकेली घास खा रही थी। वहाँ न कोई चरवाहा था और न पशुओं का झुंड ही जो उस शेर को डराकर भगा देता। संयोग से उन्होंने यह सब होते हुए देखा था और उन्हें यह विश्वास था कि शेर ने उसे मार ही डाला होगा।

हम वहाँ शाम के चार बजे पहुँचे और बहुत सावधानी से उस स्थान की ओर जाने लगे जहाँ गाय थी। वह स्थान लम्बा-चौड़ा और समतल था। तश्तरी की भाँति उसके किनारे कुछ उठे हुए थे और बीच में वह थोड़ा सा गहरा था। वह स्थान साल के ऊँचे वृक्षों से घिरा हुआ था। परन्तु वे वृक्ष घने नहीं थे और न ही उनके नीचे झाड़ियाँ थीं। बीच में एक सूखा नाला था, दस गज चौड़ा और तीन गज गहरा। वह अजगर के ऐंठे हुए शरीर की भाँति दिखाई दे रहा था।

हम दक्षिण की ओर से उस नाले पर पहुँचे और वहाँ से ऊपर उस स्थान की ओर जाने लगे जहाँ भाई साहब ने शेर को गाय पर झपटते हुए देखा था और गाय को पीड़ा से कराहते हुए सुना था। वहाँ पहुँचने के लिए हमें अभी एक फर्लांग और चलना था। वह सारा रास्ता हम धीरे-धीरे चुपचाप बिना आहट किए चलते गए। वहाँ न शेर था और न मृत गाय ही।

गाय जीवित थी। वह नाले के किनारे के सहारे बैठी हुई थी। उसकी गर्दन के दोनों ओर घाव थे जिनसे खून रिस रहा था। उसके दोनों कन्धों की अस्थियाँ जोड़ों से बाहर निकल आई थीं। वह बेचारी बहुत कष्ट में थी। उसकी टाँगें पीछे को मुड़ी हुई थीं और गर्दन आगे धरती पर टिकी हुई थी। हमारे पहुँचने पर उसने बहुत कष्ट से अपनी गर्दन उठाई और वेदना भरी गीली आँखों से हमारी ओर देखा। उसकी आँखों में उसकी असह्य पीड़ा झलक रही थी। उसने उस पीड़ा से मुक्ति पाने के लिए एक लम्बी याचना भरी असह्य और पीड़ा भरी दृष्टि से हमारी ओर देखा। मैं अपनी बन्दूक उठाने ही वाला था कि भाई साहब ने सिर हिलाकर मुझे मना कर दिया। वे एक मूठ घास लेकर आए और

उसके पास बैठकर उसे घास खिलाने की चेष्टा करने लगे परन्तु गाय ने घास नहीं खाई। उसका जबड़ा हिल नहीं रहा था। वह टैट्नस के रोगियों की तरह जकड़ा हुआ था।

मेरी घड़ी में पाँच बज चुके थे। हमारे पास समय बहुत कम था। मैंने बैठने के लिए इधर-उधर देखा पर ऐसा कुछ नजर नहीं आया जहाँ मैं छिपकर बैठ सकता था। लेकिन जहाँ गाय बैठी थी वह स्थान नाले के टेढ़े-मेढ़े मोड़ों की आड़ में था। एक ही दिशा खुली थी और शेर के आने की सम्भावना उसी ओर से थी।

उसके सामने एक पुराने बूढ़े पेड़ का छह फुट ऊँचा ठूँठ था। वह ऊपर से दो खंडों में बँटा हुआ था। मैं उस पर चढ़कर उन दो खंडों के बीच बैठ गया। अपनी जंगल की टोपी को बेल-पत्तों से ढक लिया और जैकेट पर भी कुछ बेल-पत्ते लगा लिये। अपने आपको यथासम्भव ढक-ढकाकर मैंने अपनी .375 स्कोपवाली एच.एच. मैग्नम राइफल के सेफ्टी कैच को ढीला किया और भाई साहब को गाँव लौट जाने का इशारा किया।

मुझे वहाँ बैठे अभी पन्द्रह मिनट भी नहीं हुए थे कि मेरे सारे शरीर में चींटों के काटने की जलन होने लगी। सैकड़ों जलती हुई गर्म सुइयाँ शरीर में चुभने लगीं। उन्होंने मेरे शरीर के किसी भाग को नहीं छोड़ा। वह चुभन प्रत्येक क्षण अपने विस्तार और तीव्रता में बढ़ती ही गई। आग की ठोस जिह्वा की तरह वह मुझे सिर से पैर तक चाट रही थी। अपने इस अत्यन्त कष्टकारी अनुभव के कारण को जानने के लिए मैंने इधर-उधर देखा तो पता चला कि मैं लाल चींटियों की बॉबी पर बैठा हुआ था। सहस्रों चींटियाँ मेरे ऊपर चढ़ी हुई थीं। मेरे सारे शरीर पर इधर-उधर रेंग रही थीं। वे मेरे वस्त्रों के नीचे और मेरी त्वचा और कच्छा-बनियान के बीच सरक रही थीं। मैं कुछ नहीं कर सकता था; मुझे इस भय से निश्चल बैठे रहना था कि मेरे हिलने-डुलने से शेर को मेरी उपस्थिति का कहीं आभास न हो जाए। शेर के आने का समय हो चुका था। वह किसी भी क्षण वहाँ आ सकता था। कुस्वप्नों के क्षणों की भाँति समय धीरे-धीरे बीत रहा था। मेरा मन सबकुछ छोड़कर उठ जाने को कर रहा था। अपनी बची हुई त्वचा को बचाने के लिए मैं अपने कपड़े उतारना चाहता था। मैं यह करने ही वाला था कि मुझे अपने पिता के उस समय के अनुभव की याद आ गई जब मैं बहुत छोटा था और गुलेल से शिकार किया करता था।

वे एक दिन तेंदुए के शिकार के लिए बैठे हुए थे जिसने उनके सबसे प्यारे कुत्ते को मार डाला था। बरसात का मौसम खत्म हो रहा था। वे जिन झाड़ियों में छिपकर बैठे थे वहाँ असंख्य कीड़े-मकोड़े थे। एक बिच्छू उनके जूते में घुस गया और उनके पैर को काटा। वे जब अपनी उँगलियाँ हिलाते बिच्छू उन्हें डंक मारता। उन्होंने घंटों तक वह पीड़ा सही और तेंदुए के आने की प्रतीक्षा करते रहे, और अन्त में उस पर सफल निशाना ले लिया। उस समय तक उनका पाँव इतना सूज गया था कि पैर को जूते से बाहर निकालने के लिए जूता काटना पड़ा था।

बचपन की उस याद ने मुझे सहनशक्ति दी, और मैं दर्द और चुभन को सहते हुए वहीं बैठा रहा। अपने सूजे हुए होंठों को अपने दाँतों से दबाकर मैं वह दर्द और पीड़ा

सहता रहा। मेरी साँसें दबी सिसकियों में बदल चुकी थीं। एक घंटा और बीता, और उसके साथ मेरी सहनशक्ति का भी अन्त हो गया। मेरे मन में आया, 'भाड़ में जाए यह शेर और परोपकार की भावना', और मैं अपने स्थान से नीचे उतर आया।

मैं अपनी राइफल को ठूँठ से टिकाया और अपने सब कपड़े उतारकर जमीन पर फेंक दिए। कपड़ों को उतारने के बाद उन पुष्ट चींटियों को त्वचा से अलग करने के लिए हाथ-पाँव चलाने लगा। सूजी हुई फफोलों से भरी मेरी त्वचा गैंडे की खाल जैसी हो गई थी।

मैं नंगा खड़ा था और पूरे ध्यान से उन दुखदायी चींटियों से छुटकारा पाने के लिए हाथ-पाँव चला रहा था। मुझे अपनी सुधबुध नहीं थी। बिना वस्त्र खुले स्थान में खड़ा मैं पापमोचन स्थान से भागा हुआ पापी लग रहा था, और हाथ-पाँव चलाता हुआ पूरा बावला। मैं खुजली से भरे कुत्ते की तरह अपनी त्वचा को खुरच रहा था। मैं किसी प्रकार से भी निश्चल नहीं था जैसाकि शेर के शिकार के लिए नितान्त आवश्यक है। और, तभी मुझे गाय के कराहने से शेर के आ जाने का पता चला।

गाय के कराहने की आवाज सुनते ही जैसे मैंने अपनी राइफल को उठाने के लिए हाथ फैलाया, मैं देखकर स्तब्ध रह गया कि शेर गाय के शरीर पर खड़ा था। उसकी दुम मेरी ओर थी। वह जीवित गाय को उसके पिछले भाग से खा रहा था। उसने मुझे वे सब छिछोरी हरकतें करते देखा होगा। परन्तु अपनी जवानी के पहले साहस में उसने मेरी उपस्थिति की तनिक भी परवाह नहीं की। वह अपने शिकार को जोर-शोर से खा रहा था। मुँह में कच्चा मांस भरे उसने मेरी ओर मुड़कर देखा और निशाना लगाने का उत्तम स्थान मेरी ओर कर दिया। मैंने अपनी राइफल कन्धे से लगाई और स्कोप में उसका सिर और गर्दन दिखाई दिया। उसके सिर की जड़ का निशाना साधकर मैंने राइफल का घोड़ा दबा दिया। राइफल चली और शेर गाय के शरीर पर गिर पड़ा और तुरन्त मर गया। उसकी दुम का अन्तिम छोर तक नहीं हिला। मेरी राइफल की 300 ग्रेन की गोली, जिसकी रफ्तार 2500 फुट प्रति सैकेंड थी और 4300 फुट पाउंड की शक्ति, वह सीधी उसकी गर्दन में लगी थी। इससे पहले कि उसे पता चलता कि उसके साथ क्या हुआ था, वह मर गया था।

स्थिति स्पष्ट होने की प्रतीक्षा में मैं कुछ समय तक वहीं खड़ा रहा। फिर उनके कुछ निकट जाकर गाय पर गोली चला दी और उसे असहनीय पीड़ा से मुक्त कर दिया। शेर नौ फुट एक इंच लम्बा था। यह लम्बाई सामान्य है। उसका शरीर पूरा भरा हुआ था। मुझे उसे मारने का दुख हो रहा था। मेरे मन में जहाँ उसके लिए प्यार था वहीं खालीपन आ गया। मैंने जब से पखराओ में उसे पहली बार देखा था, मैं उसके विषय में सोचा करता था। विशेषकर उसके विकास के सम्बन्ध में। उसे देखने के लिए मैं इस जंगल में बार-बार आया था, और अब मुझे यह जंगल सूना-सा लगने लगा, और मैंने अपने भीतर एक पीड़ादायक कसक अनुभव की।

ग्रीस के दुखान्त नाटकों की भाँति इस घटना में निहित श्रेष्ठ भाव और उच्च आदर्श

उस समय उजागर हुए जब दूसरे दिन गाँव के एक लड़के ने बतलाया कि वह गाय भाई साहब की थी। वही गाय उनकी पूरी पूँजी थी जिसे उन्होंने दूसरों के जीवन और माल की सुरक्षा के लिए शेर के सम्मुख डाल दिया था।

भाई साहब निर्धन, अशिक्षित और शारीरिक रूप से अपंग थे। वे अंहकार से बहुत दूर थे। सीधे-सादे एक देहाती थे। परन्तु वे मन से बहुत धनी थे। उनका हृदय बहुत विशाल था और स्वभाव से विनीत और शालीन भी थे। उनके मन की उदारता, व्यवहार की शिष्टता और विचारों की शुद्धता मेरे जीवन के आदर्श थे, और अपने शहरी जीवन के खोखलेपन में मेरे पास उन्हें बदले में देने के लिए कुछ भी नहीं था—धन्यवाद का शब्द भी नहीं। उनके सन्दर्भ में यह शब्द बहुत ही हल्का, बेसुरा और बेतुका था।

वह बच निकला

कहते हैं कि बिल्ली एक जन्म में नौ जीवन जीती है। अर्थात् वह एक नहीं अनेक बार मृत्यु के मुँह से बच निकलती है। साधारण बिल्लियों के सम्बन्ध में यह कहाँ तक सही है, मैं नहीं जानता परन्तु एक शेर के बारे में मैं विश्वास के साथ कह सकता हूँ कि वह एक बार नहीं, अनेक बार मौत के मुँह से साफ बच निकला था। चार वर्षों की अवधि में मैंने जब भी उस पर निशाना लगाने की कोशिश की, वह मुसकराकर हमारी हँसी उड़ाता हुआ साफ बच निकला।

वह शेर बहुत बड़ा और मोटा-ताजा था। वह बूढ़ा हो रहा था, इसका प्रमाण उसके पदचिह्न थे। उसके पदचिह्नों में दरारें थीं और सिकुड़न के निशान भी दिखाई देते थे। उसके पैर बड़े थे, ऊँट के बच्चे जितने बड़े। उसकी लम्बाई दस फुट से कम नहीं थी और कमर का दायरा भी अपेक्षाकृत बड़ा था। वह भारी शरीर का था। उसका वजन इतना अधिक था कि अच्छी पक्की धरती पर भी उसके पैरों के निशान बन जाते थे। नरम और रेतीली धरती पर उसके पदचिह्न तश्तरी जैसी गहरे दिखाई पड़ते थे। मैंने उसके पदचिह्नों को पिछली बार धौलखंड-नाले की सूखी धरती पर देखा था।

कुमाऊँ की पहाड़ियाँ जहाँ खत्म होती हैं, वहीं से धौलखंड-नाला शुरू होता है। वहाँ पर उसका आकार और विस्तार बहुत छोटा है। परन्तु जैसे-जैसे वह आगे बढ़ता है, उसका फैलाव बढ़ता जाता है। बरसात में उसका वेग और विस्तार बहुत बढ़ जाता है। कालागढ़ के सुरक्षित वन तथा लैंड्स डाऊन डिवियन से बाहर आ जाने के बाद वह बराहपुर की कृषिभूमि और घास के क्षेत्रों में से होते हुए, बिजनौर पहुँचने तक एक अच्छा बड़ा दरिया बन जाता है।

मन्दिरों के पुजारियों की भाँति पशुघातक शेर आराम पसन्द होते हैं। परन्तु पुजारियों की तरह उनका यह व्यवहार परम्परागत नहीं होता। पशुघातक शेरों के पूर्वज पशुघातक नहीं होते। पहले ये भी अन्य सामान्य शेरों की भाँति अपना निर्वाह जंगली जानवरों को मार कर करते हैं। लेकिन आयु के बढ़ जाने से या कुछ विशेष परिस्थितियों के कारण वे पशुघातक बन जाते हैं और जंगल के पास की उन बस्तियों में रहने लगते हैं जहाँ पशुपालन का काम किया जाता है। वे जंगल में वहाँ वास करते हैं जहाँ चरागाह निकट हो; उन्हें पीने के लिए पानी और विश्राम के लिए सुरक्षित स्थान मिल सके। उन्हें इस बात की चिन्ता नहीं होती कि मनुष्यों का निवास स्थान उनके आवास से निकट

है। जब तक मनुष्यों की गतिविधियों से उनके एकान्त और विश्राम में बाधा नहीं पड़ती वे उनके प्रति निश्चिन्त रहते हैं।

सामान्यतः पशुघातक तथा नरभक्षक शेरों को अलग-अलग वर्गों में नहीं बाँटा जा सकता। मूल रूप से वे एक-दूसरे से भिन्न नहीं होते; जीवन की परिस्थियाँ कुछ शेरों को पशुघातक और कुछ को नरभक्षक बना देती हैं। अर्थात् सामान्य शेरों, पशुघातक शेरों और नरभक्षक शेरों में वर्ग के अनुसार कोई निजी विशेषता नहीं होती। यह तो उनकी परिस्थितियाँ हैं जो उनकी आदतों और स्वभाव में परिवर्तन पैदा कर देती हैं।

सामान्य शेरों की तुलना में पशुघातक शेर बड़े, भारी शरीर के और आलसी स्वभाव के होते हैं। शेरों को अपना आहार उपलब्ध करने के लिए बहुत परिश्रम करना पड़ता है। अपने भोजन की खोज में उन्हें जंगल में बहुत दूर-दूर तक भ्रमण करना पड़ता है। तीव्र गति से भागने बाले जीव-जन्तुओं का पीछा करने में उन्हें भी तेज भागना पड़ता है और उन पर आक्रमण करने में भी बहुत शक्ति लगानी पड़ती है जबकि पशुघातक शेर को यह सब नहीं करना पड़ता। वह जंगल के किनारे पर किसी सुरक्षित स्थान में बैठकर भूली-भटकी गाय या भैंस की प्रतीक्षा करता है। जब वह उसके निकट आ जाती है, तो वह उस पर आक्रमण करता है। भोजन को इस प्रकार प्राप्त कर लेने के पाँच-छह दिन बाद वह फिर दूसरे भोजन की खोज करता है। शेर गाय या भैंस का मांसाहार ही नहीं करता, वह किसी भी जानवर को खा सकता है। बकरे, सूअर, चीतल और साम्बर का मांस भी उसके लिए उतना ही सन्तोषजनक है। वास्तव में वह भोजन के विषय में नखरेबाज नहीं है। वह मोर, बन्दर, बड़ी छिपकली तथा मेंढक के मांस का भी सेवन करता है। मांस के रूप में वह कुछ भी खा सकता है—गला, सड़ा और कीड़ों से भरा हुआ मांस भी।

मैंने उस बड़े शेर के पदचिह्न पहली बार धौलखंड-नाले के उस क्षेत्र में देखे थे जहाँ से वह नाला कृषिभूमि में प्रवेश करता है। वहाँ के लोगों ने उन्हें कालू शहीद के कुख्यात पशुघातक शेर के पदचिह्न कहा था। उनका कहना था कि वह बस्तियों के निकट रहता है, इसलिए उसे मनुष्यों को देखने की आदत पड़ गई है, और वह मनुष्यों से नहीं डरता। उन्होंने उसे बहुत चालाक और कपटी भी कहा था। उन्होंने मुझे भी बतलाया था कि उसने एक दिन भरी दोपहर में, दिन के लगभग तीन बजे एक बस्ती में घुसकर घर के आँगन में बँधी हुई दो भैंसों को मार डाला था। लोगों के चिल्लाने और शोर मचाने से वह डरा नहीं, बल्कि उन पर गुर्राया और आराम के साथ एक भैंस के शव को घसीटकर पास की झाड़ियों में ले गया जहाँ बैठकर उसने निधड़क भरपेट भोजन किया।

फरवरी का महीना था। मेरे एक मित्र ने शिकार खेलने के लिए कालू शहीद जंगल के एक ब्लॉक को आरक्षित कर रखा था। उसके आग्रह पर मैं भी उसके साथ वहाँ शिकार खेलने के लिए गया। मेरे उस मित्र का नाम डॉक्टर प्रसाद है। वे इतिहास के विशेषज्ञ हैं और वैज्ञानिक रीतियों द्वारा परिस्थितियों तथा तथ्यों का विश्लेषण करने में विशेष कुशल हैं। उन्होंने शिकार को भी वैज्ञानिक विश्लेषण का विषय बना रखा था।

वह स्वभाव से कल्पनाशील हैं, जंगलों, जंगली जानवरों, उर्दू की कविताओं और ग़ज़लों तथा अस्त्र-शस्त्रों से उन्हें विशेष प्यार है। बहुत समय से वे शिकार खेलने के लिए मुझे अपने साथ ले जाना चाहते थे। उनके पास केवल एक सप्ताह का समय था। हम दिल्ली से कार में एक सौ सत्तर मील का सफर करने के बाद कालू शहीद के उस वन-ब्लॉक में पहुँच गए जो हमारे लिए आरक्षित था। उस समय उस पशुघातक शेर ने आसपास के खेतों और बस्तियों में तबाही मचा रखी थी।

उस शेर की विशेषताओं, आदतों और स्वभाव को समझने तथा जंगल से उसके आने-जाने वाले रास्तों का पता लगाने के लिए हम तीन दिन उस जंगल का भ्रमण करते रहे। दो-तीन स्थानों पर हमने उसे ललचाने के लिए पशु भी बाँधे, उस पर घात लगाने के लिए हम कुछ सम्भावित स्थानों पर भी बैठे, परन्तु वह चालाक शेर न हमें दिखाई पड़ा और न ही उसने किसी पशु पर प्रहार किया। हमें ऐसा कोई भी संकेत नहीं मिला जिसके आधार पर हम यह अनुमान लगा सकते कि उसे हमारी उपस्थिति का पता लग गया था।

वह वन-ब्लॉक बहुत ही अच्छा था, शिकारियों के लिए अनुपम। शिकारी उससे अधिक अच्छे वन-ब्लॉक की कल्पना भी नहीं कर सकते। हम तीन दिन, सुबह से शाम तक दो बावलों की तरह या खोए हुए व्यक्तियों की भाँति जंगल में भटकते रहे। परन्तु उसकी आदतों और गतिविधियों के बारे में कोई भी जानकारी हासिल नहीं कर पाए। मुझे विश्वास है कि हम एक नहीं, अनेक बार उसके छिपने के स्थान के पास से निकले होंगे। उसने भी हमें देखा होगा। हमें पसीना पोंछते हुए और जंगल में भटकते हुए देखकर वह हमारी परेशानी पर मन-ही-मन हँसा भी होगा।

उस क्षेत्र में और भी शेर थे। तीन शेरों के सम्बन्ध में हमें जानकारी मिली थी। उनमें से एक ने हमारे बाँधे हुए कटरे को मार भी डाला था, और उसके शव को एक फर्लांग दूर बेंतों की झाड़ियों में घसीटकर ले गया था। परन्तु उसके पदचिह्न उस शेर के नहीं थे जिसकी हमें तलाश थी। वे पदचिह्न एक छोटे शेर के थे जिसकी आयु छह-सात वर्ष की होगी। कटरा एक मजबूत रस्सी के साथ खूँटे से बँधा हुआ था और वह खूँटा मज़बूत रस्सी के साथ जमीन में गड़ा हुआ था। रस्सी उसकी अगली टाँग की टखनी से बँधी हुई थी।

कटरे शेर को ललचाने के लिए बाँधे जाते हैं। रस्सी से बाँधने के कई तरीके हैं। जैसे—

रस्सी को उसकी अगली टाँग की टखनी से बाँधना : रस्सी को अगली टाँग की टखनी से कुछ ऊपर बाँधा जाता है। रस्सी का मजबूत होना बहुत जरूरी है, जिससे कि वह डरकर रस्सी तुड़ाकर भाग न सके। लेकिन रस्सी इतनी मजबूत भी नहीं होनी चाहिए कि शेर पशु को मारने के बाद उसकी रस्सी को तोड़ न सके। रस्सी के बहुत मजबूत होने पर शेर उस पर प्रहार करने के बाद, रस्सी तोड़कर उसके शव को दूर नहीं ले जा सकेगा। उस अवस्था में वह शव वहीं खुला पड़ा गिद्धों और गीदड़ों की नजर से बच नहीं पाएगा और वे कुछ ही घंटों में उसके मांस को खाकर उसकी हड्डियाँ साफ कर

देंगे। परिणामस्वरूप शेर के वहाँ पर लौटकर आने की सम्भावना ही खत्म हो जाएगी।

रस्सी लम्बी और ढीली भी नहीं होनी चाहिए। ढीली रस्सी उसकी टाँगों में उलझकर उसे जमीन पर गिरा सकती है। इसलिए रस्सी केवल उतनी लम्बी होनी चाहिए कि वह बिना उलझे आराम के साथ उठ-बैठ सके।

रस्सी को गर्दन से बाँधना : कटरे के गले में रस्सी बँधी देखकर शेर प्रायः उस पर आक्रमण नहीं करता। अपने अनुभवों के आधार पर अधिकांश शेर इतने चतुर होते हैं कि वे समझ जाते हैं कि उसे उसको फँसाने के लिए बाँधा गया है। कटरे के गले में पड़ी रस्सी देखकर शेर उसके आसपास चक्कर लगाता है परन्तु छिपे खतरे की आशंका से उस पर आक्रमण नहीं करता। इसका प्रमाण हमें उसके पदचिह्नों से मिलता है।

कटरे को सदा खुले में बाँधना चाहिए। वह बिना किसी रुकावट के दिखाई पड़ना चाहिए। कटरे के निकट न कोई ऐसी झाड़ी होनी चाहिए और न कोई पत्थर या चट्टान जो उसे छिपा सके। उसके गले में घंटी बाँधने का विचार अच्छा है, क्योंकि कुछ कटरे जंगल में अपनी परिस्थिति छिपाने के लिए बिना हिले-डुले स्थिर खड़े रहते हैं। घंटी की रस्सी सींगों और कानों के बीच से जानी चाहिए जिससे कान के थोड़ा सा हिलने से घंटी बज उठे। घंटी की आवाज पशुघातक शेर को दूर से अपनी ओर आकर्षित करती है।

कटरा बाँधने की रस्सी को प्रायः खूँटे या पेड़ के ठूँठ से बाँधा जाता है। लेकिन इसका एक और भी अच्छा तरीका है, उसकी रस्सी को एक छड़ी से बाँधकर उस छड़ी को धरती में गाड़ देना। इसके लिए धरती में तीन फुट गहरा और एक फुट लम्बा गड्ढा किया जाता है और छड़ी को उसमें रखकर उस पर पत्थर-कंकड़ और मिट्टी डालकर, उस स्थान को अच्छी तरह से ठोक-पीटकर पक्का कर दिया जाता है। उस पर रेत, पत्ते आदि डालकर उस स्थान को आसपास की धरती जैसा बना दिया जाता है। रस्सी की पकड़ दिखाई नहीं पड़ती। खूँटे और ठूँठ की पकड़ की अपेक्षा धरती की पकड़ अधिक अच्छी रहती है, क्योंकि यह कटरे के पैरों में उलझ नहीं सकती, उसे नीचे गिरा नहीं सकती।

रस्सी को कभी भी कटरे की टाँग से कसकर नहीं बाँधना चाहिए। टाँग और रस्सी के बीच इतनी ढील होनी चाहिए कि उनके बीच एक उँगली जा सके। कसी हुई रस्सी पशु के लिए पीड़ाजनक होती है, उससे उसकी टाँग भी सूज जाती है, और वह लँगड़ाने लगता है। रस्सी का रंग हरा या धूसर होना जरूरी है ताकि उसका रंग घास-पत्तों से मिल जाए और ध्यानाकर्षक न रहे। बँधे हुए पशु के पास रातभर खाने के लिए घास-पत्ते रखना भी जरूरी है।

हमने जिस कटरे को बाँधा था, शेर ने उसे सन्ध्या होने से पहले ही मार डाला था, क्योंकि सुबह वहाँ जाने पर हमने देखा कि शेर उसे वहाँ से घसीटकर ले गया था और उस रास्ते में मकड़ी के जालों पर ओस पड़ी हुई थी। मकड़ियाँ रात को विश्राम करती हैं। वे सूर्य अस्त होने के बाद जाले नहीं बनातीं। शेर उस कटरे को एक फर्लांग

से भी अधिक दूर खींच कर ले गया था, और उस घसीट के ऊपर मकड़ी के जाले बिल्कुल ठीक थे; कहीं से भी टूटे हुए या अव्यवस्थित नहीं थे। शव को घसीटने में जो जाले टूटे होंगे उनकी मरम्मत हो चुकी थी। मकड़ी जाला बनाने या उसकी मरम्मत का काम सूर्य अस्त होने से पहले करती है, उसके बाद नहीं। इसलिए यह विश्वास के साथ कहा जा सकता है कि शेर उस कटरे के शव को साँझ होने से पहले घसीटकर ले गया था।

शेर, चीतों और बाघों की यह आदत है कि जहाँ वे शिकार करते हैं, वहाँ से अपने शिकार को घसीटकर दूर ले जाते हैं। उन्हें खुले में भोजन करना पसन्द नहीं। इसलिए वे शिकार करने के बाद उसके शरीर को किसी ढके हुए सुरक्षित स्थान पर ले जाते हैं। वह सुरक्षित स्थान प्रायः ऐसी घनी झाड़ियों में होता है जहाँ मनुष्य बहुत झुककर या रेंगकर पहुँच सकता है। उदाहरणार्थ–

एक बाँधे हुए कटरे को एक शेर ने मार डाला था। वह कटरा गाँव से दो मील दूर बाँधा गया था और वह स्थान नदी के मोड़ के पास था। वह स्थान बिल्कुल निर्जन था। वहाँ पर साफ पानी का एक कुंड भी था। वह कुंड तथा आसपास का पूरा क्षेत्र साल के वृक्षों के एक घने झुंड में था। वह स्थान बिल्कुल एकान्त और सब प्रकार से सुरक्षित था तथापि शेर कटरे के शव को वहाँ से घसीटकर पहाड़ी के ऊपर बेंतों की झाड़ियों में ले गया था। उसने यह क्यों किया था, हमारी समझ से बाहर था। शेरों की कुछ आदतें और तरीके समझ में नहीं आते।

उसके पदचिह्नों के साथ-साथ हम चलते गए। रास्ता बहुत कठिन था। उसमें कहीं घनी झाड़ियाँ थीं, कहीं मुश्कबेंतों के झुंड और कहीं ऊँची-ऊँची घास। वहाँ पहुँचने के लिए कहीं झुक कर चलना पड़ा, कहीं घुटनों के बल और कहीं-कहीं रेंगना भी पड़ा। हमें ऊपर पहाड़ पर चढ़ना था। रास्ता बहुत ही थकाने वाला था। हमें शेर की शक्ति पर अचम्भा हो रहा था जो उन सब बाधाओं के बावजूद दो सौ पाउंड के मृत शरीर को घसीटकर ऊपर पहाड़ पर ले गया था। शेर की मांसपेशियाँ, विशेषकर गर्दन और बाँहों की मांसपेशियाँ, बहुत शक्तिशाली होती हैं। उनकी शक्ति अद्‌भुत है। उनकी गर्दन के दोनों ओर की मांसपेशियों में एक-एक छोटी सी खड्गरूपी अस्थियाँ हैं जो मांसपेशियों में धँसी हुई होती हैं। वह किसी अन्य अस्थि से जुड़ी हुई नहीं होतीं। इन्हें लक्की बोन अर्थात् भाग्यशाली अस्थि कहते हैं। जनसाधारण की धारणा है कि शेर को जब बहुत दिनों तक शिकार नहीं मिलता तो वह अपनी भूख की तुष्टि के लिए अपनी गर्दन के उन स्थानों को चाटता है जहाँ ये अस्थियाँ होती हैं। मुझे यह धारणा निर्मूल लगती है। मेरा विचार है कि उसकी ये अस्थियाँ उसकी गर्दन की मांसपेशियों को अतिरिक्त शक्ति देती हैं। शेर अपने वजन से कई गुणा भारी जानवर को खींचकर बहुत ऊँचे स्थान पर और बहुत दूर तक ले जा सकता है। उसकी यह शक्ति अत्यन्त आश्चर्यजनक है।

हम उस स्थान पर पहुँच गए जहाँ कटरे के मृत शरीर का शेष भाग पड़ा था। वहाँ पर बहुत सी अस्थियाँ बिखरी पड़ी थीं, कुछ नई और कुछ पुरानी, कुछ जंगली जानवरों

की और कुछ पालतू पशुओं की। कुछ अस्थियों पर सूखी खालें भी चिपकी हुई थीं। देखने से पता चलता था कि उनमें से अधिकांश खालें चीतल और साम्बर की थीं।

वह उस शेर का भोजनकक्ष था। उस क्षेत्र में वह जिन जानवरों को मारता था, उनके मृत शरीर को खींचकर वहाँ ले जाता था और वहाँ आराम से बैठकर उनका मांसाहार करता था। वह कक्ष घास का छोटा सा स्थल था, और वहाँ की घास दबकर चपटी हो चुकी थी। वहाँ पर कुचली हुई कँटीली झाड़ियाँ भी थीं। वह स्थान चारों ओर से घने पेड़-पौधों, ऊँचे बेंतों तथा नाखुल (पतले बाँसों जैसी बेंत) से घिरा हुआ था। उन पर रंग-बिरंगी बेलें भी चढ़ी हुई थीं। वहाँ पर उस कटरे की दुम, खुर और सींगों के अतिरिक्त कोई अन्य अवशेष नहीं था। दुम को शेर ने काटकर एक ओर फेंक रखा था, वह लगभग चार फुट दूर पड़ी थी। मैं अपने अनुभवों के आधार पर कह सकता हूँ कि शेर प्रायः अपने शिकार की दुम काटकर उसे एक ओर फेंक देते हैं। यह केवल शेर ही करते हैं, चीते या बाघ नहीं।

पेड़-पौधों से घिरा हुआ शेर का वह भोजनकक्ष बहुत ही अँधेरा था। हम वहाँ दिन के ग्यारह बजे पहुँचे थे। उस समय भी एफ. 2 लाइका कैमरे से हमें तस्वीर लेने के लिए उसके अपर्चर (प्रकाश द्वार) को बहुत खोलना पड़ा था। हमने कुछ तस्वीरें लीं, घंटी उठाई और वहाँ से चल पड़े। हम उस शेर को मारना नहीं चाहते थे; हमें उसका शिकार करने में कोई रुचि नहीं थी।

II

हमें पता चला कि जिन स्थानों पर हमने पशुघातक शेर को ललचाने के लिए कटरे बाँधे थे वे स्थान चरागाह से दूर थे। वे जंगल के बहुत अन्दर थे जबकि वह शेर जंगल के तटवर्ती क्षेत्र को छोड़कर जंगल के भीतर नहीं जाता था। इसलिए उस पर घात लगाने के लिए पशुओं को चरागाह के निकट बाँधना चाहिए था।

हमने इस सम्बन्ध में स्थानीय शिकारियों, जंगलात के एक भद्र अधिकारी और गाँव के मुखिया से विचार-विमर्श किया। उनसे बातचीत करने के बाद हमने वन-ब्लॉक और उसके विश्राम-गृह को छोड़कर पास की एक कृषिभूमि में जाने का निर्णय लिया। इसके दो उद्‌देश्य थे : पहला, हम वहाँ जाना चाहते थे जहाँ उस पशुघातक शेर ने तबाही मचा रखी थी और दूसरा, जंगल विभाग के अधिकृत क्षेत्र से बाहर जाने पर हम अपनी सुविधा के अनुसार योजनाएँ बना सकते थे और उन्हें कार्यान्वित कर सकते थे।

जंगल-विभाग के आरक्षित वन-ब्लॉक में केवल दिन में शिकार खेलने की अनुमति होती है। दिन में शिकार खेलने का नियम उन शिकारियों के लिए सुविधाजनक है, जो 'शिकार करने' के लिए अपने साथ जंगल में बहुत से खरीदे हुए शिकारी, हाथी और इसी प्रकार का अन्य साज-सामान लेकर जाते हैं, और हाँके के नाम से जंगल पर हमला बोल देते हैं। मैं नहीं कह सकता कि इनके लिए 'शिकारी' शब्द का प्रयोग कहाँ तक

सही है। क्या उन्हें शिकारी कहना शिकार शब्द का उपहास करना नहीं है ? उनमें शिकार कौशल नहीं होता। वे केवल पैसे के बल पर शिकार खेलते हैं। उनके लिए शिकार खेलना साहस की परीक्षा नहीं है, बल्कि अपनी उच्च सामाजिक स्थिति का प्रदर्शन करना है। इससे उनके आत्माभिमान की तुष्टि होती है। यथार्थ में इन छिछोरे शिकारियों को शिकार खेलने में रुचि होती ही नहीं। उनमें न आत्मसंयम होता है और न ही साहस। उनके लिए शिकार खेलने का अर्थ केवल जानवरों को मारना और उनकी गणना करना है।

केवल दिन के प्रकाश में शिकार खेलने का नियम न्याययुक्त नहीं है। यह केवल आत्मप्रदर्शन के शौकीन व्यक्तियों के लिए है। उनके लिए नहीं जिन्हें वास्तव में शिकार खेलने का शौक है, जो अकेले और पैदल जंगल के भीतर जाकर जानवरों का पीछा करते हैं। मेरी समझ में नहीं आता कि जो लोग शिकार के नाम से आदमियों की पूरी भीड़ के साथ हाथी आदि लेकर जंगल में दिनभर शोरगुल मचाते हैं, और अन्धाधुंध गोलियाँ चलाते हैं, उनकी अपेक्षा कैसे शिकार की घात में, रात के अँधेरे में अकेला बैठा हुआ व्यक्ति जानवरों को अधिक परेशान कर सकता है या हानि पहुँचा सकता है ?

वे नाममात्र के शिकारी शेर की आदतों और तरीकों को नहीं जानते। किराए पर लिये हुए हाथियों और पैसे के बल पर इकट्ठे किए हुए हाँका लगाने वालों के बल पर वे शिकार करते हैं। हाँका लगाने वाले, शेर को घेरकर उनको पेड़ पर ऊँची बँधी मचान के नीचे ले आते हैं, जो शेर की पहुँच से बाहर होती है। मुझे विश्वास है कि उन्हें अपने शिकार पर न गर्व हो सकता है और न सन्तोष ही जो सच्चे शिकारी को उस समय मिलता है जब वह जंगल-कला में प्रवीण और अति शक्तिशाली प्रतिद्वन्द्वी को पराजित करता है। सच्चा शिकारी जोखिम उठाकर अपने साहस और कौशल के बल पर शिकार करता है।

क्या कोई अन्य अनुभव उस मतवाली मस्ती और उत्तेजना की तुलना कर सकता है जिसकी अनुभूति शिकारी को उस समय होती है जब वह लम्बी प्रतीक्षा के बाद अपनी राइफल पकड़कर अपनी दृष्टि को सामने वाली उस झाड़ी पर टिकाता है जिसकी छाया को धीरे-धीरे चीरते हुए उसे अतिथि की सफ़ेद छाती और फिर सिर दिखाई पड़ता है !

उस समय थोड़ा सा भी हिलना या अपनी बन्दूक को कन्धे पर लगाना शिकारी के लिए प्राणघातक हो सकता है, क्योंकि कोई भी गति उसकी पूरी खुली, पीली आँखों से बच नहीं सकती। शिकारी को अपने जोर-जोर से धड़कते और पसलियों से टकराते हुए दिल को और रक्त-संचार में उठे तूफान को अनुभव करते हुए भी उस समय तक स्थिर बैठे रहना है, जब तक शेर चाँद की हल्की पीली रोशनी में उसके सामने नहीं आ जाता और पीछे से आई किसी आहट को सुनने के लिए अपने सिर को उधर घुमा नहीं लेता।

अथवा, यह भी हो सकता है कि शिकारी शेर की घात में शेर के ही किए हुए शिकार के पास ही बैठा हो। स्थिति को सावधानी से देखने के बाद जब शेर पास

की झाड़ियों से बाहर निकलकर अपने शिकार के पास आकर खड़ा हो जाता है, शिकारी को तब भी कोई गति नहीं करनी होती। उसे उस स्थान पर अन्य सब निर्जीव पदार्थों की तरह बिल्कुल स्थिर बैठे रहना है। अधीरता की लहरें उसकी रगों में बार-बार उठती हैं, उसका मन उल्लास से मतवाला हो उठता है, फिर भी उसे निश्चल बैठे रहना है।

शिकारी के लिए अपनी बन्दूक को कन्धे पर लगाने और निशाना साधने का सही समय वह है जब शेर ऊँची कंठ ध्वनि के साथ उसाँसें लेते हुए और चप-चप की आवाज के साथ साँसें भरते हुए अपने सिर को अपने किए हुए शिकार की ओर झुकाता है। गले का निशाना लेना ठीक है, और यह सिर और गर्दन के जोड़ पर लेना चाहिए। दिल पर निशाना लेना भी ठीक है। इसके लिए निशाना पसलियों के मध्यभाग में, तनिक नीचे और कन्धे की अस्थि के निकट लेना उचित है।

जैसे ही राइफल चलने की आवाज होती है, प्रतिक्रिया में शेर की गर्जना सुनाई पड़ती है, और फिर झाड़ियों में बेचैनी की कुछ हरकतें और जले हुए बारूद की गन्ध...

उस समय भी शिकारी को अपने स्थान पर स्थिर बैठे रहना है। शेर के शिकार में वह बहुत ही खतरनाक समय है। शिकारी का थोड़ा सा हिलना-डुलना उसके लिए गम्भीर संकट का कारण बन सकता है। गोली के लगने पर शेर की यदि तुरन्त मृत्यु नहीं होती, केवल घायल होता है, तो गोली के धक्के से बाहर निकलते ही वह अपनी पीड़ा के कारण की खोज करता है। शिकारी यदि अपनी घबराहट या उत्तेजना में उसे अपनी उपस्थिति का परिचय दे देता है, तो शेर के क्रोध से भगवान ही उसकी रक्षा करे।

अपने दिल की धड़कन को जंगल के सान्ध्य समय के संगीत से मिलाकर जो शिकारी रात को जंगल में अकेले बैठकर उसके एकान्त का रोमांचक अनुभव करते हैं, वही प्रकृति के सच्चे प्रेमी और पुजारी होते हैं। इसके विपरीत, जो शिकारी अपनी सुरक्षा को प्रथम स्थान देते हैं और ऊँची मचान में बैठकर खरीदे हुए हाँके वालों, हाथियों तथा अन्य साज-सामान के साथ शिकार खेलने का आडम्बर करते हैं, उन्हें प्रकृति से प्रेम नहीं होता। उनकी रुचि केवल अपनी उपलब्धियों का डंका पीटने में होती है। उन्हें उसी में आनन्द आता है, और यही उनकी मनोवृत्ति के अनुकूल है। किन्तु सही शब्दों में यह शिकार करना नहीं है। कुछ अर्थहीन और बेतुके नियमों के आधार पर सच्चे प्रकृति-प्रेमियों और शिकारियों को उनकी क्रीड़ा से वंचित रखना गलत है। इससे केवल वन-विभाग के अधिकारियों के चिन्तन में कल्पना के अभाव का परिचय मिलता है।

हमें यह कभी नहीं भूलना चाहिए कि गोली चलाने के लिए जख्मी शेर के सामने अपनी उपस्थिति प्रकट करना आपत्ति को मोल लेना है। श्रीमती स्मिथाईस का उदाहरण इसका एक प्रत्यक्ष प्रमाण है। शिकार के इतिहास में यह एक अनूठी घटना है जो संसारभर के पत्रों में प्रकाशित हुई थी। जख्मी शेर के चंगुल में फँसकर भी वह अपनी कहानी कहने के लिए जीवित रह गई थीं।

यह घटना 31 दिसम्बर, 1925 की है। श्रीमती स्मिथाईस के पति वन-विभाग के एक उच्च पदाधिकारी थे। वे तराई के जंगलों में शिकार करने के लिए गए थे। उनकी पत्नी उनके साथ गई थी। वे जोलासाल के एक वन-ब्लॉक में शिकार कर रहे थे। यह हिमालय की तराई में एक सुन्दर समतल क्षेत्र है जिसके किनारे पर छोटी-छोटी पहाड़ियाँ हैं। वहाँ पर घनी घास और ऊँचे-ऊँचे पेड़ थे। वे अपने पति की मचान से चालीस गज पीछे तुन वृक्ष में धरती से चौदह फुट ऊँची मचान में बैठी हुई थीं। हाँका लगाने वाले एक शेर को घेरकर मिस्टर स्मिथाईस के सामने ले आए। उन्होंने उस पर दो गोलियाँ चलाईं। परन्तु निशाना ठीक नहीं बैठा। शेर बचकर श्रीमती स्मिथाईस की मचान से तीस गज आगे निकल गया। उन्होंने उस पर गोली चलाई और वह गिर पड़ा। उन्होंने उस पर दूसरी गोली चलाई परन्तु वे निशाना लेने में चूक गईं। उसके बाद जो हुआ मैं उसे उन्हीं के शब्दों में यहाँ प्रस्तुत कर रहा हूँ। इसे मैंने भारत की एक अंग्रेजी साप्ताहिक पत्रिका, 'इल्सट्रेटेड वीकली ऑफ इंडिया' में से उन्हीं के लेख से लिया है–

'मैंने जब दूसरी गोली चलाई उस समय स्पष्टतया मेरी गति ने उसके ध्यान को मेरी ओर आकृष्ट किया क्योंकि वह मेरी ओर मुड़ा था, और भयानक गर्जना के साथ मेरे पेड़ पर प्रहार किया था। मैंने सोचा कि वह आगे जा रहा है, किन्तु मैंने तभी उसे सीधा मचान के नीचे से पेड़ पर चढ़ते हुए देखा। मैं मुश्किल से खड़ी ही हो पाई थी कि अपनी मचान के किनारे पर मुझे उसका धारीदार चेहरा और पंजे दिखाई पड़े। स्पष्टतया वह मचान पर चढ़ने का प्रयास कर रहा था।

'उसका मुँह खुला था; उसके सारे दाँतों पर रक्त लगा हुआ था। उसकी गर्जना से उसके मुँह की रक्तभरी झाग के छींटे मेरी टोपी और कपड़ों पर आ पड़े। मैंने अपनी राइफल की नली को उसके खुले मुँह में डालकर उसके कंठ के नीचे उतार दिया। मेरी राइफल की नली पर आठ इंच तक उसके दाँतों के निशान अभी भी दिखाई देते हैं। मैंने राइफल के घोड़े को दबाया परन्तु इस बार गोली ही नहीं चली।

'तब मैं सचमुच बहुत घबरा गई। मुझे समझ में नहीं आ रहा था कि मैं क्या करूँ ? उस राइफल को लेकर हम दोनों में मुठभेड़ शुरू हो गई। वह राइफल की नली के साथ मुझे हिला रहा था। उसी समय उसका एक पंजा मचान की रस्सियों के टुकड़े करता हुआ मचान की सतह पर आ निकला। उससे बचने के लिए मैं पीछे हटी। लगता है कि पीछे हटने में मैं मचान के किनारे पर जा पहुँची थी, क्योंकि उसके बाद मैंने अपने आपको नीचे गिरते देखा था।

'धरती पर गिरने का मुझे पता नहीं लगा। परन्तु मुझे यह याद है कि मैं घास, छोटी झाड़ियों और गिरे हुए पेड़ों में से पागलों की तरह भाग रही थी। मुझे क्षण-प्रतिक्षण यही लगता था कि वह मुझ पर कूदने वाला था।'

श्री स्मिथाईस की ऊँची मचान से एक गोली चली जो उसके हृदय पर लगी और उसने उसे उस ऊँचे स्थान से नीचे गिरा दिया।

दूसरों के बल पर शिकार करना न मेरे मित्र को पसन्द था और न मुझे ही। हम यह आशा भी नहीं कर सकते थे कि वन-विभाग ने शिकार करने के सम्बन्ध में जो पाबन्दियाँ लगा रखी थीं, शेर उनका पालन करेगा। ऐसा सोचना भी मूर्खता थी। इसलिए हमने आरक्षित वन को छोड़कर कृषिभूमि में आ जाने का निर्णय लिया। यहाँ पर किसानों के अपने प्राणों और पशुओं की रक्षा के लिए पशुघातक शेर को मारने की छूट थी। अस्तु, हम चौथे दिन आरक्षित वन-ब्लॉक से कृषि के क्षेत्र में चले आए।

उस क्षेत्र की विलक्षणताओं को समझने एवं उन स्थानों का निरीक्षण करने के लिए, जहाँ उसने पशुओं को मारा था, हम सुबह से शाम तक उस क्षेत्र में घूमते रहे।

हमने धौलखंड नाले के पूर्वी तट पर धकारिया नामक गाँव में अपने रहने का ठिकाना बनाया। उसके तीनों ओर साल के वृक्षों का घना जंगल था। उस जंगल में बहुत से दर्रे थे, और पानी से कटी हुई धरती में जहाँ-तहाँ चौड़ी-चौड़ी दरारें थीं। धकारिया बस्ती के आसपास धौलखंड नाले के दोनों ओर इधर-उधर बिखरी हुई बहुत सी बस्तियाँ थीं। उन बस्तियों में मवेशी पाले जाते थे। यथार्थ में वे बस्तियाँ गाँवों का अग्रभाग थीं। यहाँ पर खेती नहीं की जाती थी, केवल पशुपालन का काम ही किया जाता था। इसलिए पशुघातक शेर के लिए वह स्थान बहुत अच्छा था।

उस क्षेत्र में घूमते हुए हम नदी के उस सूखे स्थान पर जा पहुँचे जहाँ पर शेर के बहुत से पदचिह्न थे। उसके आने-जाने का रास्ता जंगल में से था। जंगल से वह निकलकर खेतों को जाता था। हमने अपने बैठने के लिए उस स्थान को ठीक समझा। वास्तव में उससे अच्छा स्थान एक फर्लांग आगे था। वहाँ नाले का मुख भाग साँप की जिह्वा की भाँति दो खंडों में बँटा हुआ था। वहाँ पर बहुत सी कँटीली झाड़ियाँ भी थीं। शेर जंगल से निकलकर कभी नाले की निचली ओर चला जाता था और कभी उसके दूसरे खंड से कृषिभूमि की ओर जाता था। शेर के घात में बैठने के लिए वह बहुत अच्छा स्थान था। परन्तु वह वन-विभाग के अधीन था। वहाँ रात में शिकार करना मना था। इसलिए हमने उस स्थान पर बैठना उचित नहीं समझा।

हमारा विचार था कि वह चतुर और बुद्धिमान शेर आरक्षित वन के शिकार करने के निर्णीत समय के बाद ही उस सुरक्षित स्थान से बाहर निकलेगा। हमने अपने निकटवर्ती किनारे पर बैठने का स्थान बनाया। वह स्थान नाले से सात फुट ऊँचा था। अपने बैठने के स्थान को अच्छी तरह से सुरक्षित करने के लिए हमने उसके अग्रभाग तथा उसके दोनों किनारों को ताजे पत्तों और हरी टहनियों से ढँक दिया। शेर का शिकार करने में अपने बैठने के स्थान को, वह धरती पर हो या पेड़ पर, ठीक तरह से बनाना बहुत जरूरी है। शिकार की सफलता या असफलता मुख्य रूप से इसी पर निर्भर करती है। इसीलिए अपने बैठने का स्थान बनाते समय कुछ बातों पर विशेष ध्यान देना बहुत जरूरी है। पहला, वह स्थान सीधा शेर के आने-जाने वाले रास्ते में नही होना चाहिए

जिससे शेर वहाँ पर पीछे से न आ सके। दूसरा, वह ध्यानाकर्षक नहीं होना चाहिए। तीसरा, वह दूर से दिखाई नहीं पड़ना चाहिए। इसीलिए अपने बैठने के स्थान को छिपाने के लिए जो पत्ते और शाखाएँ प्रयोग किए जाएँ उनका उस स्थान की सामान्य वनस्पति के अनुरूप होना जरूरी है, और उनकी व्यवस्था भी ऐसी होनी चाहिए कि वह स्थान पर झाड़ी सदृश दिखाई पड़े।

शिकारी को यथासम्भव अपने बाँधे हुए पशु और शेर के किए हुए शिकार के निकट बैठना चाहिए। मैं उनसे बीस गज से अधिक दूरी पर कभी नहीं बैठता और प्रायः उनसे दस गज दूर बैठता हूँ, और कभी इससे भी कम दूरी पर।

मुझे जमीन पर बैठना अधिक पसन्द है, क्योंकि उससे मैं और पशु धरती पर एक ही स्तर पर होते हैं। इससे शिकार खेलने में आनन्द आता है। परन्तु मैं यह कदापि नहीं कहना चाहता कि पेड़ पर मचान बनाकर बैठने वालों की अपेक्षा धरती पर बैठने वाले अधिक साहसी और बहादुर होते हैं। मैं अपने सम्बन्ध में यह कह सकता हूँ कि मैं बहादुर और साहसी नहीं हूँ। मुझे भी डर लगता है, घबराहट होती है। सम्भवतः हर शिकारी ऐसा ही अनुभव करता है। डरना स्वाभाविक है। भय की प्रवृत्ति सब में होती है। भय एक चेतावनी है, जो व्यक्ति को संकट के प्रति सचेत करती है और उसे अपनी रक्षा करने के लिए अभिप्रेरित करती है। मनुष्य केवल इतना कर सकता है कि अपनी भय-प्रतिक्रियाओं पर संयम रखकर स्थिति का सामना करे, भय को अपने पर हावी न होने दे।

शेर का शिकार करने के लिए पेड़ पर मचान भी बनाई जा सकती है। यह उन लोगों के लिए विशेष उपयुक्त है जो नए अर्थात् अनू-अभ्यस्त शिकारी होते हैं, या जो कभी-कभी ही शिकार खेलते हैं। पेड़ पर मचान बनाने से उनका आत्मविश्वास बढ़ता है और शिकार की सफलता 11 प्रतिशत आत्मविश्वास पर निर्भर करती है। पेड़ पर मचान बनाने में निम्नलिखित बातों को ध्यान में रखना आवश्यक है—

स्थान, स्थिति और दृष्टि-क्षेत्र को ध्यान में रखते हुए जिस पेड़ को मचान बनाने के लिए चुना जाए वह हरा-भरा, मोटे तने वाला और पक्की शाखाओं वाला होना चाहिए। मचान बनाते समय इस पर भी विशेष ध्यान देना आवश्यक है कि मचान हिलने वाली न हो, वह न शिकारी के बोझ से हिले और न हवा के झोंकों से। मचान बनाने के लिए चारपाई का भी प्रयोग किया जा सकता है, परन्तु यह चारपाई चर्र-मर्र करने वाली नहीं होनी चाहिए, और न ही उसमें खटमल आदि होने चाहिए। चारपाई को बाँधने से पहले यदि उसे अच्छी तरह से पानी से भिगो दिया जाए तो उसके चर्र-चर्र करने की आशंका नहीं रहती। इसके अतिरिक्त उसकी चूल्हों में थोड़ा सा तेल डाल देना भी अच्छा रहता है। उससे उसकी रातभर के लिए चर्र-मर्र करने की आशंका बिल्कुल खत्म हो जाती है।

सुरक्षा की दृष्टि से मचान धरती से बारह-सोलह फुट ऊँची होनी चाहिए और उसके बाँधने की रस्सियों का रंग धूसर होना चाहिए। नीचे की झाड़ियों को दृष्टिगत रखते हुए पेड़ पर मचान की ऊँचाई को निश्चित किया जाता है। ऊँचे घास वाले क्षेत्र में मचान अधिक ऊँची बनाई जाती है जिससे नीचे का तथा आसपास का बीस-पच्चीस फुट का क्षेत्र साफ दिखाई पड़े और बिना किसी रुकावट के निशाना लिया जा सके।

मचान ध्यानाकर्षक नहीं होना चाहिए। उसे छिपाने के लिए उसे चारों ओर से टहनियों और पत्तों से ढकना जरूरी है। टहनियों और पत्तों को बहुत सोच-समझकर लगाना होता है जिससे मचान परिवेश का एक स्वाभाविक अंग दिखाई पड़े। मचान के सामने की ओर राइफल को टिकाने के लिए एक पक्की टहनी या डंडा बाँधना नितान्त आवश्यक है। यह मचान का अनिवार्य भाग है।

मचान में बैठे हुए शिकारी को शेर की घंटों ही प्रतीक्षा करनी पड़ती है। पूरा समय राइफल को हाथ में पकड़कर बैठना बहुत थकानेवाला होता है। इसकी अपेक्षा उसे डंडे से टिकाए रखना कहीं अधिक सुविधाजनक है। राइफल को अपने पास लिटाकर रखना ठीक नहीं, क्योंकि उसे उठाते समय वह पत्तों, टहनियों और कपड़ों में उलझ सकती है। इसके विपरीत डंडे के सहारे टिकाई हुई राफइल को उठाने और चलाने में आसानी रहती है। राइफल को टिकाने वाले डंडे का मजबूत होना बहुत जरूरी है, और उसे बाँधने वाली रस्सियाँ धूसर होनी चाहिए। राइफल चलाते समय शिकारी यदि अपने हाथ को डंडे के ऊपर रखकर राइफल की नली को थामता है, तो डंडा हाथ को सहारा देता है अन्यथा राइफल को चलाते समय डंडे की कठोर सतह से उसकी नली को झटका लग सकता है। झटका लगने पर गोली ऊपर उठ सकती है और उस अवस्था में निशाना चूक जाता है। राइफल टिकाने के लिए जो डंडा बाँधा जाए, वह कभी भी इतना ऊँचा नहीं होना चाहिए कि निशाना लगाने में वह बाधक बन जाए।

मचान उस पेड़ पर कभी नहीं बनानी चाहिए जिस पर पत्ते न हों। पीठ को सहारा देने के लिए उसके तने का मोटा होना भी जरूरी है। उसका तना यदि मोटा न हो तो उलटी टँगी चारपाई के पैरों से डंडा बाँधकर पीठ के लिए सहारा बनाया जा सकता है। मचान में बैठने के स्थान को यथासम्भव सुविधाजनक और आरामदेह बनाना बहुत जरूरी है अन्यथा उसमें बैठा व्यक्ति अपनी स्थितियाँ बदलता रहेगा। शेर सामान्य रूप से बहुत सतर्क और सचेत रहता है। शिकारी के हिलने-डुलने से उसे उसके वहाँ होने का सन्देह हो जाता है और वह शिकार के निकट नहीं आता। दूसरे, मचान यदि आरामदेह नहीं होती तो उसमें बैठा शिकारी थक जाता है। शारीरिक रूप से थका हुआ और असुविधाजनक स्थिति में बैठा हुआ शिकारी सीधा और सही निशाना नहीं लगा पाता। संक्षेप में, मचान सदा पक्की, खुली और आरामदेह होनी चाहिए, और वह पत्तों और टहनियों से अच्छी तरह से ढकी हुई होनी चाहिए। राइफल को टिकाने के लिए और पीठ को सहारा देने के लिए उसमें अच्छा प्रबन्ध होना जरूरी है। पेड़ की मोटी-पक्की शाखा से बँधी मचान ऐसी होनी चाहिए कि हवा के तेज झोंके भी उसे हिला

न सकें। इन सब बातों को ध्यान में रखकर जो मचान बनाई जाती है, वह सफल निशाना लेने में बहुत सहायक होती है।

हमने जीवित पशु को बाँधकर रातभर उसकी घात में बैठने का निर्णय लिया। हम दोनों ने इकट्ठा बैठना उचित समझा जिससे हम बारी-बारी से जागकर उसके आने की प्रतीक्षा कर सकें। सामान्य रूप से शेर अपने किए हुए शिकार पर शाम के चार बजे से साँझ होने तक आ जाता है। साँझ हो जाने के बाद उसके वहाँ आने की सम्भावना बहुत कम होती है।

शेर जब अपने किए हुए शिकार को खाने के लिए आता है तो वह अत्यधिक सतर्क होता है। बचे हुए मांस का आहार करने से पहले वह किसी सुविधाजनक और सुरक्षित स्थान पर घंटों बैठा रहता है और वहाँ से सारी स्थिति का निरीक्षण करता है। जब उसे विश्वास हो जाता है कि सबकुछ सामान्य है तो वह अपने भोजन की तरफ जाने का निर्णय लेता है। किन्तु वहाँ सीधा नहीं जाता। वह अपने भोजन के स्थान से लगभग दो सौ गज दूर इधर-उधर चक्कर लगाता है। वह एक बार में बीस-तीस गज से अधिक आगे नहीं बढ़ता। थोड़ा आगे बढ़ जाने के बाद वह फिर किसी सुरक्षित स्थान पर बिल्कुल निश्चल बैठकर वहाँ के प्रत्येक पदार्थ, पत्थर, झाड़ी आदि को ध्यान से देखता है। मचान में बैठे शिकारी के लिए यह समय बहुत तनावमय होता है। उस समय उसे सहनशीलता से काम लेना होता है। मेरे कुछ अनुभव ऐसे ही हैं। एक-दो बार शेर मेरी मचान के पीछे इतना मेरे निकट था कि मैं उसकी साँसें सुन सकता था तथापि मुझे स्थिर बैठे रहना था। मैं उसे देख नहीं सका।

करीब सत्तर गज की दूरी पर शेर फिर बैठ जाता है। वहाँ से वह पाँच-दस मिनट तक आसपास के जंगल को ध्यान से देखता है। उसके बाद बीस गज चलकर स्थिति का पुनः निरीक्षण करता है। वह आखिरी पचास गज अत्यन्त सतर्कता से तय करता है, और इस पचास गज के फैसले को तय करने में उसे प्रायः एक घंटा लगता है। उस समय वह बहुत सन्देह और शंका के साथ धीरे-धीरे आगे बढ़ता है। इन्हीं निरीक्षणों में उसे प्रायः मचान का परिचय मिल जाता है। इधर-उधर ध्यान से देखने में उसकी नजर उस पेड़ पर भी जा पहुँचती है जिस पर मचान बनी होती है। इसीलिए शिकारी को, जो स्वयं केवल आंशिक रूप से छिपा हुआ होता है, बिल्कुल स्थिर बैठे रहना होता है। उस समय उसे हल्की सी क्रिया भी नहीं करनी चाहिए जरा भी हिलना-डुलना नहीं चाहिए।

शेर किसी भी दिशा से अपने शिकार पर पहुँच सकता है। इसीलिए शिकारी के लिए बिल्कुल स्थिर बैठे रहना नितान्त आवश्यक है। शेर यदि पीछे से या दाएँ-बाएँ से आए तो मचान में बैठा शिकारी उसे सुन सकता है, देख नहीं सकता। शिकारी की पहली नजर शेर पर उस समय पड़ती है जब वह उसके सामने अपने किए हुए शिकार पर पहुँच जाता है, उससे पहले नहीं। शिकारी को उसके आने की पूर्व सूचना झाड़ियों के दबने, टहनियों के टूटने या सूखे पत्तों की चरचराहट से मिलती है, परन्तु जिधर से वह

आवाजें आती हुई सुनाई पड़े, शिकारी को उधर सिर घुमाकर कदापि नहीं देखना चाहिए। शिकारी की नजर केवल मृत जानवर के ऊपर ही होनी चाहिए। उसी को देखते हुए उसे शेर के आने की प्रतीक्षा करनी है। प्रतीक्षा की वे घड़ियाँ बहुत उत्तेजनामय और थकाने वाली होती हैं। उस समय हृदय जोर-जोर और तेजी से धड़कने लगता है, और जब वह सामने आ जाता है तो क्या कहना उस सुन्दर दृश्य का ! उसे शब्दों में व्यक्त नहीं किया जा सकता। यदि रात के नौ बजे तक शेर वहाँ नहीं आता तो समझ लेना चाहिए कि उस सतर्क शेर ने शिकारी को या उसकी मचान को देख लिया है। अथवा उसे शिकारी के वहाँ होने का सन्देह हो गया है। फलतः उसके वहाँ आने की सम्भावना खत्म हो गई है। वह वहाँ पर तब तक नहीं आता जब तक शिकारी वहाँ बैठा रहता है। वह वहाँ पर तभी आता है जब उसने शिकारी को अपनी विफलता के बोझ से झुके और अपनी अयोग्यता के भार को अपने कन्धे पर लादे हुए वहाँ से जाते देख लिया हो; उससे पहले उसके वहाँ आने की कोई सम्भावना नहीं होती।

परन्तु जीवित पशु को बाँधकर वहाँ बैठने की बात ही कुछ और है। उस स्थिति में शेर के वहाँ आने का समय निश्चित नहीं है। वह किसी भी समय वहाँ आ सकता है और यह भी हो सकता है कि वह वहाँ आए ही न। शेर यदि नहीं भी आता तो भी उसकी प्रतीक्षा में रातभर बैठना उत्साहवर्द्धक होता है, और शिकारी को शेर की आदतों के विषय में बहुत जानकारी भी मिलती है। इसके अतिरिक्त, यदि रात में शेर वहाँ नहीं आता तो मचान में बैठे शिकारी को वहाँ पर बहुत से अन्य जानवर देखने को मिलते हैं। अकेले बैठे व्यक्ति को जंगली जानवरों को उनके प्राकृतिक आवास में देखने का जो सुअवसर मिलता है, उससे शेर के न आने की निराशा की परिपूर्ति हो जाती है।

हमने अपने बैठने के लिए जो स्थान निश्चित किया था हम वहाँ शाम के चार बजे पहुँच गए। हमारे बैठने के लिए वहाँ बहुत आरामदेह और खुला स्थान था। हमने उसे पत्तों और टहनियों आदि से ढककर अपने बैठने के लिए ठीक कर लिया और वहाँ से पन्द्रह गज दूर नदी के रेतीले भाग में कटरा बाँध दिया, और आराम के साथ अपने छिपने के स्थान में आकर बैठ गए।

हम दोनों के पास .375 एच. एंड एच. मैग्नम राइफल थी और उन पर 2.5 X टेलीस्कोप लगी हुई थी। रात के शिकार में यह दृष्टि सहायक उपकरण बहुत सुविधाजनक और लाभप्रद रहता है। यह उस सारी रोशनी को पकड़ लेता है जो मनुष्य को सामान्यतया नजर नहीं आती। इस उपकरण से निशाने का लक्ष्य भी आसानी से दिखाई देता है, अतः इससे सही निशाना लगाने में बहुत सहायता मिलती है।

हमने अपनी राइफलों को अच्छी तरह से देखभाल कर उनके चैम्बर में गोलियाँ डाल दीं। उनके सेफ्टी कैच को ढीला करने के बाद उन्हें उनके ठिकाने पर टिका दिया। थरमस में से एक-एक प्याला चाय पीकर उस दिन की अपनी आखिरी सिगरेट भी पी ली। तत्पश्चात् जंगल के सान्ध्य समय के संगीत और रंगों का आनन्द लेने लगे।

सूर्य उसी समय पहाड़ी के पीछे अस्त हुआ था और हमारे लिए पश्चिम की दिशा

अँधेरी होने लगी थी। जंगल लगभग शान्त हो चुका था। तभी वहाँ लंगूरों की एक बहुत बड़ी टोली आ गई। वे आसपास के पेड़ हिलाने लगे। एक शाखा से दूसरी शाखा पर और एक पेड़ से दूसरे पेड़ पर छलाँगें लगाने लगे। फिर एक-एक, दो-दो करके लगभग पचास लंगूरों की वह फौज धरती पर उतर आई।

उनमें कुछ बच्चे थे और अपनी-अपनी माताओं से चिपके हुए थे। कुछ बूढ़े थे जो बहुत गम्भीर और उदासीन दिखाई देते थे। उनकी दुमें ऊपर हवा में उठी हुई थीं और वे अकड़-बकड़ कर ऐसे चल रहे थे जैसे सार्वजनिक सभा में मन्त्रीगण चलते हैं। उनमें कुछ नटखट बालक भी थे जो अपने माता-पिता की बात पर ध्यान न देते हुए मनमानी कर रहे थे। माताओं ने अपने बच्चों को दूध पिलाना शुरू किया और युवा लंगूरों ने अपनी समवयस्क मादा-लंगूरों से छेड़छाड़ करनी शुरू कर दी।

उस समय जंगल अत्यन्त शान्त था। वहाँ किसी प्रकार की कोई हलचल नहीं थी। साँझ कुछ और गहरी हुई और उसके साथ जंगल का मौन भी गहरा हुआ जिसे सहस्रों कीट-कीटाणुओं की चर-चर की मन्द ध्वनि ने और भी गहरा बना दिया था।

तभी उस शान्ति और मौन को भंग करते हुए साम्बर की ऊँची 'ढाँक-ढाँक' सुनाई दी। वह आवाज पास के दर्रे से पहाड़ की ओर बढ़ रही थी। लंगूर जल्दी से पेड़ों पर चढ़कर ऊपर सुरक्षित स्थानों में जा बैठे। साँझ में तनाव आया और वह थकी-सी लगने लगी। साम्बर ने फिर संकट की चेतावनी दी, और उसकी पुकार बार-बार सुनाई पड़ने लगी। वह बार-बार संकट की चेतावनी देता रहा, और उसकी अधीरता ने परिवेश के तनाव को बहुत तीखा कर दिया। सान्ध्य समय का हल्का अँधेरा तनाव से काँपने लगा। साम्बर की पुकार को सुनकर चीतल बोलने लगे। वे आवाजें उसी स्थान की निचली ओर से आ रही थीं जहाँ हम बैठे थे। हम समझ गए कि शेर अपने भोजन की खोज में निकल पड़ा है और हमारी ओर आ रहा है। हमारी घड़ी के अनुसार उस समय सात बजकर पैंतालीस मिनट हुए थे। हमने अपनी-अपनी राइफलें उठाईं और आपस में यह तय किया कि पहली गोली मेरा मित्र चलाएगा। वह उस पशुघातक शेर को मारने के लिए बहुत उत्सुक था।

जंगल में जब साम्बर एक-दूसरे को खतरे की चेतावनी दे रहे थे, उसी समय एक साम्बर हमारी ओर भागता हुआ आया। पहले काकड़ और फिर चीतल बोल-बोलकर शेर की उपस्थिति की घोषणा कर रहे थे।

हमारे आसपास भ्रमण करते हुए दो शेर ! हमें पता नहीं था कि हमारी ओर कौन सा शेर पहले आने वाला था—चौड़े और फटे हुए पदचिह्नों वाला या छोटे और चिकने पदचिह्नों वाली शेरनी जिस पर गोली चलाने की हम दोनों में से किसी की भी इच्छा नहीं थी।

अपनी-अपनी राइफल को हाथ में लेकर हम उस शेर के आने की प्रतीक्षा करने लगे जो जान बचाने के लिए भागते हुए चीतल का पीछा कर रहा था। तभी पास की एक झाड़ी में से ऊँची आवाज सुनाई दी और घास को कुचलता हुआ एक सुन्दर झाँक

(नर चीतल) नदी में आ कूदा। उसके साथ कुछ मादा चीतल भी थीं और दो-तीन चीतल के बच्चे। वे बँधे हुए कटरे से थोड़ी दूर खड़े हो गए। वह कटरा पत्थर की मूर्ति की भाँति धरती पर निश्चल बैठा था। उसके कान तने हुए थे और सिर नदी की ओर मुड़ा हुआ था। फिर, जहाँ नदी दो खंडों में बँटी हुई थी, वहाँ से एक गीदड़ ने 'फी-ओ-फी-ओ' करना शुरू किया। उससे कुछ दूर चीतल 'टाऊन टाऊन' करने लगे। नर-चीतल ऊँची और भारी आवाज में बोल रहे थे और मादा चीतल पतली और तीखी आवाज में।

मैं समझ गया कि शेर ने गलत रास्ता पकड़ लिया है। हमारी ओर आने के स्थान पर वह नाले के निचले भाग की ओर जा रहा था। अर्थात् जहाँ हम बैठे थे, वह वहाँ से दूर जा रहा था।

दूसरा शेर भी उसकी अपेक्षा हमसे और भी अधिक दूर चला गया। वह पहाड़ी के पार उस ओर चला गया जहाँ काकड़ और साम्बर पुकार-पुकार कर उसकी उपस्थिति की घोषणा कर रहे थे।

हम ठगे से अनुभव करने लगे। हमें बहुत बुरा लग रहा था कि हम उस स्थान पर क्यों नहीं बैठे जहाँ नाला दो खंडों में बँटता था। शेर वहीं से निकला था और वह भी सुरक्षित वन में शिकार करने के दौरान।

हमारे पास अब उसके जंगल में लौट आने की प्रतीक्षा करने के अतिरिक्त कोई और विकल्प नहीं था। परन्तु उसका वहाँ लौटकर आना निश्चित नहीं था। अब वह केवल भोजन न मिलने की स्थिति में ही हमारी ओर आ सकता था और यह भी सम्भव था कि वह वहीं कहीं झाड़ियों में विश्राम करने लगे। हमने अपनी राइफलों को डंडे के सहारे टिका दिया और पीछे की उस चट्टान पर पीठ लगाकर बैठ गए जिसे हमने आराम से बैठने के लिए लगा रखी थी।

जंगल शान्त हो गया था। कीट-कीटाणुओं की चरचराहट सुनाई पड़ने लगी। झाँक अपनी गौरवमयी चाल में मादा चीतलों के साथ पास की झाड़ियों में घुसकर रात्रि के अँधेरे में लुप्त हो गया।

जानवरों की पुकारें खत्म हो गईं। संकट टल गया। यह समझकर कटरा थोड़ी हलचल करने लगा। उस समय मेरी घड़ी के अनुसार रात के नौ बजे थे और रात स्वप्नविहीन नींद के समान शान्त थी। वहाँ शान्ति में विघ्न-बाधा डालनेवाली कोई भी अस्वाभाविक ध्वनि नहीं थी। केवल कभी-कभी कटरे के गले में बँधी हुई घंटी की धीमी सी आवाज और ऊँचे पेड़ों पर बैठे हुए उल्लुओं के बोलने की आवाजें सुनाई पड़ती थीं।

मैं अपने हाथ-पैरों को कम्बल में डालकर मचान के पीछे की चट्टान पर पीठ लगाए आराम से बैठा था और आकाश के तारों को देख रहा था। मुझे पहाड़ के एक किनारे पर सप्तऋषि के तारे दिखाई दिए। किन्तु उसके पिछले दो तारे अब भी पहाड़ की ओट में थे। यदि वे भी सामने आ जाते तो मैं मन-ही-मन उनमें से सीधी रेखा खींचकर उस चमकते हुए तारे पर पहुँच जाता जिसे ध्रुवतारा कहते हैं। उस तारे की सहायता से जंगल में भटके हुए व्यक्ति को अपनी दिशा मिल जाती है। फिर वे दोनों तारे भी सामने आ

गए। पहले एक दक्षिण की ओर दिखाई दिया और उसके बाद दूसरा उसकी सीध में, किन्तु तनिक उससे नीचे। तब भी वे पर्वत के इतने निकट थे कि मैं उनकी सहायता से ध्रुवतारे तक नहीं पहुँच पाया, और तभी जंगल में शोर मच गया।

उस समय मैं चट्टान से पीठ लगाए लगभग लेटा हुआ था। मैं बिना आहट किए उठकर बैठ गया और अपनी राइफल को कन्धे से लगाकर, टेलीस्कोप द्वारा सामने के सारे दृश्य देखने लगा। जंगल में गहरा अँधेरा छाया हुआ था। केवल मेरे सामने के रेतीले स्थान पर चाँद की हल्की पीली रोशनी पड़ रही थी। मेरे टेलीस्कोप ने उस चाँदनी को एकत्र कर लिया और मुझे सारा दृश्य स्पष्ट दिखाई देने लगा।

मेरे सामने, मुश्किल से मुझसे बारह गज दूर शेर ने हमारे बाँधे हुए कटरे को नीचे गिरा रखा था। कटरा अपने आपको छुड़ाने का और खड़े होने का भरसक प्रयास कर रहा था और शेर उसके सिर पर खड़ा था। मुझे अपने टेलीस्कोप से यह सब साफ दिखाई पड़ रहा था।

मैंने देखा कि शेर अपने जबड़े में उसकी गर्दन दबोचे हुए है। उसका सारा शरीर कटरे के कन्धों पर झुका हुआ था। केवल कटरे का पिछला भाग इधर-उधर हिल रहा था। दोनों में जो संघर्ष चल रहा था उसमें शेर के दाँत कटरे की गर्दन में ऐसे धँसे हुए थे कि पूरी चेष्टा करने पर भी कटरा अपने आपको शेर की पकड़ से छुड़ा नहीं सकता था। देखते ही देखते कटरे का शरीर शिथिल पड़ गया। उसकी पिछली टाँगों में कुछ संकुचन हो रहा था। वह भी धीरे-धीरे मन्द होते हुए खत्म हो गया। कटरा पूरी तरह से उसकी जकड़ में शिथिल पड़ा था।

मैं शेर की गर्दन पर निशाना साधे खड़ा था। मेरी उँगलियाँ राइफल के घोड़े पर लगी हुई थीं। मैं निशाना लेने के लिए बिल्कुल तैयार था। किन्तु अपने पहले निर्णय के अनुसार कि पहली गोली मेरा मित्र चलाएगा इसीलिए मैंने घोड़ा नहीं दबाया, बन्दूक नहीं चलाई।

मैं बेसब्री से उसके गोली चलाने की प्रतीक्षा कर रहा था। परन्तु उसने गोली नहीं चलाई। दो दिन पहले के जंगल में शोर होने का जो उसका अनुभव था, उससे उसने उस समय के शोर को भी, उसी की पुनरावृत्ति समझा। उस दिन कटरा खूँटे से छूटकर झाड़ियों में घुस गया था। उसे पकड़ने में जो भागदौड़ हुई थी और शोर मचा था, उसने उस समय के शोर को भी वैसा ही समझा।

शेर ने हमें अपने आने का कोई पूर्व संकेत नहीं दिया था। हम अपने वन-कौशल के मनगढंत विश्वास में शेर की चतुराई को समझने में भारी भूल कर बैठे। वह गलती हम दो शहरियों ने ही नहीं की थी, जंगल के जीव-जन्तु, चीतल-काकड़ आदि भी धोखे में आ गए थे। कोई भी जीव उसकी गन्ध को पकड़ नहीं पाया था। उन्हें यही विश्वास रहा कि वह उस क्षेत्र से बाहर चला गया था।

उसके पदचिह्न देखने के लिए हम दूसरे दिन सुबह निकल पड़े और उनके आधार पर सारी घटना का पुनर्घटन किया। शेर ने जो गतिविधियाँ की थीं और जो तरीके

अपनाए थे, उन्हें देखकर हम चकित रह गए। मनुष्य स्वाभाविक रूप से अपने आपको बहुत बुद्धिमान समझता है किन्तु शेर ने जिस चतुराई और समझदारी से काम लिया था, उसने हमें अपनी असलियत का बोध करा दिया। हमें अपनी ही दृष्टि में मूर्ख बना दिया।

जिस समय कटरे के गले में बँधी घंटी की हल्की सी आवाज हुई थी उस समय वह वहाँ से लगभग दो फर्लांग दूर था। उस आवाज को सुनकर वह रुका, और जहाँ से घंटी सुनाई दी थी, उसे निश्चित करने के लिए उसने अपना सिर घुमाया। उस जगह पर उसके पंजों के निशान अपेक्षाकृत गहरे थे। वहीं पर वह झाड़ियों से निकला था, और वह स्थान उससे बहुत नीचा था, जहाँ कटरा बँधा था। हम दिन के प्रकाश में भी उसे देख नहीं पाए थे यद्यपि हम खड़े थे और हमारा दृष्टि-स्तर शेर के स्थान से काफी ऊँचा था। शेर वहाँ खुले में खड़ा था और उसे देखकर चीतल और काकड़ आदि संकट की घोषणा करने लगे थे। शेर ने अपने शिकार की ओर आने से पहले उन पुकारों को रोकना चाहा। इसलिए उसने अपना रास्ता बदला और सीधा नाले की निचली ओर जाने के स्थान पर, नाले के पूर्वी तट से जंगल में प्रवेश कर गया। वह नाले के पूर्वी तट पर खुले रास्ते से गया था, जिससे जंगल के जीव-जन्तुओं को विश्वास हो जाए कि उसे उनमें रुचि नहीं थी और वह अपने लिए किसी अन्य शिकार की खोज में जा रहा था। उधर जाते हुए उसने अपने आपको छिपाने का कोई प्रयास नहीं किया। झाड़ियों और चट्टानों की ओट लिये बिना, वे उन जीव-जन्तुओं के सामने तट पर चढ़ा था।

तट पर चढ़ने के बाद उसे जो पहली घनी झाड़ी मिली, वह छिपकर उसमें लेट गया। झाड़ी के नीचे की रेत में उसके वहाँ लेटने के स्पष्ट चिह्न थे। वह काफी देर तक वहाँ लेटा रहा। आध घंटे से किसी प्रकार कम नहीं। जब तक संकट की सब पुकारें खत्म नहीं हो गईं और जानवर चरने नहीं लगे तब तक वह वहीं लेटा रहा।

जंगल के शान्त हो जाने पर वह नाले में झाड़ियों और चट्टानों की आड़ लेकर, उसके गड्ढों और अन्य विशेषताओं का लाभ उठाते हुए, वहाँ से बाहर निकल आया। नाले में वह पूरा समय उसी ओर रहा था जहाँ हवा कटरे की विपरीत दिशा में बह रही थी। इससे कटरे को उसकी गन्ध नहीं मिल पाई। झाड़ियों की ओट में चलते हुए वह कहीं-कहीं बैठ भी जाता रहा। उस कटरे तक पहुँचने के लिए उसे दो फर्लांग का रास्ता तय करना था। वह कटरे को कहीं से भी देख नहीं सकता था, तो भी घंटी की आवाज से उसने उसका ऐसा अच्छा अनुमान लगा लिया कि वह उस झाड़ी पर पहुँच गया, जो कटरे से केवल दस गज दूर थी। इससे पहले कि कटरे को पता चलता कि उसके साथ क्या होने वाला है वह वहाँ से बिजली की भाँति उस पर कूद पड़ा। उसकी गर्दन की पकड़ ही उसके लिए शेर की उपस्थिति की पहली सूचना थी।

उसने अपने दाँतों से कटरे की गर्दन की हड्डियों को तोड़ डाला और उसके शरीर को निर्जीव कर दिया। उसके शव मुँह में लिए वह उठा, रस्सी टूटी और उसके टूटने की

आवाज ने मेरे मित्र को सतर्क किया। परन्तु तब तक शेर उस शव को ऊँचा उठाकर दो-चार कदम भर चुका था। वह शव आधा ऊँचा उठा हुआ था और आधा जमीन पर घसीटा जा रहा था, ठीक वैसे ही जैसे बिल्ली मुर्गों के बच्चों को उठाकर ले जाती है।

वह वहाँ रुका। उस समय वह मेरी बन्दूक की नली से आठ गज से अधिक दूर नहीं था। उसका हृदय मेरी बन्दूक की सीध में था। परन्तु एक टहनी ने उसे मेरे मित्र की नजर से कुछ ओझल कर रखा था। शेर वहाँ पर कुछ समय के लिए स्थिर खड़ा रहा। मैं उस पर आसानी से निशाना ले सकता था। मेरा दिल जोर-जोर से धड़क रहा था। किन्तु अपने मित्र के गोली चलाने की प्रतीक्षा में मैं निश्चल खड़ा रहा। मैं नहीं जानता था कि एक टहनी ने मेरे मित्र की दृष्टि में बाधा डाल रखी थी।

शेर हमारे सामने अपनी पूरी लम्बाई में स्थिर खड़ा था। मेरे मित्र ने उस बाधा को दूर करने के लिए और अपनी बन्दूक को निशाने पर साधने के लिए अपनी स्थिति को कुछ बदला। इससे उसे अपने स्कोप से शेर के शरीर का पिछला चौथाई भाग दिखाई दिया। परन्तु सब मर्मस्थल उसकी दृष्टि से ओझल थे। उसने फिर अपनी स्थिति बदली, और इस बार शेर को हमारे वहाँ होने का पता चल गया। उसने अपना सिर घुमाया और अत्यन्त कठोर दृष्टि से हमारी ओर देखा। मेरे सारे शरीर का रक्त मेरी राइफल के घोड़े से लगी मेरी उँगली में आ पहुँचा। घोड़े पर मुड़ी हुई उँगली उसे दबाने के लिए बेचैन थी, तथापि मैं अपने मित्र के गोली चलाने की प्रतीक्षा करता रहा।

शेर ने शव को धीरे से रेत पर डाल दिया और स्वयं एक झाड़ी के पीछे चल गया। टहनी की बाधा से बचने के लिए मेरा मित्र ऊपर उठा, परन्तु मैंने उसकी टाँग को धीरे से स्पर्श किया और उसे शान्त रहने को कहा। पत्थर की मूर्तियों की भाँति हम स्थिर रहे। ठीक उस चट्टान की तरह जो हमारी पीठ के पीछे थी। हमने छाती में रुकी साँसों को लेने के लिए मुँह खोल दिए। असफलता के भाव में हमारा मन दुखी था। उत्तेजना के बोझ ने हमें बुरी तरह से दबा रखा था। इसी मनःस्थिति में हम मचान में चुपचाप बैठे रहे।

कुंठा की साकार मूर्तियों की भाँति हमें निश्चल बैठे हुए दस मिनट भी नहीं हुए थे कि शेर ने झाड़ी में से निकलकर एक ही झटके में शव को हमारी नजर से बाहर उछाल दिया। उसने उसे फिर उठाया और झाड़ी में ले गया। कटरे के गले की घंटी की आवाज ने हमें उसकी स्थिति का परिचय दे दिया। हमने अपनी राइफलों को उसकी सीध में लगाया। उसके सिर की रूपरेखा से मैं उसके सिर का अनुमान लगा सकता था। वह बहुत बड़ा और भारी सिर था और आंशिक रूप से झाड़ी के अन्दर उगे हुए एक पेड़ के तने से छिपा हुआ था।

मैंने अपनी अधीरता में अपने मित्र को गोली चलाने का संकेत किया, किन्तु वह यह नहीं समझा कि जिस स्थान पर वह था वहाँ से सही निशाना लेना लगभग असम्भव था।

सामने से शेर के सिर पर निशाना लेना बहुत कठिन होता है। सिर पर निशाना

लेने में प्रायः धोखा हो जाता है। शेर की खोपड़ी को यदि ध्यान से देखा जाए तो पता लग जाएगा कि शेर का माथा होता ही नहीं।

मेरा मित्र शेर के सिर की इस विशेषता को जानता था। इसलिए उसने समझदारी से निशाना लिया। उसने उसकी नाक के बीच का निशाना साधा और गोली चलाई। किन्तु उसकी नाक आंशिक रूप से पेड़ के पीछे थी। गोली चली परन्तु प्रतिक्रिया में उसकी गर्जना सुनाई नहीं पड़ी। चोट लगने पर शेर गरजते हैं। हम समझ गए कि वह घायल हुए बिना बच निकला है। दूसरे दिन हमने देखा कि गोली की चाल को पेड़ के तने ने रोक दिया था और शेर बाल-बाल बच निकला था।

III

उस धारीदार पशुघातक का पीछा करने के लिए मैं दूसरे वर्ष फिर गया। इस बार मेरा एक अन्य मित्र मेरे साथ था। वह नवयुवक था और आर्थिक रूप से आत्मनिर्भर। उस उदार दिल युवक में पुराने समय के शिष्टाचार के सभी गुण विद्यमान थे। शिकार का उसका शौक अभी नया-नया था। अतएव उसे शिकार के अनुभव नहीं थे, किन्तु उसके उत्साह ने उसकी इस कमी की परिपूर्ति कर रखी थी। वह शिकार खेलने के सभी कष्टों और कठिनाइयों को सहर्ष स्वीकार करने के लिए तैयार था। उसका साथ बहुत रोचक और मन बहलानेवाला था। उसके साथ जंगल में पैदल घूमना बहुत अच्छा लगता था। उस पशुघातक शेर की खोज करने के लिए मैंने उसके साथ जंगल में कई दिनों तक दूर-दूर तक भ्रमण किया था और उसके संसर्ग में मुझे बहुत आनन्द मिला था।

गर्मी का मौसम था। गर्म हवाएँ पेड़ों और झाड़ियों को झुलसा रही थीं। पानी की कमी से प्यासे पेड़ सूख रहे थे और उनके पत्ते नीचे गिर रहे थे जिन्हें तेज हवाएँ इधर-उधर उड़ा रही थीं। पेड़-पौधों को भोजन की अपेक्षा पानी की आवश्यकता अधिक थी और उसी की वहाँ कमी थी। कहीं-कहीं बावड़ियाँ थीं, परन्तु उनका पानी भी कम हो रहा था। परिणामस्वरूप बावड़ियों में पानी कम था और मिट्टी ज्यादा।

गाँव के पटवारी की भाँति वह पशुघातक शेर नियमित रूप से बस्तियों का चक्कर लगाता था और उसी की तरह अपनी लूट-खसोट से अपने पीछे दुख-दर्द छोड़ जाता था। वह बहुत दिनों तक एक स्थान पर नहीं रहता था, क्योंकि उसके एक-दो पशुओं को मार लेने के बाद ग्रामवासी विशेष सावधान हो जाते थे, और उसके लिए वहाँ और रहना दुष्कर हो जाता था। तब वह वहाँ से हटकर दूसरी बस्ती की ओर चला जाता था और वहाँ भी ग्रामवासियों के कुछ पशुओं को मारकर दूसरी बस्ती में चला जाता था। इस प्रकार वह एक बस्ती से दूसरी बस्ती का चक्कर लगाता रहता था। पशुघातक शेरों का यह क्रम उस समय तक चलता रहता है जब तक वे किसी असाध्य कष्ट और बाधा की लपेट में नहीं आ जाते।

पशुघातक या नरभक्षक शेरों के उपद्रव करने के ठिकाने और उनका क्रम इतना

नियमित होता है कि उनका रेखाचित्र तैयार किया जा सकता है। एक ठिकाने पर जब तक वह एक-दो पशुओं की हत्या नहीं कर लेता या उसकी गतिविधियों में कोई विशेष बाधा नहीं आ जाती, वह वहीं पर टिका रहता है। जानवर को मार लेने के बाद वह दो-तीन दिन तक उसका भोजन करता है, और फिर दूसरे स्थान की ओर चला जाता है जहाँ पर उसे अपने लिए भोजन जुटाने की सुविधा अधिक दिखाई पड़ती है।

हमने जंगल में जानवरों के आने-जाने के रास्तों का निरीक्षण किया। उनमें से हमने कटरे बाँधने के लिए ऐसे स्थानों को चुना जो सीधे पानी को जाते थे। वहाँ पर हमने कटरे बाँधे। एक कटरा मैंने नाले के उस सूखे क्षेत्र में भी बाँधा जहाँ पर वह प्रायः जंगल से निकला करता था। वह वही स्थान था जहाँ मैंने बच्चों वाली शेरनी को पहले देखा था जिसका जिक्र मैं अपनी पिछली कहानी में कर चुका हूँ। हमने कई रातें कटरे बाँधे परन्तु वह चतुर शेर हमारा उपहास करता हुआ वहाँ से साफ निकल जाता था। उसने बँधे हुए पशु को कभी स्वीकार ही नहीं किया। वह अनुभवी शेर अकेले बँधे हुए पशु का अर्थ समझता था। इसके विपरीत वह हर खुले पशु पर बेझिझक आक्रमण करता था। हमने चार रातें वहाँ कटरे बाँधे, परन्तु वह प्रलोभन के जाल में नहीं फँसा। यद्यपि कुछ ही गज दूर उसके पदचिह्न मिलते थे। पाँचवीं रात को मैं कटरा बाँधकर स्वयं वहाँ बैठा। रात चाँदनी थी। नौ बजे के करीब वह मुझे सीधा कटरे की ओर जाता दिखाई दिया। उस समय वह मुझसे लगभग अस्सी गज दूर था। मैं उस पर निशाना ले सकता था परन्तु उसे सीधा अपनी ओर आते देखकर, मैं उसके कुछ और निकट आने की प्रतीक्षा करने लगा। उसके रास्ते में, लगभग मुझसे बीस गज दूर एक मोड़ था जिसे लाँघने के बाद रास्ता फिर सीधा हो जाता था। मोड़ में वह मेरी आँखों से ओझल हो गया। वह फिर मोड़ से निकलकर खुले में आ गया। उसने कटरे को देखा, क्षणभर के लिए वहाँ रुका परन्तु मुझे इतना अवकाश नहीं दिया कि मैं उस पर निशाना साध सकूँ। प्रलोभन का परिहार करते हुए वह तेजी से मुड़ा और जंगल में चला गया। एक बार फिर वह जंगल से निकला। उस समय वह मुझसे करीब पचास गज दूर था। परन्तु मेरे पीछे था। मैं उसे देख नहीं सका। वापस जाते समय शेरों की आवाजें करते हुए जाने की जो अप्रिय आदत है, उसके आधार पर मैं निश्चित रूप से यह कह सकता हूँ कि वह जंगल से बाहर आया था और वहीं से वापस लौट गया था। उस समय मुझे ऐसा लगा कि वह मेरे फूहड़ प्रयासों का उपहास करने के लिए ही वहाँ आया था।

पिछले वर्ष मेरे मित्र ने उसे जो शिक्षा दी थी वह उसे भूला नहीं था। बल्कि उसने अपने बचाव के तरीकों को और सुधार लिया था। हम बहुत ढिठाई के साथ उसे घेरने और मारने की चेष्टा कर रहे थे। परन्तु हर बार वह हमें झाँसा देकर बच निकलता था। उसके लिए चारे के रूप में कटरे बाँधकर मैं कभी उनके निकट बैठा और कभी कुछ दूर, और कभी छिप-छिपाकर इधर-उधर बैठा; परन्तु प्रत्येक बार वह मुझे अपनी

उपस्थिति का परिचय देकर साफ निकल गया।

सुरक्षित वन में हमारे शिकार खेलने की अनुमति की अवधि खत्म ही होने वाली थी। पिछले दस दिनों के विफल प्रयासों की थकान ने हमारे हाथ-पैरों को शिथिल कर दिया था। पैदल चलते-चलते हमारे पैरों में छाले पड़े गए थे। हमारे लिए और पैदल चलना दुष्कर हो गया था। हमारे एक मित्र ठाकुर साहब के पास हाथी था। उससे हाथी माँगकर हम जंगल में शेर की खोज करने लगे। इससे पैदल चलने के कष्ट से बच गए परन्तु हाथी की सवारी ने हमारे हाथ-पाँव के दर्द को और बढ़ा दिया। हमारा सारा शरीर दुखने लगा तथापि धर्म-प्रचारकों की भाँति हम अपने मिथ्या अभिमान में, पशुघातक शेर पर विजय पाने के प्रयासों में पूरी तल्लीनता के साथ लगे रहे।

हाथी को अपनी बड़ी और भारी टाँगों तथा भारी-भरकम शरीर के साथ पतले रास्तों और टेढ़े-मेढ़े मोड़ों में से निकलते देखकर हमें विस्मय होता था। वह आसानी के साथ गहरी खाइयों को लाँघ जाता था और ऊँची पहाड़ियों पर चढ़ जाता था। एक बार उसे पहाड़ी से फिसलकर उतरते हुए देखकर मैं चकित रह गया। अपने पैरों को सीधे फैलाकर हम उसकी पीठ पर बैठे हुए थे। वह हमें अपनी पीठ पर उठाए ऐसे नीचे ले आया था, मानो हम सरकती धरती के साथ नीचे उतर रहे थे। वह अपनी सूँड़ से अपने रास्ते की बाधाओं, पेड़ों और उनकी शाखाओं को तोड़ते हुए, मस्त चाल चलता रहता था। तथापि वह सवारी मेरे स्वभाव के अनुकूल नहीं थी। वह सवारी बहुत थका देने वाली थी। एक-दो दिन में ही मैं उस सवारी से ऊब गया। मैंने पुनः पैदल चलने का निश्चय किया और रात को उस शेर के घात में बैठने लगा।

एक दिन मैंने एक खड्ड में बैठने का निश्चय किया। वह स्थान शिविर से चार मील दूर था। वहाँ पहुँचने के लिए ऊँची घास के एक बड़े क्षेत्र में से गुजरना पड़ता था। ठाकुर साहब का हाथी तब भी हमारे पास था। घास में से पैदल जाने की कठिनाई से बचने के लिए मैं भी हाथी की पीठ पर सवार हो गया। अन्य दो स्थानीय शिकारियों के साथ मेरे मित्र ने मुझे खड्ड में पहुँचा दिया। उस समय शाम के चार बजे थे। खड्ड के किनारे पर एक बड़ी सी चट्टान की ओट में मैंने अपने बैठने के लिए सुरक्षित स्थान बना लिया। भोजन के लिए शिकार की खोज में मेरा मित्र स्थानीय शिकारियों के साथ एक मील आगे गया। वहाँ पर एक चलती हुई सड़क थी। वे वहाँ से बाईं ओर मुड़े और खड्ड के निकट घास के एक कुंज में चले गए।

अभी दिन था। पेड़ों की छाया में घास के सूखे-भूरे फलक पानी के लिए तरस रहे थे। मेरे सामने कई दिन की मरी हुई भैंस का शव पड़ा था। गिद्धों और उसके समान अन्य जीव-जन्तुओं ने उसके मांस को खाकर उसके पंजर को साफ कर रखा था। उसके पंजर पर अब खाने के लिए कुछ भी शेष नहीं था। तथापि मैंने एक सूखे-भूखे गीदड़ को झाड़ी से निकलकर उस अस्थि-पंजर के इर्द-गिर्द चक्कर लगाते हुए देखा। उसका व्यवहार अत्यन्त रोचक था। मैं उसे ध्यान से देखने लगा। वह ठुमक-ठुमक कर उस ढाँचे के आसपास घूम रहा था और बार-बार अपनी नाक उठाकर

हवा को सूँघ रहा था। जैसे ही कोई आहट सुनाई देती थी, वह उसे संकट का संकेत समझकर वहाँ से हट जाता था और फिर कुछ ही समय में वहाँ लौट आता था। अन्त में उसने उस अस्थि-पंजर में अपने दाँत गाड़ दिए और हड्डियों को चबाने लगा। परन्तु थोड़े ही समय के बाद वह उसे सहसा छोड़कर चोर की भाँति तेजी से भागता हुआ पास की घास में घुस गया।

तभी जोर-जोर से पास की झाड़ियाँ हिलीं और उनमें शराबी की भाँति डोलता हुआ एक रीछ निकला। वह सीधे भैंस की अस्थियों के बिखरे ढेर की ओर गया और ढेर में से एक पसली खींच ली और उसे स्वाद ले-लेकर खाने लगा। मुझे वह स्थिति अत्यन्त रोचक लगी। अपनी राइफल को मचान में उसके ठिकाने पर टिकाकर उसे ध्यान से देखने लगा। रीढ़ की हड्डी में से रीछ एक-एक पसली खींचकर निकालता था और गाजर की तरह उसे आसानी से चबाता जाता था।

गीदड़ के भोजन में बाधा पड़ी थी। वह झाड़ी के पीछे से रीछ को तिरस्कार भरी नजर से देख रहा था। कुछ समय तक उसने रीछ के जाने की प्रतीक्षा की, परन्तु रीछ वहीं खड़ा पसलियाँ चबाता रहा। गीदड़ हिम्मत पकड़कर झाड़ी में से निकला और अस्थियों की ओर गया। उसे देखते ही रीछ ने मुँह से हड्डी निकालकर नीचे फेंकी और सूअर की तरह गुर्राते और दाँत दिखाते हुए उसकी ओर लपका। गीदड़ तुरन्त झाड़ी के पीछे भाग गया। परन्तु कुछ ही देर में फिर उसके सामने आ गया। रीछ ने उसे फिर डराकर भगा दिया। तभी मैंने खड्ड में से गोली चलने की आवाज सुनी। यह आवाज लगभग एक फर्लांग की दूरी से आई थी। वहाँ मेरा मित्र था। मैंने सोचा कि गोली मेरे मित्र ने अपनी .375 मैग्नम राइफल से किसी बड़ी झाँक पर चलाई होगी जिसके बड़े, सुन्दर और आकर्षक सींगों के प्रलोभन को वह सम्भवतः रोक नहीं पाया था।

मैंने मन-ही-मन अपने मित्र को कोसा क्योंकि वह गोली उस स्थान के पास से चली थी, जहाँ मैं उस पशुघातक शेर के घात में बैठा हुआ था। गोली चलने के बाद उसके वहाँ आने की सम्भावना ही खत्म हो गई थी। गोली की आवाज ने रीछ को सावधान किया और वह वहाँ से भाग खड़ा हुआ। तभी गीदड़ वहाँ लौट आया और रीछ की घबराहट का आनन्द लेते हुए हड्डियों को चबाने में लग गया और करीब आधे घंटे तक उन्हें खाता रहा।

सूर्य उस समय मेरे पीछे पर्वत पर चमक रहा था। पेड़ों पर से छनती हुई उसकी किरणें पेड़ों की छाया को वितरित करती हुई, धरती पर बाघ की खाल जैसी दिखाई पड़ रही थीं। सूर्य के अस्त होते ही झाड़ियों के नीचे से दिन के विदा होने के सन्देशं मिलने लगे। प्यास से व्याकुल मुर्गे अपनी चोंचें खोले, पोखरी के गँदले पानी की ओर जाने लगे। मुर्गियों के साथ उनके बच्चे भी थे जिन्हें उनकी माताएँ कुड़्क-कुड़्क की आवाज से अपने निकट सँभाले हुए थीं। गीदड़ को अस्थियों के निकट देखकर मुर्गियाँ क्लक-क्लक करने लगीं और उनके बच्चे इधर-उधर भागकर, आसपास के सूखे पत्तों के नीचे छिप गए। गीदड़ अस्थियों को खाने में इतना व्यस्त था कि उसने उनकी ओर

देखा ही नहीं, तथापि मुर्गे थोड़ी ही देर में वहाँ से गायब हो गए।

गोली की आवाज को सुने हुए एक घंटा हो गया था। मुझे पास की झाड़ियों में से एक सीटी सुनाई दी, और फिर कुछ ही क्षणों के बाद दूसरी सीटी की आवाज आई। मुझे वह संकट का संकेत लगा। मैंने भी प्रतिक्रिया में एक सीटी बजाई और सीटी बजानेवाला मेरे सामने खुले में आ गया। वह एक स्थानीय शिकारी था। उसने कहा कि 'मेरे मित्र ने शेर मारा है और मुझे वहाँ जाना है।' मुझे सुनकर खुशी हुई और मैं बिना कुछ और पूछे उसके पीछे चल पड़ा।

जब हम वहाँ पहुँचे तो शाम हो चुकी थी। मैंने इधर-उधर देखा, शेर कहीं नहीं था। मुझे खड्ड में छोड़कर वे भोजन के लिए शिकार करने के लिए आगे घाटी में गए थे। उन्हें घाटी के अन्तिम छोर से डरे हुए चीतलों की आवाजें सुनाई दी थीं। इसलिए वे घाटी का चक्कर लगाते हुए उसके दूसरे किनारे पर पहुँच गए जहाँ साल के वृक्षों का समूह था। वहीं से उन्हें चीतलों की डरी हुई आवाजें आई थीं। उनका अनुमान था कि वे हाथी से डरकर बोल रहे थे। साल वृक्षों के छोटे पौधों की दो पंक्तियों के बीच में से वे अभी पचास गज भी नहीं गए थे कि उन्हें अपने सामने रास्ते में एक बड़ा शेर खड़ा दिखाई पड़ा। उन्हें देखकर भी वह वहाँ खड़ा रहा, विचलित नहीं हुआ।

मेरे मित्र ने अपनी स्वाभाविक प्रवृत्ति के अनुसार राइफल उठाई। कन्धे से लगाई। किन्तु समय पर अपने आपको रोक लिया। वह यह नहीं जानता था कि क्या वह स्थान उस वन-ब्लॉक के अन्दर था, जहाँ हमें शेर मारने की अनुमति थी या उससे बाहर। हाथी को देखते हुए शेर कुछ क्षण वहीं खड़ा रहा। हाथी घबरा रहा था। तभी शेर हाथी पर बैठे हुए सब व्यक्तियों के सामने से अपनी शान्त और सुन्दर चाल के साथ वहाँ से आगे की ओर चला गया। थोड़ा आगे चलकर वह फिर साल वृक्षों की दो पंक्तियों के बीच रुका। सिर घुमाकर पीछे देखा और आराम से चलता हुआ साल वृक्षों की दूसरी पंक्ति में विलुप्त हो गया।

मेरा मित्र अपने साथियों के साथ तुरन्त पीछे मुड़ा और जंगल की चौकी पर गया। चौकी वहाँ से केवल दो सौ गज दूर थी। वहाँ पर उनकी भेंट रेंज-अधिकारी से हुई। उससे उन्हें पता चला कि जहाँ उन्होंने शेर देखा था, वह स्थान उसी वन-ब्लॉक में था जहाँ उन्हें शिकार करने की अनुमति थी।

वे वहाँ से तुरन्त लौटना चाहते थे परन्तु रेंज-अधिकारी ने उन्हें मुसकराते हुए कहा, 'शेर स्वाभाविक रूप से सहयोगी नहीं होते, और वह बड़ा शेर तो अन्य शेरों से भी अधिक दुष्ट है। इसलिए वे यह आशा नहीं कर सकते कि वह उनकी प्रतीक्षा करेगा। उस समय तक तो वह कई मील दूर चला गया होगा।'

रेंज-अधिकारी सज्जन पुरुष था, स्वभाव से मैत्रीपूर्ण। उसने आग्रहपूर्वक उन्हें जलपान के लिए रोक लिया। यह सचमुच आश्चर्यजनक है कि कितनी सरलता के साथ समाज से कटे वन-अधिकारी अनजान व्यक्तियों से मैत्री बना लेते हैं। उनमें केवल शहरी होने का नाता होता है, इसके अतिरिक्त और कुछ नहीं। जब तक जलपान की

औपचारिकता खत्म हुई, साँझ एक घंटा और बढ़ चुकी थी।

रेंज-अधिकारी से विदा लेने के बाद वे शिविर की ओर लौटे। किन्तु इस विचार से कि सुबह के भोजन के लिए शिकार चाहिए, वे पुनः उन्हीं छोटे साल वृक्षों की ओर लौट गए जहाँ से उन्होंने चीतलों को बोलते हुए सुना था। उन्होंने उन वृक्षों की एक पंक्ति ही पार की थी कि उन्हें फिर साल वृक्षों की उन्हीं दो पंक्तियों के बीच वही शेर आगे की ओर जाता हुआ दिखाई दिया। वह उनसे बीस गज से अधिक दूर नहीं था। शेर रुका और उसने अपना सिर घुमाकर, अपने कन्धों के ऊपर से उन्हें देखा। उस समय मेरा मित्र उस पर सही निशाना ले सकता था। किन्तु हाथी घबरा गया। वह बेचैन और अस्थिर था। इसलिए मेरे मित्र के लिए निशाना साधना कठिन हो गया। हाथी मुड़ा उसे देखने के लिए। शेर भी मुड़ा और मेरे मित्र ने घूमकर उस पर गोली चला दी। शेर हवा में कलाबाजी खाकर नीचे ऐसे गिरा, जैसे उसे लोहार के भारी हथौड़े की चोट लगी हो। उसकी टाँगें हवा में उठी हुई थीं और पीठ धरती से लगी हुई थी। हाथी बेकाबू हो गया। उसने इधर-उधर मुड़ना और पतली कर्कश तेज आवाजें करना और ऐंठना शुरू किया और मेरे मित्र के लिए, शेर पर दूसरी गोली चलाना कठिन कर दिया। बहुत कठिनाई के साथ महावत उस पर काबू पा सका। जैसे ही हाथी ने कदम उठाया मेरे मित्र ने पीछे मुड़कर देखा, और उसे शेर उठता हुआ और झाड़ियों के पीछे जाता हुआ दिखाई दिया।

जैसे कि मैं पहले कह चुका हूँ, जख्मी शेर का पीछा करना बहुत ही कठिन और अप्रिय काम है और जख्मी शेर का पीछा किए बिना उसे छोड़ देना घृणित अपराध है। परन्तु मुझे अपने मित्र से जो जानकारी मिली थी उसके आधार पर मैं विश्वास के साथ कह सकता था कि शेर को चोट नहीं लगी थी। वह बिल्कुल स्वस्थ था। निशाना लगने में आध इंच के अन्तर ने शेर को मृत्यु के मुँह से बचाकर जीवनदान दे दिया था। मेरा अनुमान था कि गोली ने उसकी सुषुम्ना नाड़ी का स्पर्श भर किया था। उससे अधिक और कुछ नहीं। केन्द्रीय तन्त्रिका-तन्त्र पर झटका लगने से वह थोड़ी देर के लिए अचेत होकर नीचे गिर पड़ा था। परन्तु मेरा मित्र मेरे इस विचार से सहमत नहीं था। उस समय शेर को तलाश करने की सम्भावना बहुत कम थी। फिर भी हाथी पर बैठकर हम उस क्षेत्र को देखने लगे।

मुझे यह मानना होगा कि मुझे वह स्थिति सन्तोषजनक नहीं लग रही थी। मैं घबराया हुआ था। डरे हुए हाथी पर बैठकर शेर का पीछा करना हमें किसी भी संकट में डाल सकता था, क्योंकि शेर के थोड़ा सा गुर्राने पर हाथी प्रायः डरकर भाग उठते हैं। ऐसी स्थिति में हाथी की पीठ पर शाखाओं से बनी ऊँची मचान में बैठा हुआ व्यक्ति किसी भी समय नीचे गिर कर सीधा शेर के मुँह में जा सकता है।

मैं हाथी से भी अधिक घबराया हुआ था, क्योंकि हाथी पर बैठा व्यक्ति उसकी दया पर निर्भर करता है। अतएव मैंने अपने मित्र से हाथी की पीठ से उतर जाने की इच्छा व्यक्त की। पैदल चलते हुए शिकारी को शेर जैसे शक्तिशाली और खूँखार जानवर

पर विजय पाने के जो अवसर मिलते हैं, वे उसके निजी शिकार-कौशल और साहस पर निर्भर करते हैं। हाथी की कायरता का खिलौना बनकर, उसकी डरी हुई भागदौड़ में मर जाने की अपेक्षा, मुझे अपने साहस और शिकार-निपुणता के बल पर, उस शक्तिशाली का सामना करते और उसका आक्रमण सहते हुए मर जाना कहीं अधिक पसन्द था।

मैं हाथी की पीठ से उतरा और शेर को खोजने लगा। परन्तु उसका पता नहीं लगा।

सूर्य अस्त हो चुका था। उसकी आखिरी किरण भी विलुप्त हो चुकी थी। अँधेरे ने वृक्षों की छाया को समेट लिया था। उस अँधेरे में हम कुछ भी नहीं कर सकते थे। इसलिए हमने अपनी खोज को दूसरे दिन के लिए स्थगित कर दिया।

दूसरे दिन हम सुबह ही वहाँ पहुँच गए। मेरे मित्र ने शेर पर जो निशाना लिया था उसके सम्बन्ध में मेरा अनुमान सही निकला। डरे हुए हाथी के ऐंठने और इधर-उधर मुड़ने से उसकी पीठ पर बनी मचान हिलडुल रही थी। उसमें बैठे हुए मेरे मित्र ने जो गोली चलाई थी उसका कुछ ऊपर उठ जाना स्वाभाविक था। वह सुषुम्ना नाड़ी पर लगने के स्थान पर उसकी रीढ़ की हड्डी की त्वचा पर लगी थी, और उसने उसकी त्वचा पर घाव किया था। इसका प्रत्यक्ष प्रमाण शेर के वापस जाने के रास्ते की वह घास थी जिसके ऊपरी सिरों पर खून लगा हुआ था। इसके अतिरिक्त उस घास से यह भी पता चलता था कि वह अपनी सहज स्वाभाविक चाल से चलता हुआ गया था, भाग कर या उछलता हुआ नहीं। जिस रास्ते से वह आया था उसी रास्ते से वापस गया था। अपने ही पदचिह्नों पर पैर रखते हुए। इससे यह भी पता चलता था कि वह कष्ट या पीड़ा में नहीं था, और न ही डरा हुआ। ऐसा लगता था कि उसे गोली लगने का पता ही नहीं चला था, और न ही उसने गोली लगने की आवाज सुनी थी। 2700 फुट प्रति सैकेंड की गति की 270 ग्रेन की गोली चलने की आवाज सम्भवतः उसने सुनी ही नहीं थी। आवाज की गति की अपेक्षा गोली की गति अधिक तेज थी। इसलिए गोली पहले लगी थी, और कानों में ध्वनि-तरंगें बाद में पहुँची थीं। गोली लगते ही वह अचेत होकर गिर पड़ा था, और इसीलिए गोली चलने की आवाज को वह सुन नहीं पाया था। सम्भवतः वापस लौटते समय उसकी चाल के सहज और स्वाभाविक होने का यही कारण था।

शायद हमें वापस जाते समय, नीचा दिखाने के लिए वह खेत के सूखे स्थलों की चाँदी जैसी चमकती रेत पर अपने पदचिह्न छोड़ गया था। निःसन्देह वह वही पशुघातक शेर था जिसका हम पिछले दो वर्षों से पीछा कर रहे थे और जो अपनी चतुराई से हमें पराजित करने में सफल हो रहा था। पिछले दो वर्षों में यह दूसरा अवसर था कि वह हमारी गोलियों के लगने पर भी बच निकला था।

शेर इस छोटी-सी झाड़ी में दुबका हुआ आक्रमण के लिए तैयार था।
(लेखक दायीं ओर खड़े हैं।)

शिकार के बाद, जंगल में खाल उतारने की प्रक्रिया।

शेर की मनपसंद क्रिया–पानी में लोटनी लगाना।

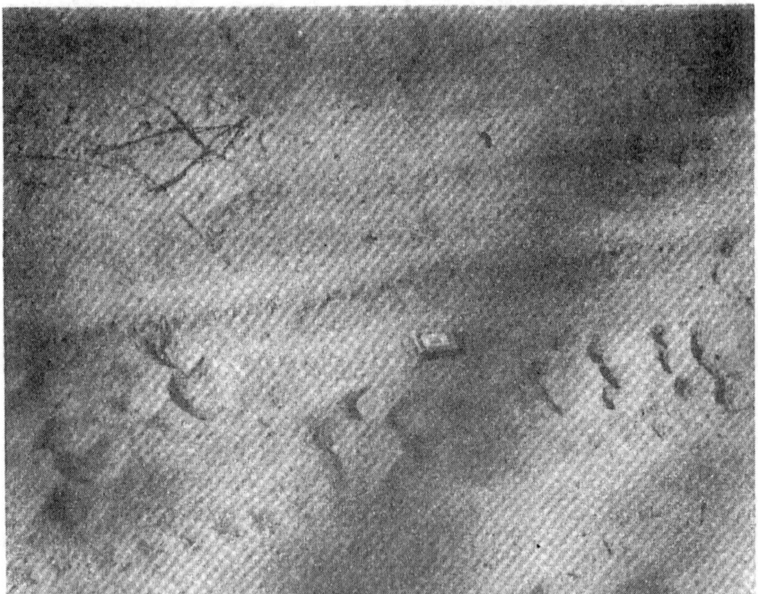

'उस मूर्ख' के पदचिह्न।

IV

दो वर्ष और बीत गए और उसके साथ मेरी उस पशुघातक शेर को समाप्त करने की आशा भी लगभग खत्म हो गई। मैंने उसे घेरने और पराजित करने के अनेक प्रयास किए थे परन्तु प्रत्येक बार मैं उसकी बुद्धिमत्ता, चतुराई और रक्षात्मक युक्तियों के सामने हार गया था। वह वन-कौशल में हमेशा मुझसे अधिक प्रवीण निकला। घिर जाने पर भी पीछा करने वालों को ठगकर साफ बच निकला था।

कभी-कभी शिकारियों का ऐसे अनुभवी शेरों से भी वास्ता पड़ जाता है, जो अपने किए हुए शिकार को खाने के लिए दूसरे दिन नहीं आते अथवा फँसाने के लिए भोजन के रूप में बँधे हुए पशु को स्वीकार नहीं करते। यह प्रायः वही शेर करते हैं जिन्हें अपने किए हुए शिकार को खाने के लिए, दूसरे दिन निकट जाने पर या बँधे हुए पशु पर आक्रमण करने पर गोली का सामना करना पड़ता है।

ऐसे अनुभवी शेरों का शिकार करने के लिए बहुत धीरज से काम लेना पड़ता है। बहुत समय और परिश्रम लगाना पड़ता है। इनका शिकार करने में मुझे जिन युक्तियों से सफलता मिली है वे इस प्रकार हैं—

सबसे पहले उनकी आदतों की अच्छी तरह से पूरी जानकारी प्राप्त करना और उन्हीं के अनुरूप अपनी गतिविधियों की योजनाएँ बनाना। दूसरे, यदि शेर बँधे हुए पशु को देखकर उस पर आक्रमण नहीं करता तो उसकी शंका को दूर करने के लिए पशुओं को कई दिन तक बाँधते रहना। इसके अतिरिक्त उसकी रस्सी को इतना ढीला रखना कि वह स्वच्छन्द रूप से चलता-फिरता दिखाई दे। परन्तु रस्सी कभी भी इतनी लम्बी नहीं होनी चाहिए कि पशु आँखों से ओझल हो जाए। तीसरे, शेर जब पशु को मार ले तो उसके मृत शरीर के साथ शेर को स्वच्छन्द व्यवहार करने की पूरी छूट देना। वह उसके मृत शरीर को जहाँ भी घसीटकर ले जाना चाहे, ले जा सके। उसमें किसी प्रकार की विघ्न-बाधा डालना उचित नहीं है। शिकारी और उसके साथियों को उसका पीछा नहीं करना चाहिए। शेर सम्भवतः उसे खाने के लिए उसी दिन लौटकर वहाँ न आए। परन्तु दूसरे दिन वह उसे देखने के लिए वहाँ अवश्य आएगा। उसके आसपास चक्कर लगाएगा और उसे देखकर, उसे खाने के लिए ललचाएगा भी। तथापि यह सम्भव है कि वह उसके बहुत निकट न जाए। ऐसी स्थिति में मैं उसके मारे हुए शिकार को घसीट के निकट दूसरे पशु को बाँधकर, शेर की घात में बैठता हूँ, और मेरी इस युक्ति ने मुझे प्रायः निशाना लगाने का अवसर दिया है।

अनुभवी शेर यद्यपि बँधे हुए पशु को स्वीकार नहीं करते तथापि वे उसे देखने के लिए अवश्य आते हैं। उसे देखने की अपनी लालसा को वे रोक नहीं पाते। शिकारी अपनी मचान को यदि नाले में बँधे हुए पशु से पचास गज आगे या पीछे बनाता है या उस रास्ते में बनाता है जहाँ से शेर प्रायः आता है, तो उसके चतुर होने पर भी शिकारी को उस पर निशाना लेने का अवसर मिल ही जाता है। उस पशुघातक शेर

को मारने के लिए मैंने इन सब युक्तियों का प्रयोग किया था तथापि मुझे सफलता नहीं मिली—उसने मेरी इन सब युक्तियों का तिरस्कार करते हुए उन्हें निष्फल कर दिया था।

दिसम्बर का महीना था। मैं मंडल नामक वन-ब्लॉक में शिकार करने जा रहा था। रास्ते में कालागढ़ से जाते हुए मैंने उसके घृणित व्यवहार की अनेक कहानियाँ सुनीं। उसने अब दिन के समय भी चरवाहों को डराना शुरू कर दिया था। गुर्राने और गरजने के स्वाँग रचकर वह चरवाहों को डराने के बाद, उनके अच्छे पले पशुओं को घसीटकर ले जाने लगा था। अपने इस आक्रमणकारी व्यवहार से उसने उस सारे क्षेत्र में आतंक फैला रखा था।

मैं कुछ नहीं कर सकता था, क्योंकि मेरे पास उस वन-ब्लॉक में शिकार खेलने की अनुमति नहीं थी। यद्यपि उसे पछाड़कर उस पर विजय पाने की मेरी लालसा बहुत तीव्र थी।

उस रात मैं उसी वन के विश्राम-गृह में ठहरा। वह शेर जोर-जोर से गरजते हुए चरवाहों के डेरों के आसपास चक्कर लगाता रहा। चरवाहों को इस प्रकार डराकर उन्हें उनके डेरों में बन्द किए हुए था और उनके पशुओं को डराकर, उन्हें रस्सा तोड़कर, भाग जाने के लिए विवश कर रहा था।

उस वन-ब्लॉक में शिकार करने की अनुमति प्राप्त करने के लिए, सुबह उठते ही मैंने वन-ब्लॉक अधिकारी को एक आवेदन-पत्र लिखा और फिर वहाँ से मंडल वन-ब्लॉक में चला गया।

वह वन बहुत सुन्दर था। सीधे नौ हजार फुट की ऊँचाई तक जाते हुए एक पहाड़ ने उसे दो भागों में बाँट रखा था। उसके दक्षिणी छोर पर साफ पानी की एक तेज़ धारा, अर्थात् रामगंगा बह रही थी। उस महीने वहाँ बहुत ठंड थी। वहाँ पर जंगली हाथियों के बड़े-बड़े झुंड थे। वे दिन-रात पेड़ों को तोड़ते और बाँसों को उखाड़ते हुए इधर-उधर घूमते रहते थे। तथापि मैंने इस वन में सफलतापूर्वक शिकार कर रखा था। एक शेर का शिकार करने के अतिरिक्त एक पहाड़ी रीछ का भी शिकार किया था जिसने एक दर्जन से अधिक मनुष्यों को घायल कर रखा था। उनमें से दो-तीन की मृत्यु भी हो गई थी। एक बार बहुत कठिनाई से मैं अपने आपको एक हाथी के पैरों तले कुचले जाने से बचा पाया था जिसने अकारण ही मुझ पर आक्रमण किया था। परन्तु वह कहानी और है। उसका कालू शहीद के पशुघातक शेर से कोई सम्बन्ध नहीं है।

मुझे उस जंगल में शिकार खेलने की अनुमति केवल पन्द्रह दिन के लिए थी। उस अवधि का लगभग आधा भाग बीत चुका था, तभी मुझे पता चला कि उस जंगल का जिला-जंगल-अधिकारी वहाँ निरीक्षण ड्यूटी पर आया है। मैं पशुघातक शेर के साथ अपना भाग्य आजमाना चाहता था। इसलिए उनसे अनुमति प्राप्त करने के लिए मैं तुरन्त उनके पास गया। वह सज्जन पुरुष सहयोगी स्वभाव का था। उन्होंने दफ्तरों की निरर्थक औपचारिकता से ऊपर उठकर मेरी प्रार्थना को स्वीकृति दे दी।

मैंने जल्दी से अपना सामान इकट्ठा किया और अपनी जीप से बीस मील का सफर

तय करके कालू शहीद ब्लॉक में जा पहुँचा। दूसरे दिन सुबह जंगल का निरीक्षण करने से पहले वहाँ के अपने पुराने परिचित फॉरेस्ट गार्ड के पास गया। उससे पता चला कि पिछली रात ही उस पशुघातक शेर ने एक भैंस मारी है।

एक घंटे के भीतर मैं गूजरों के उस डेरे में जा पहुँचा जिनकी भैंस को शेर ने मारा था। वह डेरा बंजारे गूजरों का था। उनके पूर्वज कश्मीरी थे जो कई पीढ़ियों पहले अपने प्रदेश से निष्कासित किए जाने के बाद पशुपालन का काम कर रहे थे और दूध-घी बेचकर जीवन-निर्वाह करते थे।

यह बंजारे गूजर अपने पशुओं के लिए चरागाह की खोज में जंगल के भिन्न-भिन्न क्षेत्रों के आसपास अपने डेरे डाल लेते हैं। उनके डेरे स्थायी नहीं होते। चरागाह में चारे की सुविधा कम हो जाने पर वे अपना डेरा उठाकर अपने ढोर-डंगरों के साथ दूसरे क्षेत्र में अपना डेरा ले जाते हैं। बंजारों को अपनी जीविका उपार्जन करने के लिए बहुत परिश्रम करना पड़ता है तथापि वे बहुत ही निर्धन और अभावग्रस्त होते हैं। पौ फटते ही डेरे के पुरुष, स्त्रियाँ और बच्चे ऊँचे पेड़ों पर चढ़कर अपने पशुओं के लिए पत्ते तोड़ते हैं, और अपने ढोर-डंगरों की देख-रेख में जुट जाते हैं। उनकी दिनचर्या इतनी कठिन है कि सामान्य मनुष्य उसका अनुमान भी नहीं लगा सकते। जिस भैंस को शेर ने मारा था वह एक विधवा बंजारिन की जीविका का एकमात्र साधन थी। वह उस भैंस को लेकर अपने एक रिश्तेदार के साथ रह रही थी। भैंस के मारे जाने से उसकी दयनीय स्थिति और भी शोचनीय हो गई थी। भाग्य ने उसके साथ धोखा किया था। उस पर क्रूर आघात किया था।

वह बहुत दुखी थी। दुख से वह सुधबुध खो बैठी थी। भैंस जहाँ मरी पड़ी थी वहाँ पहुँचने के लिए मुझे उसका सहयोग चाहिए था। अस्तु उसे अपने साथ ले जाने के लिए मुझे उसे राजी करने में बहुत समय लगाना पड़ा।

लगभग आधा मील तीखी चढ़ाई चढ़ने के बाद मुझे पहाड़ी के पीछे एक गहरी खाई में भैंस का शव दिखाई पड़ा। शेर ने उसके पिछले भाग के कुछ अंश को खा रखा था। वह बहुत बड़ी भैंस थी। उसे मारने से पूर्व शेर ने उसे नीचे गिराने के लिए उसके घुटने की नस काटी होगी। भैंस की गर्दन पर शेर के दाँतों के घाव थे, और वह मुड़ी हुई थी। उसकी पीठ पर नाखूनों के घाव थे, और बहुत सी खरोंचें थीं। उसे देखने से यह स्पष्ट था कि शेर ने पीछे से आकर उस पर आक्रमण किया था, और अपने दाँतों और पंजों से उसके घुटने की नस को काटकर, उसे नीचे गिराकर, उसकी पीठ पर कूदकर चढ़ा था। अपने हँसिया सरीखे नखों से उस पर काबू पाकर, अपने शरीर के बोझ से उसे नीचे दबाकर, सिर के पास उसकी गर्दन पर काटा था।

बड़े जानवरों को मारने के लिए शेर प्रायः इसी रीति का प्रयोग करते हैं। जनसाधारण का यह विचार गलत है कि शेर दूर से भागता हुआ आकर अपने शिकार पर आक्रमण करता है। उनका यह विचार भी भ्रान्तिपूर्ण है कि शेर अपने अगले पंजों की चोट से अपने शिकार को मारता है। अथवा अपने नाखूनों से उसके गले को

चीरफाड़कर उसके रक्त को पीता है। ये धारणाएँ गलत निरीक्षण के कारण बनी हुई हैं। सब मांसाहारी जीव अपने शिकार को अपने दाँतों से मारते हैं, पंजों की चोट से नहीं, पंजों का प्रयोग वे अपने शिकार को पकड़ने और थामे रखने अथवा उसके घुटने की नस को काटकर, उसे नीचे गिराने के लिए करते हैं। शेर में जबड़े को खोलकर देखने के बाद यदि भैंस या कटरे की ग्रीवा को ध्यान से देखा जाए तो यह स्वतः स्पष्ट हो जाएगा कि शेर कटरे या भैंस की गर्दन मुँह में लेकर उसे मरोड़ नहीं सकता। अपने जबड़े से वह केवल उसकी गर्दन की मांसपेशियों को पकड़ सकता है, पूरी गर्दन को नहीं। इसलिए यह कहना कि शेर भैंस या कटरे को मारने के लिए उसकी गर्दन को मुँह में लेकर मोड़ता है, मेरे विचार में सही नहीं है।

शेर के भोजन उपलब्ध करने की सामान्य रीतियों की चर्चा करने के बाद मैं अब पुनः अपनी कहानी की ओर लौटता हूँ।

भैंस का शव जिस खाई में पड़ा था वह पतली और गहरी थी। उसमें बहुत से टेढ़े-मेढ़े और अन्धे मोड़ थे। उस भैंस का वजन डेढ़ सौ पाउंड के करीब होगा। शेर ने उसे खाई के एक मोड़ पर मारा था। वहाँ से वह उसे घसीटकर किसी भी ऊँचे स्थान पर नहीं ले जा सकता था।

खाई के दोनों किनारे सीधे ऊपर को उठे हुए थे। उनकी ऊँचाई करीब पचास फुट होगी और उनके बीच का अन्तर दस फुट से अधिक नहीं था। खाई के किनारों के ऊपर बैठकर यदि कोई व्यक्ति उसे देखना चाहता तो वह उसे किसी भी कोण से देख नहीं सकता था। खाई की चौड़ाई इतनी कम थी कि शेर के लिए उसमें बैठे व्यक्ति को लाँघकर आगे निकल सकना सम्भव नहीं था। वहाँ पर न कोई चट्टान थी और न दीवार में से बाहर को निकली हुई कोई शिला थी। दीवार में ऐसा कोई गड्ढा भी नहीं था जिसमें बैठकर शिकारी शेर के आने की प्रतीक्षा कर सकता।

खाई के किनारे पर केवल एक पेड़ था जो भैंस के शव से पैंतीस-चालीस फुट ऊपर था और तीस गज दूर था। मैं उस पेड़ पर चढ़ गया। परन्तु उसकी किसी भी मोटी पक्की शाखा से भैंस दिखाई नहीं पड़ती थी, क्योंकि भैंस खाई के मोड़ पर थी और लगभग सब ओर से मोड़ की ओट में छिपी हुई थी। उस खाई की दीवारों की छाया से खाई में ऐसा अँधेरा छाया हुआ था कि भरी दोपहर में भी उसके अन्दर देख सकना कठिन था। पेड़ की एक ऊँची शाखा से भैंस के शव का कुछ अंश दिखाई पड़ रहा था। वह शाखा पेड़ के तने से लगी हुई थी और खाई के एक-चौथाई भाग पर फैली हुई थी। मैंने अपने बैठने के लिए उसी शाखा को चुना और उसके अन्तिम छोर पर बैठ गया। वहाँ पर बैठना खतरे से खाली नहीं था। उस पर मैं ऐसे बैठा जैसे कि मैं घोड़े पर सवार था। मेरी टाँगें हवा में लटक रही थीं। वह शाखा मोटी नहीं थी तथापि मेरा वजन सहन कर सकती थी। मचान की दृष्टि से वह शाखा बहुत ही असुविधाजनक और असुरक्षित थी। हवा के हल्के से झोंके से झूलने लगती थी। वहाँ बैठकर मैंने जब नीचे देखना चाहा तो ऐसा लगा कि मैं कुएँ की गहराई में से कुछ खोजने का प्रयास

कर रहा था।

वहाँ पर बैठना ठीक नहीं था। मूर्खता थी। वहाँ पर अपना सन्तुलन बनाए रखना बहुत ही कठिन था। मुझे वहाँ पर बैठकर गोली चलानी थी। मुझे डर था कि गोली चलाने पर मेरी .470 कार्डाइट राइफल का धक्का मुझे पछाड़कर नीचे खाई में ही न फेंक दे।

उस असुरक्षित और असुविधाजनक स्थान से शिकार करना मूर्खता थी। परन्तु मेरे पास कोई अन्य उपाय भी तो नहीं था। मुझे या तो उस शेर का निशाना लेना था अथवा उस पशुघातक शेर को मारने का विचार छोड़ देना था। मैंने उस पर निशाना लेने का निर्णय किया।

उस संकटमयी स्थिति से संमजन करने के लिए मैंने कम कैलिबर की राइफल का प्रयोग करना उचित समझा, क्योंकि उसका धक्का कम होता है, और इसलिए मैं नीचे गिरने से बच सकता था। मेरे पास टेलीस्कोप से सुसज्जित .375 एच. एंड एच. मैग्नम राइफल भी थी। वह शिविर में थी। मैंने .470 कार्डाइट राइफल के स्थान पर उसे प्रयोग करने का निश्चय किया। यद्यपि .375 मैग्नम राइफल का 325 फुट पाउंड का धक्का भी बहुत होता है। परन्तु वह .470 कार्डाइट राइफल के धक्के से काफी हल्का होता है।

मैं पेड़ से नीचे उतरकर विश्राम-गृह गया और राइफल को लेकर सिर चकरा देनेवाली उस ऊँची मचान पर बैठने के लिए दोपहर तीन बजे तक लौट आया। भैंस का शव जंगल में इतना अन्दर अकेले और छिपे हुए स्थान पर पड़ा था कि मुझे विश्वास था कि शेर दिन ढलने से पहले उसे खाने के लिए वहाँ आ जाएगा और मुझे उस निकम्मी और कष्टकारी मचान से जल्दी ही छुटकारा मिल जाएगा। मैंने शाम के पाँच बजे तक वहाँ बैठने का निश्चय किया, क्योंकि उसके बाद खाई में सही निशाना ले सकना सम्भव नहीं था। मुझे विश्वास था कि मैं इतना समय उस संकटमय मचान के कष्टों को सहन कर सकता था।

मुझे मचान में बैठे बीस मिनट ही हुए थे कि मुझे पीछे से धरती पर कुछ हल्की सी आहट सुनाई दी। जैसे सूखे पत्तों में कोई कुछ खोज रहा हो। उसी समय कुछ काले तीतर भी तेजी से भागते हुए दिखाई दिए। मुझे लगा कि वह ध्वनि उन्हीं तीतरों की थी, जो सम्भवतः अपने लिए भोजन खोज रहे थे। इसलिए मैंने मुड़कर उस ओर देखने की चेष्टा नहीं की। थोड़ी देर के बाद धरती पर से कुछ खुरचने की आवाजों के बीच एक सूखी टहनी के टूटने की आवाज आई। तीतर के वजन से टहनी टूट नहीं सकती। इसलिए वे आवाजें तीतरों के चलने की नहीं थीं। तो फिर, उस आवाज को करने वाला कौन है ?...गीदड़ ?...परन्तु खुरचने की आवाज ?...ऐसी आवाजें तो केवल छोटी और बड़ी बिल्लियाँ ही करती हैं। अपने मल को छिपाने के लिए, और कभी-कभी अपने नखों को साफ करने के लिए।

वह शेर यदि इतना निडर था और इतनी जल्दी आ गया था तो उसने मुझे

पेड़ पर चढ़ते भी देखा होगा। उस अवस्था में वह उस स्थान को छोड़कर चला गया होता।...नहीं, उस आवाज को करनेवाला वह सतर्क और सावधान शेर नहीं हो सकता। पीछे मुड़कर देखना उचित नहीं था। तथापि मैं बहुत बेचैन था और पीछे मुड़कर देखने के लिए मैं आन्तरिक रूप से विवश था।

मैं बिना आहट किए जितना मुड़ सकता था मुड़ा, परन्तु मुझे कुछ भी दिखाई नहीं पड़ा। मेरे मुड़ने से शाखा हिलने लगी थी। मैं अपने आपको उस मुड़ी हुई स्थिति में यथासम्भव स्थिर रखने की चेष्टा कर रहा था। परन्तु मेरी पीठ की ऐंठी हुई पेशियाँ दर्द करने लगीं। मैं अपने आपको सीधा करने ही वाला था कि मुझे अपनी निराशा का लक्ष्य दिखाई पड़ा। वह घास में से निकला और सीधा मेरे दृष्टि-क्षेत्र में आ गया। वह बहुत बड़ा, भारी और सुन्दर शेर था। उसके घड़े जितने मुँह पर लम्बी और घनी मूँछें बबर शेर के अयाल सदृश दिखाई पड़ रही थी। वह अति सुन्दर शेर मेरे देखते ही देखते मेरी आँखों के सामने से निकल गया। मैं अपने मुड़े हुए शरीर के साथ उस नीची मचान में अपने सन्तुलन को बनाए रखने की चेष्टा में हतबुद्धि बैठा रहा और वह अपनी दुम उठाए शान के साथ, सहज भाव से आहिस्ता-आहिस्ता आगे बढ़ गया।

मैं शाखा को पकड़े हुए था और बिना शाखा छोड़े बन्दूक चला नहीं सकता था। वह शेर अपने शरीर की पूरी लम्बाई दर्शाते हुए मेरे सामने से निकल गया। उसने मुझे इतना समय दिया था कि मैं आसानी से उस पर निशाना ले सकता था। एक नहीं, पाँच गोलियाँ चला सकता था। परन्तु मेरे हाथ शाखा से बँधे हुए थे। थोड़े से समय में वह मेरी आँखों से ओझल हो गया और मैं खेतों में खड़ी पक्षियों को भगानेवाली विभीषिका की भाँति अपनी नीची मचान में बैठा रहा।

यह कैसा दुर्भाग्य था ! कितनी ही बार वह मेरे सामने आकर मुझे विफलता की वेदना देकर साफ बच निकला था।...वह कितनी हत्याएँ और करेगा ?...कितने और पशुओं की जान लेगा ?

मैंने अपने आपको सीधा किया और अपनी राइफल को हाथों में लेकर इस आशा में वहाँ बैठा रहा कि सम्भवतः उसे उस पर निशाना लेने का दूसरा अवसर उस समय मिल जाएगा जब वह नीचे खाई में अपने शिकार को खाने के लिए जाएगा। भैंस के शव पर अपनी दृष्टि जमाए रखने के लिए मैंने अपनी गर्दन तान ली और अपनी आँखें उस पर गड़ा दीं। मेरा सारा शरीर तनाव से काँप रहा था और उससे वह नीची शाखा भी हिलने लगी थी। साढ़े चार बजे थे। खाई में उसकी दीवारों की छाया अँधेरे में बदल गई थी। किन्तु टेलीस्कोप की सहायता से मैं खाई के भीतर देख सकता था।

उस दिन बहुत ठंड थी। मैं केवल खाकी सूती कमीज और खाकी सूती पैंट पहने हुए था। रात निकट आ रही थी। मैं उसके बर्फीले स्पर्श को अनुभव कर रहा था। मैं ठंड से काँपने लगा और उससे स्थिति और भी बिगड़ गई। मेरे काँपने से शाखा और अधिक हिलने लगी।

सारी स्थिति ही बहुत असन्तोषजनक और निराशाप्रद थी। मैं निराश होकर नीचे

उतरने ही वाला था कि मुझे भैंस के शव के पास कुछ हिलता हुआ दिखाई पड़ा। मैंने राइफल पर लगी टेलीस्कोप से देखा, और मुझे मोड़ के एक कोण में पहाड़ के उभरे हुए भाग के पीछे, शेर के पिछले भाग का केवल थोड़ा सा अंश ही दिखाई दिया। उसके सारे मर्मस्थल, यहाँ तक कि पिछली टाँगों के आगे का गुर्दों का क्षेत्र भी मेरी दृष्टि से करीब छह इंच बाहर था। मैं कुछ नहीं कर सकता था। मुझे आशा थी कि शेर अपनी स्थिति बदलेगा और मुझे उस पर निशाना लेने का अवसर मिलेगा। मैं उसके कुछ और सामने आने की प्रतीक्षा करने लगा। परन्तु उस हिलती शाखा पर झूलती हुई मेरी मचान से मेरे लिए अपनी दृष्टि को उस पर केन्द्रित रखना बहुत कठिन हो गया। मैंने अपनी मांसपेशियों को थोड़ा सा आराम देने के लिए अपनी राइफल को अपने कन्धे से उतारा परन्तु कुछ ही क्षणों में उसे पुनः उठाकर उस ओर लगा दिया जिधर से शेर की हरकतें सुनाई पड़ रही थीं।

इस बार मुझे अपने टेलीस्कोप से उसका पूरा शरीर दिखाई पड़ा। वह मेरे सामने चौड़ा खड़ा था और शव के पिछले भाग को खा रहा था। मैंने अपनी राइफल को उसके गले के मूल पर साधने का प्रयास किया, किन्तु मैं शाखा के हिलने के कारण अपने निशाने को उस लक्ष्य पर स्थिर नहीं रख पाया। तब मैंने गर्दन की जगह उसकी पसलियों का निशाना लेना चाहा, क्योंकि वह लक्ष्य गर्दन की अपेक्षा बहुत बड़ा था। जब क्षणभर के लिए उसके कन्धे का मध्यभाग मेरी राइफल की सीध में आ गया, तब मैंने अपनी राइफल के घोड़े को हल्के से दबाया। परन्तु दुर्भाग्य से मेरी गोली ही नहीं चली। मैं भौंचक्का रह गया। मैंने अपने भाग्य को कोसा, गोलियों के बिक्रेता को कोसा जिसने ताजी गोलियों के स्थान पर मुझे निकम्मी पुरानी गोलियाँ पकड़ा दी थीं।

राइफल चलने की आवाज ने शेर को सावधान कर दिया। लेकिन वह डरा नहीं अपितु गुस्से से गरजने लगा। मैंने अपनी राइफल से खाली कारतूस निकाला और उसके स्थान पर मैग्जीन में नया कारतूस डाला। उस हिलती-डुलती मचान में मैं यह काम जितनी जल्दी से कर सकता था, मैंने किया, और इसी जल्दी में वह खाली कारतूस नीचे खाई में जा गिरा। पत्थर से धातु के टकराने की आवाज एवं मेरे कारतूस निकालने और डालने की आहट ने उसके क्रोध को और भी उग्र कर दिया। उसने खाई में गरजते हुए मेरे ऊपर आक्रमण करने का प्रयास किया। उसने खाई में से पेड़ के नीचे की दीवार पर नाखून मारे। सम्भवतः वह उस पर चढ़ना चाहता था परन्तु उस ऊँची और सीधी दीवार पर चढ़ सकना सम्भव नहीं था। उसके विचारानुसार मुझे वहाँ बैठकर उसके भोजन में विघ्न डालने का कोई अधिकार नहीं था। इसलिए वह मुझसे बदला लेना चाहता था।

खाई में से उसका मुझ पर आक्रमण करना सम्भव नहीं था। वह खाई के तट पर आकर मुझ पर आक्रमण कर सकता था। परन्तु शेर जन्म से ही हठी होते हैं। अपने स्थान को बदलकर मुझ पर आक्रमण करने की बात उसकी समझ में आ नहीं सकती थी।

वह दीवार पर आक्रमण करता रहा। उस पर नाखून मारता रहा और खाली खाई

को अपनी गर्जना से भरता रहा। मैं पेड़ पर बैठा था। मुझे भय था कि नीचे उतरने में मैं कहीं खाई में ही न गिर जाऊँ। खाई में गिरने का अर्थ सीधा शेर के मुँह में जाना था। इसलिए मैं न नीचे उतर सकता था और न उसमें बैठा ही रह सकता था। मैं एक भयानक दुविधा में फँस गया था।

लगभग आधी रात बीत चुकी थी और वह अपने शिकार को खा रहा था। मैं उसके खाने की आवाजें सुन रहा था। उसे खाने में अत्यधिक व्यस्त देखकर मैंने नीचे उतरकर विश्राम-गृह जाने की सोची, जहाँ गर्म भोजन और गर्म बिस्तर मेरी प्रतीक्षा कर रहा था। किन्तु यह उसी अवस्था में हो सकता था यदि मैं बिना आहट किए पेड़ से नीचे उतर पाया। और यदि मैं ऐसा न कर पाया तो ?...तब उस अँधेरे में और उन अविश्सनीय गोलियों के साथ उसके घातक आक्रमण से बचने का कोई उपाय नहीं था।...मैं उलझन में फँस गया। नीचे उतरूँ या न उतरूँ ? इसी उलझन में मैं कुछ समय और वहीं बैठा रहा।...और तब मैंने अपनी तनी हुई मांसपेशियों की पीड़ा से मुक्त होने के लिए मचान छोड़ने का निर्णय लिया।...सर्दी में जमकर मरने से या खाई में गिरकर गर्दन तुड़वाने से, शेर के मुँह में मरना क्या बुरा है ?...मैंने बिना आहट किए वहाँ से उतरना चाहा परन्तु यथासम्भव चेष्टा करने पर भी मैं उस नीची शाखा को हिलने से रोक नहीं सका।

मैंने अपनी राइफल को कन्धे से लगाया और अपनी बाँहों और नंगे पाँवों से उस ठंडी शाखा से चिपककर, छिपकली की भाँति सरकते हुए, धीरे-धीरे पेड़ के तने की ओर जाना शुरू किया। मेरे सरकने की आहट ने शेर के ध्यान को मेरी ओर आकर्षित किया, और वह एक बार फिर मुझ पर आक्रमण करने के लिए गुर्राया। उसकी क्रोधभरी गर्जना अँधेरे को चीरती हुई आकाश को छू रही थी। मैं अपने प्राण बचाने के लिए एक मरे हुए कीड़े की भाँति, बिना हिले-डुले, एक ठंडी शाखा से चिपका हुआ था। मनुष्य जैसे कमजोर प्राणी पर उसकी नासमझी और ढिठाई के लिए शेर पूरी निर्दयता के साथ अपना रोष व्यक्त कर रहा था। उसने मुझे उस शाखा के साथ कितनी देर चिपकाए और लटकाए रखा, मैं नहीं जानता। मुझे केवल यही याद है कि मैं जब-जब अपनी स्थिति को बदलने का प्रयास करता था, वह गरजता हुआ खाई की दीवार पर अपने नाखून मारता था। जिस शाखा से मैं चिपका हुआ था वह मेरे हाथ से छूट रही थी। मैं अपनी टाँगों और बाँहों से उसे पकड़कर उसके साथ चिपके हुए था।

और तभी मैंने जंगल में बहुत जोर का शोर सुना। जैसे कोई मालगाड़ी वहाँ से जा रही हो। मैं असमंजस में पड़ गया। लेकिन स्थिति जल्दी ही समझ में आ गई। वह बढ़ते हुए तूफान का शोर था। उस समय तूफान ने अपनी पूरी शक्ति और वेग के साथ मेरे उस पेड़ को इतने जोर से हिलाया कि मैंने अपने आपको उस शाखा के नीचे लटकते हुए पाया। तथापि मैं अपनी पूरी शक्ति के साथ उसे पकड़े हुए उससे चिपका रहा और धीरे-धीरे उसके तने की ओर सरकने लगा।

शेर ने सम्भवतः गरजना बन्द कर दिया था। अथवा उसके गरजने की आवाज तूफान के शोर में दब गई थी। तूफान का शोर कान फाड़ रहा था। तभी मुझे टहनी

टूटने की कड़क आवाज सुनाई दी जो धीमी होते हुए चरचराहट में बदल गई। मैं उसी शाखा से लटक रहा था जो मेरे बोझ के नीचे झुकती हुई मुझे सीधे शेर के मुँह में ले जा रही थी।

मैंने जल्दी-जल्दी उस टूटती हुई शाखा से तने की ओर सरकना शुरू किया, और जब मैं तने के निकट पहुँचा तो वह तने से आधी फट चुकी थी। मैंने पूरे बल और स्फूर्ति से उससे ऊपर वाली शाखा को पकड़ा और उस ओर बढ़ा जहाँ वह पेड़ के तने से जुड़ी हुई थी। मुझे वहाँ बैठने के लिए अच्छा आरामदेह स्थान मिल गया।

वह साल का पेड़ था। वह पक्का पेड़ था और उसके तने का घेर दस फुट से कम नहीं था। मुझे वहाँ जो बैठने की जगह मिली वह इतनी चौड़ी थी कि मैं उसमें आराम से बैठ सकता था। उसके पीछे भी एक शाखा थी जिस पर मैं अपनी पीठ टिका सकता था। पैरों को टिकाने के लिए नीचे भी एक शाखा थी। सामने भी एक शाखा थी जिसे पकड़कर मैं उस तूफान का आक्रोश झेल सकता था। तूफान का वेग सुबह तक बराबर बना रहा।

रात के साथ-साथ तूफान का आक्रोश भी शान्त हो गया। सुबह हुई। वह बहुत थकी-हारी और डरी हुई दिखाई पड़ रही थी। जैसे वह साँस लेने के लिए कड़ा प्रयास कर रही हो।

मैं पेड़ से नीचे उतरा और थका-हारा विश्राम-गृह लौट आया। अपनी निराशा और पराजय की वेदना में मैं दिनभर पड़ा सोता रहा।

दूसरी शाम मैंने फिर उस शेर को देखने का प्रयास किया और पूरा सप्ताह उसी प्रयास में लगा रहा। शेर उसी वन में था, मेरे आसपास था, किन्तु वह किसी भी ऐसे स्थान पर नजर नहीं आया जहाँ मैं उस पर निशाना ले सकता था।

क्रीड़ा जगत में भाग्य का बहुत हाथ है, और यह मानना ही होगा कि उस शेर का भाग्य बहुत तेज था—असामान्य रूप से तेज।

परन्तु एक दिन भाग्य ने उसे भी धोखा दे दिया। उसकी मृत्यु एक ऐसे अन्-अनुभवी शिकारी की गोली से हुई जो जंगल में भोजन के लिए मुर्गों का शिकार करने गया था।

भाग्य की बिडम्बना !

नरभक्षक किन्तु पशुघातक नहीं

दून घाटी में हिमाचल प्रदेश के सिरमौर जिले के जंगल पहले ऐसे फीके—कान्तिविहीन और उदास नहीं दिखाई देते थे, जैसे वे अब हैं। वहाँ बड़े-बड़े और घने जंगल थे। उनमें तरह-तरह के पशु-पक्षी थे। उस समय लकड़ी के लोभी ठेकेदारों और वन-विभाग के लालची कर्मचारियों में ऐसी साँठ-गाँठ नहीं थी जिसने आज जंगलों को पेड़ों से प्रायः खाली कर डाला है। इनके आपसी समझौते से जंगल अब केवल नाममात्र के लिए जंगल रह गए हैं। धनलिप्सा के कारण शिकार के नाम चोरी से जानवर मारने वालों की भूमिका भी कम घृणित नहीं है। इन्होंने काला धन कमाने के लिए जानवरों की निर्मम हत्या करना अपना धन्धा बना रखा है।

सिरमौर घाटी के वन बहुत सुन्दर थे। उनमें विविध प्रकार के पेड़-पौधे और पशु-पक्षी थे। इन जंगलों की रमणीयता इस शताब्दी के चौथे दशक तक बनी रही। उसी समय मैंने बड़े जानवरों का शिकार करना आरम्भ किया था। पहले महायुद्ध का अनुप्रभाव खत्म होने पर बहुत से पश्चिमी देशों ने शिकार के लिए बन्दूक और गोलियाँ बनाना भी शुरू कर दिया था।

सन् 1891 में रौलेंड वॉर्ड ने अपनी प्रसिद्ध पुस्तक, 'स्पोर्ट्सर्मैंस हैंडबुक' में सिरमौर के जंगलों को शिकार करने का सर्वोत्तम स्थान कहा है। इसी क्षेत्र में मेरा जन्म हुआ था और यहीं मैं बड़ा हुआ था। मैंने अपने जीवन के पहले वर्ष बन्दूक और कुत्तों के साथ जंगलों, पहाड़ियों और घाटियों में बिताए थे। वही मेरे जीवन का सबसे आनन्दपूर्ण समय रहा है। अपनी बन्दूक के साथ जब मैंने जंगलों में इधर-उधर घूमना शुरू किया था उस समय तक सिरमौर के जंगलों की रमणीयता का उल्लेख इतिहास बन चुका था। मैंने इन जंगलों में कभी जंगली हाथियों को नहीं देखा यद्यपि उनको पकड़ने के लिए दस वर्ष पहले के बनाए गए गड्ढे अवश्य देखे हैं। किन्तु उन दिनों में मैंने इन जंगलों में जितने शेर, चीते, तेंदुए और अन्य बड़े जानवर देखे हैं, उनकी गणना नहीं की जा सकती।

रौलेंड वॉर्ड ने अपनी पुस्तक में नाहन के कियार्दा दून के जंगल को शिकार करने का अत्यन्त सुन्दर और रमणीक स्थान कहा है। कियार्दा वन का नाम उसके पास के कियार्दा गाँव के नाम पर आधारित है, और मैं जो कहानी कहने जा रहा हूँ उसका सम्बन्ध इसी क्षेत्र से है।

कियार्दा दून नदी के बहाव से बनी हुई एक चतुर्भुज घाटी है। यह शिवालिक पहाड़ियों की तराई में पूर्व-पश्चिम की ओर है। शिवालिक की अन्तिम शृंखला की चोटियों ने इसकी दक्षिणी दिशा को आँखों से ओझल कर रखा है। यद्यपि उनकी ऊँचाई पेड़ों से कुछ ही अधिक है। ये पहाड़ियाँ धीरे-धीरे ढलती हुई घाटी से मिल जाती हैं जो दक्षिण में शिवालिक की चोटियों और हिमालय की तराई के बीच स्थित है।

घाटी का अधिकांश भाग समतल है, केवल कहीं-कहीं पहाड़ियों के आगे बढ़े हुए किनारों के कारण उस समतल भूमि में छोटी-छोटी पहाड़ियों जैसे उतार-चढ़ाव आ जाते हैं। घाटी की पूर्वी दिशा में, लगभग बीस मील दूर यमुना बहती है। उसने घाटी को दो खंडों में बाँट रखा है। यमुना के दूसरे किनारे पर घाटी का विस्तार काफी बड़ा है। उसका पचास मील का फैलाव निर्बाध है। घाटी की उत्तरी-पूर्वी दिशा में गंगा के किनारे पर हिमालय शोभायमान है। हिमालय, शिवालिक और घाटी सभी घने वृक्षों और पौधों से ढके हुए हैं। इन जंगलों में विविध प्रकार के पशु-पक्षी निवास करते हैं। ये जंगल अपनी वनस्पति की प्रचुरता और अपनी रमणीयता के कारण संसार भर के शिकारियों की श्रद्धा का विषय बने हुए हैं।

कियार्दा वन घाटी के उत्तरी किनारे पर है। प्रकृति ने उस हरे-भरे क्षेत्र को अत्यन्त सुन्दर क्रीड़ास्थल बना रखा था। वहाँ की शान्ति, वैभव और वन्य जीवों का संश्लिष्ट जीवन उस क्षेत्र की मुख्य विशेषताएँ थीं। तभी एक नरभक्षक शेर ने उस वन की शान्ति को पीड़ा में बदल दिया। किसी भी क्षेत्र की प्रत्येक झाड़ी और पेड़ से जब मृत्यु का खतरा झाँकता हुआ दिखाई पड़ने लगे, तब खेतों और चरागाहों में भय का छा जाना स्वाभाविक है। वहाँ के निवासियों के न दिन सुखकर रहते हैं, और न रातें ही। तीसरे दशक के मध्य में कियार्दा दून के साथ यही हुआ। उस क्षेत्र के लोग घने वन में इधर-उधर बिखरी हुई बस्तियों में रहते थे।

उस शेर ने एक दर्जन से भी अधिक हत्याएँ कर रखी थीं। उसका अन्तिम शिकार गाँव की एक निर्धन किन्तु बहुत सम्मानित वृद्धा थी। उससे मेरी भेंट उस समय हुई थी जब मैं किशोरावस्था में जंगलों का भ्रमण किया करता था। मैं उसे दादी कहता था। अपना दुखी और दरिद्रता का जीवन बहुत साहस और सहनशीलता से व्यतीत करनेवाली वह वृद्धा भारतीय नारीत्व का एक जीवित उदाहरण थी।

उसके युवाकाल में ही उसके पति की मृत्यु हो गई थी। उसके पास जीवन निर्वाह करने का कोई साधन नहीं था। उसके पास छह महीने का एक बेटा भी था जिसके पालन-पोषण का दायित्व भी उसी पर था। और, उसे कहीं से कोई भी सहायता उपलब्ध नहीं थी।

अपने बेटे के पालन-पोषण एवं अपने जीवन निर्वाह के लिए वह दिनभर परिश्रम करती थी। बेटे को जवान होते देखकर उसके अपने अँधेरे जीवन में आशा की किरण दिखाई देने लगी थी। एक दिन उसने अपने बेटे को एक नवयुवती के साथ रहस्यमय ढंग से हँसते-खेलते देखा, और कुछ ही दिनों में वह उसे विधिवत् रूप से बहू बनाकर

घर ले आई। उसके लिए उसे अपनी जमीन का वह छोटा सा टुकड़ा भी बेच देना पड़ा जो उसके पास था, और उसके पति के दिए हुए जेवरों में से, बची-खुची चाँदी की दो चूड़ियाँ भी गिरवी रखनी पड़ी थीं।

परन्तु कुछ ही दिनों बाद एक ऐसा दिन आया जिसने उसकी खुशी और सारी आशाओं को धूल में मिला दिया। साँप के काटने से उसके जवान बेटे की अकस्मात् मृत्यु हो गई और वह पुनः दुख-दरिद्रता की गहरी खाई में गिर पड़ी। बहू ने भी जल्दी ही उसका साथ छोड़ दिया। अपने छोटे से लड़के को दादी के पास छोड़कर उसने दूसरा विवाह कर लिया। वह वृद्धा फिर एक छोटे से बच्चे की जिम्मेदारी के साथ संसार में अकेली हो गई। भाग्य के इस निष्ठुर आघात ने उसे कुछ समय के लिए हतबुद्धि कर दिया था।

उस वृद्धा से जब मैं पहली बार उसके गाँव में मिला था, उसके पोते की आयु चौदह-पन्द्रह वर्ष होगी। पोते का नाम मंगल था। वह एक तीव्र बुद्धि बालक था। उसकी मेरे शिकारी कुत्ते प्रिंस से मित्रता हो गई। मैं उस क्षेत्र में जंगली मुर्गों का शिकार करने के लिए जाया करता था। मैं जब भी वहाँ जाया करता था, मंगल और प्रिंस दोनों मिलकर बहुत खुश होते थे। उस युगल जोड़ी के साथ शिकार खेलने में मुझे बहुत आनन्द आता था। मंगल मुर्गे उड़ाया करता था और प्रिंस उन्हें ढूँढ़ निकालता था। मंगल से मेरी मित्रता प्रिंस के कारण हुई, और मंगल के कारण मैं उसकी दादी का लाडला बन गया। मैं जब भी दादी से मिलने जाता वह मुझे खाने के लिए कुछ न कुछ अवश्य देती। कभी गरम-नरम भुट्टा, कभी ताजा खीरा, कभी गुड़ और लस्सी का गिलास। उसके पास जो कुछ भी होता, वह मुझे खाने को अवश्य देती थी।

एक दिन, दिन ढलने पर वह ईंधन बटोरने के लिए खेतों के पार गई। उसने दिनभर पड़ोसी के घर धान कूटा था जिसके बदले में उसे टोटा-चावल मिले थे। अर्थात् वे चावल जो धान कूटने में टूट जाते हैं। मंगल पास की बस्ती में गाँव के मुखिया का सन्देश लेकर गया था, और किसी भी समय वापस आ सकता था। उसके दिखाई देने से पहले उसकी आवाज सुनाई देती थी, क्योंकि उसे गाते रहना बहुत पसन्द था।

शाम के छह बजे मंगल सदा की भाँति गाते हुए घर लौट आया। उसे उस सन्देश को पहुँचाने के लिए एक आना मिला था। दादी घर पर नहीं थी। मंगल बहुत भूखा था, और दादी को अपनी कमाई के पैसे भी देना चाहता था। उसने दादी के लिए सारा गाँव छान मारा परन्तु वह कहीं नहीं मिली। वह खीजकर झोंपड़ी के पास बैठ गया और दादी की प्रतीक्षा करने लगा। समय बीतता गया परन्तु दादी लौटकर नहीं आई। सान्ध्य का धुँधला प्रकाश रात के अँधेरे में बदल गया, और मंगल के मन को तरह-तरह की शंकाओं ने घेर लिया।

मंगल चिन्तित था और दादी की प्रतीक्षा में भूखा, थका-हारा झोंपड़ी के दरवाजे पर सिकुड़कर बैठा हुआ था। तभी नींद ने उसे घेर लिया। वह घास-फूँस से बनी झोंपड़ी की दीवार से पीठ टिकाकर सो गया। आधी रात बीत गई। हवा की ठंडक और

मांसपेशियों की ऐंठन से उसकी नींद खुली, तभी उसके मुँह से घबराकर चीख निकल गई। चीख सुनते ही लोग झोंपड़ियों से भागते हुए उसके पास आ गए।

उस रात गाँव में कोई नहीं सोया। दादी के यों लौटकर न आने के कारण का अनुमान उन्हें हो गया। सुबह होते ही वे उसे खोजने के लिए निकल पड़े। उन्हें दादी की खून से लथपथ चुन्नी ही मिली, और उसकी कमीज के कुछ खून से भरे टुकड़े, काँटेदार झाड़ियों में फँसे हुए दिखाई दिए। दादी के दुर्घटनाग्रस्त होने का यही प्रमाण था।

वे बहुत डर गए और उसके शरीर को खोजने के लिए और आगे नहीं गए। उस भीड़ में दादी के परिवार का कोई था भी तो नहीं जो उसके मृत शरीर को खोजने और उसका अन्तिम संस्कार करने के लिए अपने आपको जिम्मेदार समझता। उस भीड़ में उसका अपना केवल मंगल ही था जो बहुत छोटा था।

वे सब अत्यन्त भयभीत और कुंठा के बोझ से दबे हुए गाँव वापस लौट आए। उनके खाली जीवन में डरे हुए गीदड़ों की गुर्राहट की प्रतिध्वनि गूँज रही थी और उल्लुओं की अशुभ, कर्कश आवाजें, उनके दरवाजों से टकरा रही थीं।

गाँव के बड़े-बूढ़े भाग्य की विडम्बना पर लम्बी-चौड़ी चर्चा करने के बाद सबकुछ भाग्य पर छोड़कर अपने-अपने घरों में लौट आए। मंगल बेचारे को कुछ समझ में नहीं आया। वह अपनी मौन पीड़ा के साथ प्रत्येक गाँववासी से दादी को वापस लाने की मौन याचना कर रहा था। परन्तु उसकी सहायता करनेवाला कोई नहीं था। दादी की मृत्यु की पुष्टि करनेवाले उनके सांत्वना के शब्द उसे भीतर ही भीतर काट रहे थे।

अन्त में लाचार होकर वह अपना गाँव छोड़कर मेरी कृषिभूमि की ओर चल पड़ा। वह वहाँ से दस मील दूर थी। वह दूसरे दिन सुबह मेरे पास पहुँचा। वह थका-हारा था, भूखा-प्यासा था। उसने रोते हुए दादी की मृत्यु की घटना कह सुनाई। मैं उद्विग्न हो उठा। दादी की मृत्यु मेरे लिए अपने ही प्रियजन की मृत्यु थी।

II

उस समय मैं नवयुवक था और मेरे लिए बन्दूकें, घोड़े और कुत्ते ही सबकुछ थे। मेरे पिता एक प्रसिद्ध शिकारी होने के अतिरिक्त उदार वृत्ति के मेजबान भी थे। हमारा घर अतिथियों के लिए सदा खुला रहता था और अतिथि के रूप में बहुत से शिकारी हमारे घर में रहा करते थे। कियार्दा दून की दुखभरी घटना के समय मैं घर में अकेला था। मेरे पिता अपने कुछ मित्रों के साथ शिकार खेलने के लिए गए हुए थे। उनका एक सिख मित्र उनके जाने तक नहीं आया था और उसी के लिए वे मुझे पीछे छोड़ गए थे। वे अधेड़ उम्र के थे और मुझे उन्हें पिताजी के पास ले जाना था।

सरदारजी एक दिन पहले आए थे, और तभी मंगल भी दादी की दर्दनाक हत्या की सूचना लेकर मेरे पास आया था। हमने पिताजी के पास जाने के स्थान पर उस

दुखद घटना स्थल पर जाने का निश्चय किया।

मैं उन सरदारजी के विषय में कुछ नहीं जानता था। उनके सम्बन्ध में केवल यही कह सकता हूँ कि वह बहुत ऊँची आवाज में बोलते थे और बहुत बोलते थे। वे अपने शिकार की असाधारण घटनाओं की बातें करते थे। उनके अनुसार उन्होंने अत्यन्त संकटमयी स्थितियों में अनेक खतरनाक जानवरों का सामना किया था।

क्या आपने कभी 'हंटीट्स' नामक रोग का नाम सुना है ?...शायद नहीं।...देखिए किसी भी चिकित्सा सम्बन्धी पारिभाषिक कोश में इसका अर्थ देखने की कोशिश मत कीजिएगा। इसका अर्थ उनमें नहीं मिलेगा। यद्यपि यह एक व्यापक रोग है, और उतना ही व्यापक है जितनी मानव जाति, तथापि अभी तक कोई भी देह-विशेषज्ञ इसके रोगी को चिकित्सालय में नहीं ले जा सका, और न ही किसी कोश रचनाकार ने इस रोग को अपने कोश में सम्मिलित किया है। यह रोग एक अति सूक्ष्म कीटाणु के काटने से होता है। उसे शिकार का कीटाणु कहते हैं। यद्यपि यह कीटाणु दिखाई नहीं पड़ता तथापि उसके काटने से रोगी को गम्भीर प्रकार का एक भीतिविकार हो जाता है, वह तंग और भीड़भाड़ वाले स्थानों से डरने लगता है और उन्हें छोड़कर जंगल की ओर भागता है। उसे चूना-मिट्टी से रची दुनिया की अपेक्षा जंगल का शान्त और खुला वातावरण अधिक सुखमय लगता है।

मेरे शिकार के साथी सरदारजी इसी रोग से पीड़ित थे। परन्तु वे प्रसन्नवृत्ति के थे और मुझे बहुत अच्छे लगे थे। उस समय मैं इतना प्रौढ़ नहीं था कि काल्पनिक बातों की असत्यता को परख सकता। उनकी बातों से मुझे बहुत आनन्द मिलता। वे लगातार पंजाबी में बोल रहे थे, और मैं उस समय पंजाबी भाषा से परिचित नहीं था। सम्भवतः इसी ने मेरे आनन्द को बढ़ा दिया था, क्योंकि वह मेरी समझ में नहीं आता था। उसकी पूर्ति मैं अपनी कल्पना से कर लेता था।

उनकी साहस और शिकार-कुशलता की बातों से मैं बहुत प्रभावित हुआ और उनकी संगत में उस नरभक्षक का सामना करने में अपने आपको सुरक्षित समझने लगा।

उन दिनों उन रास्तों पर पैदल या घोड़े पर ही जाना पड़ता था, क्योंकि सड़कें न होने के बराबर थीं और जीप का आविष्कार हुआ नहीं था। उन्हें सवारी के लिए मैंने अपना घोड़ा दे दिया और स्वयं मंगल और सेवक के साथ, उनके साथ पैदल चल पड़ा। रास्ता भर वे अपनी कहानियों से हमारा मनोरंजन करते गए। मुझे उस सफर की थकान महसूस ही नहीं हुई।

दोपहर के दो बजे हम उस डरे हुए गाँव में जा पहुँचे। वह घास के जंगल और हरे-भरे खेतों से घिरा हुआ था। वह केवल दक्षिण की ओर खुला था जहाँ जंगल का किनारा उससे केवल दो सौ गज दूर था। मैंने जंगल की खाली चौकी में ठहरने का निश्चय किया। वह वृक्षों के वन और गाँव के बीच दो कमरों की पक्की इमारत थी। जंगल के किनारे की भूमि ढलवाँ थी, जिससे दक्षिण की ओर कुछ दूरी तक पेड़ों की भूमि गाँव की सतह से थोड़ी नीची थी।

पूर्व की ओर बहुत घना जंगल था। दादी को खेतों के पास मारने के बाद शेर दादी के शव को उसी जंगल में घसीटकर ले गया था।

मैं उसी समय दादी के मृत शरीर की खोज में जाना चाहता था और इसी भाव से एक-दो मार्गदर्शकों को लेने के लिए गाँव में गया। कोई भी मेरी सहायता करने को तैयार नहीं था। मुझे ऐसा लग रहा था कि केवल उस शेर को मारने के लिए मेरा उस गाँव में जाना गाँव निवासियों को अच्छा नहीं लगा। उनके व्यवहार में मेरे प्रति उदासीनता एवं रोष था। मुझे उसका कारण समझ में नहीं आया। उन्होंने मुझे टालने की कोशिश की। जब मैं उनके रोष पर कुछ काबू पा सका तो उन्होंने बहुत स्पष्ट शब्दों में मुझे उस नरभक्षक को मारने का विचार छोड़ देने के लिए कहा, और यह भी कहा कि उन्हें इस झंझट में लपेटकर मैं उनके जीवन को संकट में न डालूँ। उनका कहना था कि वह नरभक्षक कोई साधारण जानवर नहीं था। वह एक जादूगर की आत्मा थी जिसने शेर का रूप धारण कर रखा था। उनके विचारानुसार उसे कोई भी कभी नहीं मार सकेगा। जिसने भी उसे मारने की चेष्टा की उसे शेर के रूप में वह जादूगर नष्ट कर देगा, और उसके सहयोगियों से भी बदला लेगा और उन्हें भी नष्ट कर देगा।

बहुत कठिनाई से मैं उनमें से एक को इतना तैयार कर पाया कि वह गाँव के किनारे पर खड़े होकर मुझे वह स्थान दिखला दे जहाँ उन्हें दादी की चुन्नी और कमीज के टुकड़े मिले थे।

गाँव का वह वीर पुरुष जाति का शुद्र पुन्नु था। पीढ़ियों से चलते आए मिथ्या विश्वासों के बावजूद, और लोगों के मना करने पर भी वह मेरे साथ, मुझे वह स्थान दिखाने के लिए आ गया जहाँ जादूगर की अनश्वर आत्मा ने दादी की हत्या की थी। मेरा सरदार मित्र भी मेरे साथ था, और थोड़ी देर बाद गाँव से एक अन्य लड़का, पुन्नु का घनिष्ठ मित्र भी हमारे साथ आ गया।

गाँव से बाहर निकलते ही हम रुके। पुन्नु ने एक फर्लांग की दूरी से वह स्थान दिखलाया जहाँ शेर जंगल की कँटीली झाड़ियों में से दादी के शव को घसीटते हुए ले गया था।

मैंने पुन्नु और उसके मित्र का धन्यवाद किया और सरदारजी के साथ पुन्नु के दिखलाए स्थान की ओर चल पड़ा। हम मुश्किल से पचास गज ही गए होंगे जब एक डरे हुए गीदड़ की पी-आ-ऊ, पी-आ-ऊ सुनाई दी। वह आवाज मई की गर्म हवा पर तैरती हुई आतंकित क्षेत्र के वातावरण पर छा गई। जहाँ से वह डरी हुई आवाज आ रही थी उस स्थान को निश्चित करने के लिए मैं रुक गया। मैं जानता था कि वह उस खतरे का संकेत था जिसे गीदड़ ने अपने आसपास देखा था और देखकर डर गया था।

मैं अभी वहीं खड़ा मन-ही-मन यह निश्चित करने की चेष्टा कर रहा था कि वे डरी हुई आवाजें कहाँ से आ रही थीं तभी पुन्नु और उसका मित्र भागते हुए मेरे पास आए और बहुत आग्रह के साथ मुझे उस शेर का पीछा करने से रोकने लगे। वे यह भी नहीं चाहते थे कि मैं दादी के मृत शरीर को खोजने और उसे लाने का प्रयास करूँ।

गीदड़ के रोने की ओर मेरा ध्यान आकर्षित करते हुए उन्होंने कहा कि यह अपशकुन है और मुझे इसे अनसुना नहीं करना चाहिए। रुँधे हुए कंठ से उन्होंने यह भी कहा कि जिस दिन दादी ईंधन लेने गई थी उस दिन भी गीदड़ रो रहा था। दादी ने उसकी परवाह नहीं की और परिणामस्वरूप लौटकर नहीं आई।

उनके इस तर्क का प्रभाव मेरे मित्र सरदारजी पर पड़ा और उन्होंने मुझे आगे जाने से रोकना शुरू किया। मैंने उन्हें बतलाया कि गीदड़ का रोना उसके डर जाने का संकेत है, अच्छे या बुरे शकुन से उसका कोई सम्बन्ध नहीं है, और सम्भवतः गीदड़ शेर को कहीं आसपास देखकर या किसी बाघ को देखकर डर गया है।

सरदारजी को मेरी बात पर विश्वास नहीं आया और वे मुझे वापस जाने के लिए कहने लगे। जब मैंने उनकी बात नहीं मानी तो वे–अत्यन्त संकटमय स्थितियों में खतरनाक जानवरों का शिकार करने वाले बहादुर–मुझे महामूर्ख और हठी कहते हुए गाँव में वापस लौट गए।

सरदारजी एक ओर गए और मैं दूसरी ओर जाने लगा, और गाँव के वे सीधे-सादे भोले-भाले लड़के घबराकर हिचकिचाते हुए वहीं खड़े रहे। मैंने मुसकराते हुए उन्हें घर जाने के लिए कहा और विश्वास दिलाया कि मैं यथासम्भव जल्दी ही गाँव वापस लौट आऊँगा।

मैं अभी बीस गज भी नहीं गया था कि वे भागते हुए पुनः मेरे पास आ गए और मेरे साथ चलने के लिए हठ करने लगे। मैं उनकी शिष्टता पर चकित रह गया और उनके प्रति मेरा मन कृतज्ञता से भर उठा।

लगभग सौ गज और चलने पर हम जंगल के किनारे पर पहुँच गए जहाँ उन्होंने वह स्थान दिखाया जहाँ रक्त जमा पड़ा था। वह रक्त उस माननीय वृद्धा का था। जिसने निष्काम भाव से प्यार करने और मनुष्यों तथा पशुओं की सेवा करने के अतिरिक्त जीवन से कभी कुछ नहीं माँगा था।

मैं थोड़ी देर के लिए धरती पर बैठ गया और गाँव के उन दोनों लड़कों से वापस घर जाने को कहा। मैंने उन्हें समझाया कि सुरक्षा की दृष्टि से दिन के उस समय हमारा जंगल में इकट्ठा जाना ठीक नहीं। इसके अतिरिक्त उनके साथ होने से मेरा ध्यान मुख्य लक्ष्य से विचलित हो सकता है, क्योंकि मुझे लगातार उनकी सुरक्षा की चिन्ता बनी रहेगी। मुझे विश्वास था कि जिस संकट ने गीदड़ को भयभीत किया था वह वही नरभक्षक था और वहाँ से बहुत दूर नहीं था। मैं उसका पीछा करना चाहता था और अपने साथ ऐसी कोई भी जिम्मेदारी लेकर नहीं जाना चाहता था जिससे ध्यान को मुख्य लक्ष्य पर केन्द्रित रखने में विघ्न-बाधा पड़े। उस अवस्था में बिना मचान के हम तीनों के लिए किसी भी स्थान पर इकट्ठा बैठ सकना सम्भव नहीं था। अपने बैठने के लिए मैं पेड़ में स्थान बना सकता था परन्तु तीनों के लिए ऐसा कर सकना लगभग असम्भव था।

मेरी बात उनकी समझ में आ गई और वे वापस गाँव लौट गए। उस समय शाम

मॉडल का पशुघातक शेर तथा हाँके में उसे निकालनेवाला ग्रामीण।

इसने लेखक को चकित कर दिया; और उसकी कीमत अपनी जान से अदा की।

शेर की 'डाइनिंग टेबुल'।

के पाँच बजे थे पर उस समय की धूप बहुत तेज थी। सूर्य की किरणें पहाड़ों पर चमक रही थीं। मैं उस वन में हिरणों, सूअरों और अन्य वन्य जीवों का शिकार करने बहुत बार गया था। अस्तु मैं उसके सब क्षेत्रों से भलीभाँति परिचित था। मैं उस जंगल को इतनी अच्छी तरह से जानता था कि उसके वृक्षों और झाड़ियों की भूलभुलैया जैसी अँधेरी रात में भी बिना भटके भ्रमण कर सकता था।

जहाँ तक डर का सम्बन्ध है, मुझे जंगलों, जानवरों या अँधेरे से कभी डर नहीं लगा। मैंने अपने पिता के कड़े प्रशिक्षण से बचपन में ही डर पर विजय पाना सीख लिया था। बच्चों के पालन-पोषण के विषय में मेरे पिता की अनूठी धारणाएँ थीं जिन्हें उन्होंने पूरी राजपूती दृढ़ता के साथ पहले मुझ पर प्रयोग किया, और फिर मेरे दोनों छोटे भाइयों पर। मैं केवल छह-सात वर्ष का ही था जब वे आधी रात को मुझे जगाकर कभी कब्रिस्तान भेज देते थे और कभी श्मशान भूमि। वे स्थान हमारे घर से दो मील दूर थे और वहाँ पहुँचने के लिए जंगल में से जाना पड़ता था। पहले उन्होंने मुझे सेवक के साथ घोड़े पर भेजा और फिर पैदल फिर अकेले। उनका भय भगाने का यह प्रशिक्षण चार-पाँच वर्ष तक चलता रहा और इससे मैं भयमुक्त ही नहीं हुआ, सब प्रकार की कठिनाइयों का बिना घबराए सामना करना भी सीख गया। जंगलों से मेरा परिचय भी मेरे पिता ने कराया था और उन्हीं की शिक्षा-दीक्षा में मैंने जंगलों का आनन्द उठाना सीखा। जंगली जानवर कितने सुन्दर और प्यारे होते हैं, यह भी मैंने उन्हीं से सीखा। मुझे न कभी जंगल से डर लगा और न जंगली जानवरों से। वन और वन्य जीवों ने मुझे सदा सुख और आनन्द दिया है। जंगलों ने मेरे मन को सदा शान्ति दी है और मेरी मनःस्थिति उस समय भी ऐसी ही थी जब मैं दादी के हत्यारे का पीछा करने जा रहा था और मैंने उन लड़कों से मुझे अकेले छोड़कर घर जाने के लिए कहा था।

III

पुन्नु और उसके मित्र के चले जाने के बाद मुझे कुछ अकेलापन अनुभव हुआ। परन्तु साथ में मुझे शान्ति और आजादी का भी एहसास हुआ। अकेला व्यक्ति जब किसी संकट में फँस जाता है, तो अपने बचाव के लिए हाथ-पैर मारता है और प्रायः अपने आपको बचा भी लेता है। आवश्यकता पड़ने पर वह अपने प्राणों से अपने कर्मों की कीमत भी चुका सकता है। परन्तु जब किसी काम विशेष के साथ उस पर दूसरों की सुरक्षा का भार भी हो, तो वह हड़बड़ा जाता है। उससे स्थिति को सँभालना कठिन हो जाता है। आदमी अपनी इच्छा से अपने जीवन से खेल सकता है, लेकिन दूसरों को संकट में डालकर उनके जीवन से खेलने का उसे कोई अधिकार नहीं है।

मैं कुछ समय तक उन्हें गाँव में जाते हुए देखता रहा। जब वे घास के क्षेत्र से निकलकर कृषिभूमि में पहुँच गए, तब मैं अपने स्थान से उठा। मैंने अपनी दो-नली शॉट एंड बॉल 12 बोर पैराडॉक्स मैग्नम को पुनः ध्यान से देखा। उसकी दोनों नलियों में

गोलियाँ थीं।

घने जंगलों में बड़े ज़ानवरों का शिकार करने के लिए पैराडॉक्स बन्दूक बहुत प्रभावशाली होती थी। उसका अन्वेषण वी.सी. फोसबेरी नामक अंग्रेज ने किया था। इस प्रकार की बन्दूक में नली के चोक वाले भाग में, अर्थात् उसके अन्तिम के तीन इंच वाले भाग में गहरे चक्राकार ग्रूव थे जबकि शेष नली चिकनी थी। इसकी गोली कोणरूपी (दुमाकार) थी और वजन में भारी थी। नली के मुँह पर चक्राकार ग्रूव होने के कारण गोली घूमती हुई निकलती थी, और उससे उसकी चाल और कार्यक्षमता ठीक बनी रहती थी।

इस अन्वेषण से चोक वाली बन्दूकों में बॉल एम्युनिशन के प्रयोग करने की कठिनाई का समाधान हो गया। गोल गोली यदि बन्दूक की नली में ठीक बैठ जाती तो नली के छेद के चोक में थोड़ा सा रुकने पर उसका फट या फूट जाना अनिवार्य था। परन्तु गोली का व्यास यदि छेद के व्यास से थोड़ा कम होता और गोली चोक में से आसानी से निकल सकती तो उसके निकलते समय गैसें गोली के पास से निकल जातीं। इससे उसकी गति और कार्यक्षमता कम हो जाती।

पैराडॉक्स और एक्सप्लोरा बन्दूकों के अन्वेषण से बड़े जानवरों का शिकार करने वाले शिकारियों की इस समस्या का समाधान हो गया। उस समय तक ये बन्दूकें बहुत लोकप्रिय बनी रहीं जब तक तीव्र गति से चलने वाली राइफलों में धुआँरहित पाउडर का प्रयोग होने लगा। जैसे, छोटे-छोटे दंडों के रूप में नाइट्रोग्लिसरिन डबल बेसड पाउडर अथवा पत्तरों (फलैक्स) या दानेदार (ग्रैन्युल्स) शक्ल में नाइट्रोसेल्यूलोस पाउडर।

मैंने वृक्षों के जंगल में प्रवेश किया और जंगल के भीतर एक फर्लांग चलने के बाद उस खड्ड की ओर गया जहाँ गीदड़ रो रहा था। मैं उस खड्ड को बहुत अच्छी तरह से जानता था। कुछ ही महीने पहले मुझे वहाँ एक अनूठा, भयप्रद परन्तु रोचक अनुभव हुआ था।

तब मुझे इस गाँव में गाँव के मुखिया ने बुलाया था। उस समय बस्तीवालों की गेहूँ की खड़ी फसल को जंगली जानवर इतनी हानि पहुँचा रहे थे कि उसके लिए यदि जल्दी ही कुछ न किया जाता तो गरीब किसान बरबाद हो जाते।

जंगली जानवरों को रोकने के लिए बस्तीवालों ने अपने खेतों के इर्द-गिर्द काँटेदार झाड़ियों की बाड़ बनाई थी किन्तु उससे कुछ लाभ नहीं हुआ था। जंगली जानवर रात के अँधेरे में बाड़ फाँदकर खेतों में आ जाते थे और खड़ी फसलों को खा जाते थे। बाड़ के एक किनारे पर मैंने अपने बैठने के लिए एक पेड़ में आरामदेह स्थान बना लिया। वहाँ से सामने जंगल दिखाई पड़ता था। खेतों के पास से धरती धीरे-धीरे ऊँची होते हुए शिवालिक की पहाड़ियों की ओर जाती थी। उनके वृक्षों से भरे घने जंगल में शेर, बाघ, साम्बर, जंगली सूअर, काकड़ आदि थे।

शिवालिक पहाड़ियों के वनों में हिरण भी थे, जो सदैव शान्त और सुरक्षित स्थान की खोज में रहते हैं; और शेर, बाघ आदि भी थे, जो सदा शान्तिप्रिय हिरणों की ताक

में रहते हैं। अर्थात् वहाँ ये दोनों शाकाहारी और मांसाहारी रहते थे। शाकाहारी किसानों की खेती पर हमला बोलकर उनकी जीविका पर आघात करते थे और मांसाहारी उनके पशुओं को मारकर उनकी दयनीय स्थिति को और भी शोचनीय बना देते थे।

उनका यह व्यवहार अत्यन्त निष्ठुर और निर्दयी दिखाई पड़ता है। परन्तु वह उनकी मूल आवश्यकता से प्रेरित है। वे उस आवश्यकता की पूर्ति के लिए विवश होते हैं।

जीवन की इसी मूल आवश्यकता से अभिप्रेरित होकर गाँववालों ने मुझे बुलाया था। उनकी सहायता करने के लिए मैं रातभर पेड़ पर बैठ रहा और मैंने कुछ हिरणों तथा सूअरों को अपनी बन्दूक का निशाना बनाया। ये जानवर भोजन करने के लिए प्रायः रात को खेतों में आते थे।

सर्दी का मौसम था और बहुत ठंड पड़ रही थी। सुबह के समय सारे क्षेत्र पर कोहरा छाया रहता था। एक रात इतनी ठंड थी कि मैंने सारी रात पेड़ में बैठने के स्थान पर करीब बारह बजे ही गाँव में वापस जाने की सोची। उस समय तक मैं दो बारहसिंघों पर निशाना ले चुका था। उनमें से एक जख्मी होकर बच निकला था।

खेतों के पूर्वी किनारे की बाड़ के पास एक जलाशय था। गाँव में जाने के लिए उसके पास से होकर जाना पड़ता था। चाँद की रोशनी में मुझे वहाँ दो जानवर दिखाई पड़े जो पानी पीकर जंगल की ओर जा रहे थे। वे न हिरण थे और न सूअर ही। उनकी चाल और आकृति से मैंने उन्हें लकड़बग्घा समझा। मुझे लगा कि वे उस बारहसिंघा को खोज लेंगे जिसे मैं खेत में छोड़कर आया था, और उसे खाने में वे उसके सींगों को खराब कर देंगे। उसके सींग बहुत सुन्दर थे। उन्हें सुरक्षित रखने के लिए मैंने उन पर निशाना लेने का निर्णय लिया। मेरे पास दो-नली 12 बोर शोट गन थी। मैंने उसमें गोलियाँ भर रखी थीं। दाईं नली में कोन्ट्रेक्टाइल बुलट कार्टरिज था और बाईं नली में बक-शोट कार्टरिज।

मैंने निशाना साधकर दाईं नली से बड़े जानवर पर गोली चला दी। दोनों जानवर भाग गए। मुझे विश्वास हो गया कि मेरा निशाना ठीक नहीं था। सम्भवतः मैं सही प्रकार से दूरी का अनुमान नहीं लगा पाया था अथवा मेरे हाथ इतने ठिठुरे हुए थे कि ठीक प्रकार से निशाना नहीं ले सका था। कारण कुछ भी हो, मुझे विश्वास था कि मेरा निशाना ठीक नहीं था। इसलिए उस जगह पर जाकर देखने के स्थान पर मैं सोने के लिए गाँव लौट आया।

दूसरे दिन गाँव के कुछ लड़कों को लेकर मैं वहाँ गया जहाँ मैंने बारहसिंघा मारा था। उसे उठाकर गाँव भेज दिया और हम स्वयं जख्मी बारहसिंघा की खोज में निकल पड़े। थोड़ी दूर जाने पर हमें उसके रक्त के निशान मिल गए। दो लड़कों को अपने साथ लेकर मैं उन रक्तचिह्नों को देखते हुए आगे जाने लगा। उन दोनों लड़कों में से एक का नाम जेन्दू था। वह अच्छा स्वस्थ लड़का था और भड़कीले कपड़े पहनने का शौकीन था।

रक्तचिह्नों को देखते हुए वह मुझे जंगल के भीतर ले गया। वह स्थान वहाँ से एक

मील दूर था जहाँ से बारहसिंघा पर निशाना लिया गया था। हमने चलते-चलते दो बार उसे चौंका भी दिया था। दोपहर के बाद वह फिर दिखाई दिया। किन्तु उस समय भी वह इतनी दूर था कि उस पर निशाना लिया नहीं जा सकता था। वह गोली की पहुँच से बाहर था। रक्त की मात्रा पहले अधिक थी। फिर धीरे-धीरे कम होते हुए वह बिलकुल खत्म हो गई थी। फलस्वरूप हम उसका पीछा नहीं कर पाए।

जख्मी जानवर के खून का बहाव यदि पहले अधिक हो और फिर कम होता जाए, तो उसका घाव गम्भीर नहीं होता, छिछला होता है। ऐसा होने पर घाव के कन्धे पर होने की सम्भावना अधिक होती है। उस घायल अवस्था में यदि वह लकड़बग्गा आदि के आक्रमण से बचा रहे तो वह प्रायः ठीक हो जाता है।

घायल जानवर का रक्त यदि लगातार थोड़ा-थोड़ा बहता रहे, और उसका रंग कुछ पीला-सा हो, और पिंडों में दिखाई दे तो यह अनुमान लगाया जा सकता है कि गोली उसकी आँतों में लगी है। ऐसी चोट बहुत पीड़ाजनक होती है और मृत्यु होने में बहुत समय लगता है। परन्तु इस प्रकार के जख्मी जानवर भी कभी-कभी बच जाते हैं यद्यपि ऐसा बहुत कम होता है। मुझे एक ऐसा ही शेर मिला था। मैंने उसका शिकार किया था। वह पहले भी गोली की मार खा चुका था। वह गोली उसके पेट की त्वचा के अन्दर की ओर थी। उस गोली ने उसकी आँत को जख्मी किया था, और फिर पेट की दूसरी ओर की त्वचा के अन्दर धँसी हुई थी। उसकी आँत जुड़ चुकी थी और उसका शरीर पूरी तरह से स्वस्थ था।

टपका हुआ खून यदि फेनिल हो और उसका रंग गहरा लाल हो, तो उससे यह अनुमान लगाया जा सकता है कि जानवर को गोली उसके सीने में लगी है अथवा सीने के एक ओर जिससे उसका फेफड़ा कट गया है। ऐसा घायल जानवर बहुत देर तक सक्रिय नहीं रहता और दम घुटने से उसकी जल्दी ही मृत्यु हो जाती है।

ताजे रक्त के रंग से घाव के स्थान का अनुमान हो जाता है। घाव जितना फेफड़ों के निकट होता है, उतना ही उसके रक्त का रंग लाल होता है, और ऐसा जख्मी जानवर जल्दी ही मर जाता है। काला-सा खून इस बात का द्योतक है कि गोली पिछली टाँग पर लगी है। यदि खून झाड़ियों या रास्ते पर दोनों ओर दिखाई दे तो यह विश्सनीय रूप से कहा जा सकता है कि गोली शरीर के पार निकल गई है; और खून यदि केवल एक ही ओर हो तो गोली निश्चय ही उसके शरीर के बाहर नहीं गई, वह शरीर में ही धँसी हुई है।

घायल बारहसिंघा को जब हम खोज नहीं पाए और हम थक गए तो हमने उसका पीछा करने का विचार छोड़ दिया। हमें लगा कि उसके पीछे और जाने का परिणाम भी वही होगा जो उस समय तक हुआ था।

उस घायल बारहसिंघा पर मुझे दया आ रही थी और अपनी मानहानि की आशंका पर लज्जा। गाँव के सीधे-सादे लोगों में मेरी कुछ प्रतिष्ठा बनी हुई थी। वे मुझे एक कुशल निशानेबाज और एक गोली से जानवर को मार गिरनेवाला मानते थे। परन्तु

बारहसिंघा के यों खो जाने से मेरे सम्बन्ध में उनकी धारणा पर ठेस पहुँची थी और उसने मेरी भूख, प्यास और थकान के कष्ट को और बढ़ा दिया था।

मैंने पिछली रात की घटना को मन-ही-मन दोहराया और जिस स्थिति में मैंने बारहसिंघा पर गोली चलाई थी उसकी भी मन-ही-मन संरचना की। मुझे सबकुछ ठीक लगा। बारहसिंघा मुझसे तीस गज से अधिक दूर नहीं था, वह मेरी बन्दूक की मार के अन्दर था। मुझे यह भी याद था कि जब मैंने अपनी बन्दूक का घोड़ा दबाया था उस समय वह ठीक मेरी बन्दूक की सीध में था।

सारी स्थिति में मुझे एक ही कमजोरी दिखाई दी। मैंने बॉल एम्युनिशन के स्थान पर बक-शोट का प्रयोग किया था। मेरे पिता ने मुझे सदा ही बक-शोट प्रयोग न करने की सलाह दी थी। उनका कहना था कि बक-शोट से जानवर घायल होता है, तुरन्त मरता नहीं। मैंने अपनी गलती को समझा और उसके बाद कभी भी बक-शोट का प्रयोग नहीं किया और मुझे इसके लिए कभी पछताना भी नहीं पड़ा।

सूर्य आकाश का भ्रमण करता हुआ पश्चिम की दिशा में चला गया था। जंगल की छाया दोपहर की गर्मी से राहत पाने के लिए पेड़ों के नीचे सिमट गई थी और अब धीरे-धीरे बाहर निकलने लगी थी।

दिन का ढलना, मानहानि की व्यथा, बढ़ती हुई भूख और थकान से विवश होकर मैंने गाँव लौट जाने का निर्णय लिया। मैंने अपनी बन्दूक गाँव के बाँके जेन्दू को पकड़ा दी क्योंकि उसे दिनभर उठाए रखने के कारण मेरा कन्धा दुखने लगा था।

मैं आगे-आगे चल रहा था। मैं भूखा और थका हुआ था इसलिए गाँव में जल्दी पहुँचने के लिए छोटे रास्तों से जा रहा था जिसका अर्थ था वृक्षों के घने जंगल, घास के बड़े-बड़े क्षेत्रों और खड्ड आदि के बीच से जाना। खड्ड में अनेक टेढ़े-तिरछे मोड़ थे। कहीं-कहीं उसके किनारों में गहरे कटाव थे और कहीं-कहीं आगे को बढ़ी हुई चट्टानें। खड्ड की चौड़ाई इतनी कम थी कि दो आदमी भी साथ-साथ नहीं चल सकते थे। उसकी कुल लम्बाई कटावों और मोड़ों के साथ सौ गज से अधिक नहीं थी तथापि उसका प्रत्येक इंच उलझी हुई झाड़ियों का एक पुंज था।

मैं उस खड्ड में उतरा और मेरा साथी जेन्दू मेरे पीछे खड्ड में उतर आया। मैं एक मोड़ से आगे बढ़ने ही वाला था कि मोड़ की ओट से सारी खड्ड क्रोधभरी गुर्राहट से गूँज उठी। बिना कुछ सोचे-विचारे मैं तुरन्त वहीं रुक गया और जेन्दू से अपनी बन्दूक लेने के लिए हाथ पीछे किया। बन्दूक नहीं मिली। गुर्राने की आवाजें लगातार आ रही थीं। आवाजों की दिशा में अपनी दृष्टि जमाए हुए मैं बन्दूक लेने के लिए कुछ कदम पीछे हटा परन्तु बन्दूक नहीं मिली। मैंने मुड़कर देखा, अपने प्राण बचाने के लिए गाँव का वह बाँका तेजी से पीछे भागकर खड्ड की सीधी दीवार पर चढ़ने पर प्रयास कर रहा था। मैं भी एक-दो छलाँगें लगाकर उसके पास पहुँच गया और जमीन पर से अपनी बन्दूक उठा ली जो उसके दीवार पर चढ़ते समय नीचे फेंक दी थी।

गुर्राहटों में रोष बढ़ता जा रहा था और वे आवाजें कुछ नजदीक आती हुई भी

सुनाई पड़ रही थीं। खड्ड में एक कटाव मेरी दृष्टि में बाधा डाल रहा था। इसलिए मैं दीवार की ओर गया और अपने आपको उससे ऊँचा उठाने के लिए दीवार में से आगे को निकली हुई चट्टान पर खड़ा हो गया। वहाँ से मुझे उसी स्थान से घास हटती हुई दिखाई दी जहाँ मैं कुछ क्षण पहले खड़ा था। अपनी अगली टाँगों के सहारे एक बाघ अपने शरीर के पिछले भाग को खींचता हुआ दिखाई पड़ा। वह मुझे घूर रहा था। मैंने अपनी बन्दूक को तुरन्त कन्धे से लगाया और दोनों नलियों की गोलियाँ चला दीं। परन्तु उनका उस पर कोई प्रभाव नहीं पड़ा। वह घिसकता रहा और मुझ पर बहुत बुरी तरह से गुर्राया। उसकी कठोर पीली आँखें मुझ पर लगी हुई थीं। मैंने फिर बन्दूक में गोलियाँ भरीं, और एक के बाद दूसरी, दोनों गोलियाँ उसके खुले मुँह में दाग दीं। उनका भी उस पर कोई प्रभाव नहीं पड़ा। गोलियों ने उसका जबड़ा तोड़ दिया। लेकिन वह रेंगता हुआ मेरी ओर बढ़ रहा था। उसकी अधिवृक्क ग्रन्थियों के स्राव एंड्रेललिन ने रक्त में जाकर उसके शरीर को अतिरिक्त शक्ति दे रखी थी।

मैंने बन्दूक की दोनों नलियों में फिर गोलियाँ भरीं और चार गज की दूरी से उन्हें उस पर चला दिया। वे सफल रहीं। उन गोलियों ने उसके सिर को फोड़ दिया।

मैंने पिछली रात को जो गोली चलाई थी वह उस बाघ को लगी थी। उसने उसकी रीढ़ की हड्डी पर आघात किया था जिससे उसकी पिछली टाँगें बेकार हो गई थीं। उस गोली के लगने से उसका जो रक्त गिरा था उसके साथ चलते-चलते हम जलाशय पर पहुँच गए। यह देखकर हम चकित रह गए कि वह वही जीव था जिसे लकड़बग्गा समझकर मैंने पिछली रात गोली चलाई थी। खून से सनी हुई घसीट उसका प्रत्यक्ष प्रमाण था। उस निर्दयी काम का जिम्मेदार मैं था। पिछली रात गोली चलाने के बाद यदि मैं उसका परिणाम देखने चला जाता तो उसकी पीड़ा का उसी समय अन्त हो जाता। और, अगर मैं सुबह भी जलाशय पर चला जाता, तो उसके जख्मी होने का मुझे पता लग जाता और मैं इस अप्रिय अनुभव से बच जाता, जिसके लिए न मैं तैयार था और न मुझे खबर थी।

IV

उस शान्त वातावरण में रह-रहकर मोरों के बोलने की ऊँची आवाजें सुनाई पड़ रही थीं। तभी मुझे जानवरों के पथ के पास की ऊँची घास में से हिरण आते हुए दिखाई पड़े। वहाँ से निकलकर वे मेरे पेड़ से लगभग दस गज दूर खड़े हो गए। वे वहाँ इतने निश्चिन्त खड़े थे जैसे उस जंगल में शेर-बाघ थे ही नहीं।

अन्त में सूरज मेरी बाईं ओर के पहाड़ के नीचे उतरने लगा। वह पहाड़ की चोटी के पीछे आधा छिप गया था। उसी समय चारों ओर से भनभनाहट सुनाई दी। वह आवाज उन कीड़ों-मकोड़ों की थी जो दिन भर गर्मी से बचकर झाड़ियों में शिथिल पड़े थे। साँझ की उस घड़ी ने अपने मन्द प्रकाश का जाल चारों ओर दूर-दूर तक फैला दिया

था और उसी जाल ने आधे सूरज को जकड़कर क्षितिज के नीचे धकेल दिया था।

सूर्य अभी अस्त ही हुआ था कि संकटमयी रूखी हाऊ-हाऊ सुनाई पड़ी। वह आवाज झाड़ियों के दूसरे किनारे से, लगभग सौ गज दूर खड्ड से आ रही थी। उसके बाद उसी स्थान से मुर्गों ने भी बेचैन शोर मचाना शुरू किया। फिर काले मुँह के बन्दर अर्थात् लंगूर भी घबराहट से पेड़ों पर, एक टहनी से दूसरी टहनी पर उछलने लगे। वे गालियाँ दे रहे थे और तरह-तरह के मुँह बना रहे थे।

मुझे जंगलों और जंगल जीवन का इतना ज्ञान था कि मैं उन संकेतों का अर्थ समझ सकूँ। मैं समझ गया था कि शेर या बाघ उसी क्षेत्र में कहीं आसपास घूम रहा है।

उसी समय मुझे किसी भारी वजन के नीचे सूखी टहनी के टूटने की आवाज सुनाई दी। वहाँ से साँस लेने की कण्ठस्थ आवाज भी आ रही थी। निःसन्देह वह आवाज शेर की थी, और सम्भवतः वह शेर वही था जिसने दादी को मारा था। अब वह नए शिकार की खोज में घूम रहा था। मैं सोचने लगा कि क्या वह मेरे पेड़ के नीचे आकर मुझे निशाना लेने का अवसर देगा ? मुझे निशाना लेने का सही अवसर जानवरों के आने-जाने वाले पथ पर ही मिल सकता था। बाकी सारे क्षेत्र में पेड़ों से घिरी ऊँची घास थी और उसमें कहीं-कहीं धरती तक फैली हुई ऊँची-ऊँची झाड़ियाँ थीं। जिस दिशा में शेर आ रहा था, वह झाड़ियों का एक पुंज था। उसका सबसे नजदीक किनारा मुझसे पन्द्रह गज दूर था। उन झाड़ियों ने पिछले क्षेत्र को मेरी आँखों से ओझल कर रखा था।

बन्दर उत्तेजित होकर एक शाखा से दूसरी शाखा पर कूद रहे थे। मेरा दिल जोर-जोर से धड़क रहा था। रक्तचाप के बढ़ जाने के कारण कनपटियों पर ढक-ढक हो रही थी। मैं पेड़ के तने से चिपका हुआ, हाथों में बन्दूक थामे बिल्कुल निश्चल बैठा था। मैंने अपने अँगूठे से अनेक बार बन्दूक के सेफ्टी कैच को छूकर देखा। मेरी बन्दूक चलाए जाने के लिए तैयार थी।

मैं सोचने लगा, मेरे विचार में शेर उन्हीं झाड़ियों की ओर जा रहा था जहाँ दादी की अस्थियाँ थीं। मैंने सोचा कि वह घास से निकलकर खुले स्थान पर आएगा, जो जानवरों के आने-जाने वाले पथ से लगा हुआ था।

मुझे फिर सूखे पत्तों के कड़कने की आवाज सुनाई दी। वह आगे की ओर बढ़ रही थी, किन्तु सहसा रुक गई। शेर उस समय झाड़ियों के पीछे केवल दस गज दूर था, परन्तु मेरी आँखों से ओझल था। बन्दरों का नाटकीय क्रोध भी लगभग खत्म हो गया। तभी मुझे सूखी घास और धरती पर गिरे पत्तों के कुचले जाने की आवाजें सुनाई दीं। शेर घास पर लोट रहा था।

शोर खत्म हुआ। मैं रुकी साँस से उसके झाड़ियों के बाहर खुल रास्ते पर आने की प्रतीक्षा करने लगा। शेर जहाँ लोट रहा था, वह स्थान मेरे पेड़ के बिल्कुल निकट था, और बन्दूक चलाने योग्य प्रकाश भी था। यद्यपि जंगल में काफी अँधेरा छा चुका था परन्तु वह शेर आगे नहीं आया। किसी भी टहनी के टूटने और सूखे पत्तों के कड़कने की आवाज सुनाई नहीं पड़ी।

मेरा उस पर निशाना लेने की उम्मीद खत्म हो गई थी। वह जिस रास्ते से आया था उसी रास्ते से वापस चला गया था अथवा उसने झाड़ियों के दूसरे किनारे से ही अपना रास्ता बदल लिया था, और मेरी दाईं ओर से उन घनी झाड़ियों के पीछे चला गया था जो मेरे गाँव के रास्ते में थीं।

मेरे पास यदि एक-नली राइफल होती तो मैं उस मन्द प्रकाश में उस पर निशाना ले ही नहीं सकता था। परन्तु मेरे पास दो-नली राइफल थी। दो-नली राइफल का सन्तुलन अपेक्षाकृत अच्छा होता है। शिकार करने में दो-नली बन्दूकों की यह विशेषता विशेष महत्त्वपूर्ण है। इसके विषय में कभी दो मत हो ही नहीं सकते। एक-नली बन्दूक का सन्तुलन कभी भी दो-नली बन्दूक जैसा अच्छा नहीं होता, क्योंकि उसका वजन हाथ पर बराबर नहीं बैठता। इसके अतिरिक्त, मुझे पहाड़ी क्षेत्रों में शिकार करने का अधिक अभ्यास है। उन क्षेत्रों में निशाना साधने की अपेक्षा बन्दूक की नली को लक्ष्य की ओर लगाकर गोली चलाई जाती है। मुझे इसका इतना अभ्यास था कि मैं पूरे विश्वास के साथ बन्दूक की नली को लक्ष्य की ओर घुमाकर, अँधेरे में भी सफल निशाना ले सकता था। इसके अलावा मैंने अपनी बन्दूक की फोर साईट पर रूई को मधुमक्खी की मोम से लपेटकर लगा रखा था। इससे अँधेरे में भी बन्दूक की नली को लक्ष्य की ओर ले जाना अपेक्षाकृत सुगम था।

सन्ध्या बढ़ गई थी। खुले स्थान की अपेक्षा पहाड़ियों की चोटियों पर साँझ की छाया काफी गहरी हो गई थी। मैं जहाँ बैठा था वहाँ न कोई आहट सुनाई दे रही थी और न कोई शोर ही। केवल आकाश में घूमते हुए छपके की कर्कश ध्वनि सान्ध्य के मौन को रह-रहकर भंग कर रही थी।

मुझे लगा कि शेर ने मुझे धोखा दिया है। वह मुझे छलकर चला गया है। मैंने अपने हाथों को ढीला किया। मुझे उँगलियों में दर्द अनुभव हुआ; मैं बहुत देर से अपनी बन्दूक को पकड़े हुए था। मैं बन्दूक को अपने पास लिटाने ही वाला था कि मुझे पेड़ के नीचे से तेज गन्ध आई। वह उस वातावरण की सामान्य गन्ध से भिन्न थी। तभी मुझे साँस लेने की गहरी आवाज सुनाई दी। बिना हिले मैंने अपनी आँखें आवाज की ओर की और मुझे शेर की धुँधली आकृति दिखाई दी। उसने अपना सिर एक ओर घुमा रखा था और अलसाई-सी नजर से देख रहा था। मैंने अपनी साँस रोकी। मैं सीधे उसके ऊपर पेड़ पर बैठा हुआ था। जिस शाखा पर मैं पैर टिकाकर आराम से बैठा था, वही बन्दूक को नीचे झुकाने में बाधा बन गई।

अपनी गर्दन को मैं जितना ऊपर उठा सकता था, मैंने उठाया। सिर को हल्के से बाईं ओर मोड़कर मैं पेड़ में ऐसे स्थान को खोजने लगा जहाँ से बिना किसी बाधा या आहट किए बन्दूक को नीचे झुकाया जा सके। पेड़ पर मालजन बेल चढ़ी हुई थी। मैं उसके बड़े-बड़े पत्तों से बचाकर बन्दूक को नीचे झुकाना चाहता था। मैं गर्दन ताने बन्दूक के साथ आगे को झुकाने लगा। मैं वहाँ से आधी नली ही नीचे कर पाया था कि वह दूसरी शाखा के तन्तुओं से उलझ गई। मैं उसे और झुका नहीं पाया जबकि शेर के सिर

पर निशाना लेने के लिए मुझे उसे और झुकाकर दस डिग्री और मोड़ना था।

मैं अपने शरीर को पुनः पहली स्थिति में ले गया और बन्दूक को नीचे झुकाने के लिए दूसरा स्थान देखने लगा। वह मुझे देखते ही मिल गया। परन्तु उसके द्वारा बन्दूक को नीचे झुकाने में मेरा सन्तुलन बिगड़ सकता था। जिस स्थिति में मैं बैठा था, उसमें बन्दूक का धक्का मुझे उछालकर सीधे शेर के मुँह में फेंक सकता था।

मैंने धीरे से अपनी टाँगों को हटाया और अपना पैर फँसाने के लिए, एक टहनी और तने के बीच जगह खोज ली। इससे सन्तुलन के बिगड़ने की आशंका जाती रही। मैंने अपनी बन्दूक को उठाया। अपने शरीर को मोड़कर नीचे की ओर किया, और बन्दूक को शेर की दिशा में ले गया। वहाँ पर मेरे दूसरे पैर के नीचे एक छोटी सी टहनी थी, जिससे एक पत्ता नीचे लटक रहा था। वहाँ से निशाना लेने के लिए मुझे बन्दूक को नीचे की ओर झुकाना था। परन्तु उस पत्ते के कारण मुझे धरती ठीक तरह दिखाई नहीं पड़ रही थी। मैं धीरे-धीरे सरकते हुए बन्दूक को वहाँ ले गया जहाँ वह टहनी शाखा से लगी हुई थी। मैंने अपने पैर के अँगूठे से पत्ते को एक ओर हटाया और बिना किसी बाधा के, और बिना आहट किए बन्दूक को नीचे झुकाकर देखा। उस समय मुझे नीचे केवल खाली धरती दिखाई दी। जैसे वह शेर चुपचाप आया था, उसी प्रकार बिना आहट किए, रात के पहले पहर के अँधेरे में, वहाँ से चुपचाप चला गया था।

मुझे एक दम बहुत थकान अनुभव हुई और 'छिप के बैठने' के मूल नियम का उल्लंघन करने का दुख हुआ। 'शिकारी के चारों ओर बन्दूक चलाने की सुविधा होनी चाहिए। आगे, बाएँ, दाएँ और पीछे—पीछे की ओर बन्दूक चला सकने की सुविधा सब से जरूरी है।'

अपने लिए बैठने का स्थान निश्चित करते समय यदि मैंने इस मूल नियम पर यथोचित ध्यान दिया होता, तो मुझे बन्दूक झुकाने में उतना समय नष्ट न करना पड़ता। शेर बहुत समय तक मेरे स्थान के निकट था, उससे कहीं अधिक जितना भ्रमण करते समय शेर सामान्यतया कहीं रुकते हैं। परन्तु मेरी ही भूल के कारण उसकी जान बच गई और मुझे विफलता की वेदना सहनी पड़ी।

उस समय मैं कुछ नहीं कर सकता था। जंगल में रात का अँधेरा छाया हुआ था। उस नरभक्षक के आसपास होने के कारण उस जंगल में चलना खतरे से खाली नहीं था।

मुझे एक ऐसी ही घटना याद है जिसमें शेर ने एक वन-कर्मचारी, उदयसिंह पर हमला किया था। सर्दी की शाम थी। हम दोनों सिरमौर जिले के कोहलर गाँव के पास खाने-पकाने के लिए शिकार करने गए थे। वहाँ पर एक सड़क थी। उस सड़क के एक ओर ऊँची घास का छोटा सा क्षेत्र था और दूसरी ओर घने वृक्षों का जंगल था। मैं घास के क्षेत्र के पीछे से होकर खड्ड के दूसरे किनारे पर चला गया। वहाँ से सड़क वृक्षों के वन में जाती थी।

उदयसिंह लाठी लेकर घास के क्षेत्र में घुस गया और धीरे-धीरे खड्ड में से होकर

मेरी ओर आने लगा। उस क्षेत्र में जंगली सूअर और चीतल होते थे। हमें आशा थी कि उनमें से कुछ मेरी ओर निकलेंगे। थोड़ी देर के बाद उदयसिंह की रोती हुई आवाज सुनाई दी—'हाय, मार डाला।'

उसी समय जिस खड्ड में मैं खड़ा था, उसके किनारे से लगभग पाँच गज दूर मुझे उछालें भरता हुआ एक शेर, वृक्षों के वन की ओर जाता दिखाई पड़ा। मेरे पास .405 विनचेस्टर राइफल थी। उसमें गोली भरी हुई थी और वह चलाए जाने के लिए तैयार थी। मैंने तुरन्त अपनी बन्दूक को कन्धे से लगाया और जैसे ही शेर मेरे पास से निकला मैंने उस पर गोली चला दी। वह गोली उसके कन्धे के पीछे लगी और उसके फेफड़ों को जख्मी किया तथा दूसरे कन्धे को तोड़ दिया। शेर वहीं गिर पड़ा। मैंने बन्दूक में दूसरी गोली डाली और उस पर दाग दी। परन्तु उसकी आवश्यकता नहीं थी। शेर पहली गोली से ही मर गया था।

मैं पीछे मुड़कर उदयसिंह की ओर भागा और उसे जोर से पुकारा। उसने तुरन्त उत्तर दिया। मुझे कुछ शान्ति मिली। वह खड्ड के किनारे की ओर घास के क्षेत्र में बैठा हुआ था। उसके कान के पास एक घाव था, जिससे खून निकलकर उसकी गाल पर बह रहा था। उसके मुँह पर भी कुछ घाव थे। सिर के दाईं ओर के घाव से खून, उसके बालों में टपक रहा था। वे घाव गहरे नहीं थे, सतही थे।

वह शेर नरभक्षक नहीं था। वह सामान्य शेर था जिसे मनुष्यों पर आघात करने की आदत नहीं थी। सम्भवतः वह भी हमारी तरह भोजन की खोज में घूम रहा था। जैसे उसने उदयसिंह को खड्ड की ढलान से ऊपर चढ़ते देखा, उसे पहचाने बिना वह उस पर झपट पड़ा। इससे पहले कि वह उसे पहचानता कि वह मनुष्य था, जंगली जानवर नहीं, वह उस पर आक्रमण कर चुका था। झपट के वेग में वह उसके सिर पर कूदा और उसे खड्ड में ले गया, और फिर उसे पहचानते ही वह उसे वहीं छोड़कर जंगल की ओर भागा। उदयसिंह के कान, सिर और मुँह पर घाव उसके पंजे से लगे थे।

सामान्य रूप से शेर पेड़ पर नहीं चढ़ते यद्यपि इसका कोई विशेष कारण नहीं है। सब बिल्लियाँ पेड़ों पर चढ़ती हैं। जिम कोरबेट ने अपनी पुस्तक में लिखा है कि एक शेर ने पेड़ पर चढ़कर उस शिकार को नीचे गिरा दिया था, जिसे उसकी पहुँच से बाहर रखने के लिए पेड़ पर टाँगा गया था।

शिकार की पुस्तकों में एक और प्रमाणित घटना का वर्णन किया गया है। मैसूर के चिड़ियाघर में एक शेर था जो नियमित रूप से चिड़ियाघर के आँगन में, एक ऊँचे पेड़ पर चढ़ा करता था। वह अपना अधिकांश समय उसी पेड़ की शाखाओं पर बैठ कर व्यतीत करता था।

सामान्य रूप से शेर अपने आकार और वजन के कारण पेड़ों पर नहीं चढ़ते। पेड़ों की शाखाएँ इतनी पक्की नहीं होतीं कि बिना हिले और टूटे उनके वजन को सहन कर सकें। शेर केवल पेड़ों पर चढ़ते ही नहीं, वे पेड़ों के ऊपर उस समय तक देखते भी नहीं जब तक पेड़ के ऊपर से कोई गति या आहट उनके ध्यान को आकृष्ट नहीं करती।

इसके विपरीत, बाघ सामान्य रूप से पेड़ों को देखते हैं, उन पर चढ़ते हैं और उनमें आराम से बैठते हैं। पुस्तकों में कुछ ऐसे जख्मी बाघों का भी वर्णन है जिन्होंने पेड़ पर चढ़ कर शिकारी को नीचे गिराया है।

नरभक्षक शेर की घात में बैठने के लिए पेड़ में बैठने का स्थान बारह से पन्द्रह फुट ऊँचा होना चाहिए। किन्तु ऊँचाई को निश्चित करते समय क्षेत्र की निजी विशेषता और पेड़ की स्थिति को ध्यान में रखना नितान्त आवश्यक है।

परन्तु मुझे बैठने के लिए अपने स्थान की दस-बारह फुट की ऊँचाई पर संतोष था, क्योंकि उस परिस्थिति में उससे अधिक सुखमय स्थान की मैं आशा नहीं कर सकता था। मुझे वह सारी रात जंगल में बितानी थी। मुझे नींद नहीं आ सकती थी। मैं पेड़ के नीचे गिरने का जोखिम नहीं लेना चाहता था। उस आरामदेह स्थान में इसकी कोई आशंका नहीं थी। मैंने अपनी बन्दूक आगे बढ़ी हुई एक शाखा पर टिकाया और अपने हाथ-पैरों को आराम देने के लिए ढीला छोड़ दिया।

बिना घर की एक कोकिला कहीं दूर से अपनी दुख भरी किन्तु कोमल आवाज में बोल रही थी। उसकी मधुर आवाज ने मुझे सुला दिया। मेरी एक नहीं अनेक बार आँख लगी। नींद आने के बाद जब-जब मेरा सिर इधर-उधर लुढ़क जाता था, झटके से मेरी नींद खुल जाती थी, और कुछ ही समय में मैं फिर सो जाता था। मैं उस समय तक सोता रहा जब तक काली चिड़िया ने मुझे अपनी मधुर आवाज में सुबह होने की सूचना नहीं दे दी। ऊषा होने पर काली चिड़ियाँ सबसे पहले मीठी आवाज में बोलने लगती हैं।...मैं प्रभात होने की प्रतीक्षा करने लगा और सूर्य की प्रथम किरणों के निकलते ही पेड़ से नीचे उतर आया। उस समय जंगल के लाल मुर्गे अपनी ऊँची किन्तु मधुर आवाज में बोलते हुए दिखाई पड़े।

मैं गाँव की ओर चल पड़ा। रास्ते में जंगल की चौकी थी। मैं उसके पास से आगे निकला और यह देखकर आश्चर्यचकित रह गया कि वहाँ पर नरभक्षक शेर के पिछली रात के पदचिह्न थे, और उनके ऊपर मेरे पैरों के निशान थे। शेर के पदचिह्न चौकी के चारों ओर बरामदे तक जाते थे। वह चौकी का चक्कर लगाकर खड्ड में से निकल कर गाँव की ओर गया था।

मैं चौकी के दरवाजे तक गया। वह अन्दर से बन्द थी। मैंने उसके दरवाजे को बार-बार खटखटाया। वह खुला और मैं वहाँ अपने सेवक मण्डल को देखकर स्तब्ध रह गया। मैंने अपने भाग्य को सराहा कि मैंने रात जंगल में ही बिताई। यदि मैं गाँव गया होता तो मुझे रातभर बाहर खुले में सोना पड़ता और मैं आसानी से अपने शत्रु नरभक्षक का शिकार बन गया होता।

मंगल ने पिछली रात सरदारजी की झिड़कियों, और गाँव के मुखिया के बहुत कहने पर भी, गाँव में जाने से इन्कार कर दिया था। उसका कहना था कि उसे चौकी में रुक कर मेरे ठहरने का प्रबन्ध करने का निर्देश था, और मेरी वहाँ रात को आने की सम्भावना थी। इसलिए वह वापस गाँव नहीं जा सकता था। सरदारजी और मंगल, दोनों

ने मिलकर चाय-पानी और भोजन का प्रबन्ध किया था, और मेरी प्रतीक्षा भी की थी। मेरे सेवक के पास चिकना बोर .12 गेज बन्दूक थी। वह मुर्गों को मारने के लिए थी। मंगल उसे चलाना जानता था। किन्तु वह किसी प्रकार भी नरभक्षक शेर से सुरक्षा नहीं दे सकती थी।

यह मंगल का सौभाग्य था कि उसने मिथ्या वीरता को दिखाने की चेष्टा नहीं की थी। 'मैं कमजोर दिल नहीं हूँ', यह दिखलाने के लिए उसने खुले बरामदे में सोने का हठ किया था। मिथ्या वीरता दिखाने के स्थान पर उसने अक्ल से काम लिया था और बन्द दरवाजों के भीतर सोने की सावधानी बरती थी। उसी सावधानी से उसके प्राण बच गए थे।

V

नरभक्षक शेर से मेरी पहली मुलाकात उस पेड़ के नीचे हुई थी जिसमें मैं उसकी ताक में बैठा हुआ था। उसके बाद कुछ दिनों तक वह मुझे कहीं भी दिखाई नहीं पड़ा। उसके लिए मैंने अनेक रातें उन स्थानों में बैठकर बिताईं, जहाँ उसके होने की सम्भावना हो सकती थी। कभी मैं उसके लिए कटरा बाँधकर बैठा और कभी उसके बिना, किन्तु वह मुझे कहीं भी दिखाई नहीं पड़ा। मैं सुबह और शाम रोज नाले पर जाकर जंगल की खोजबीन करता था। झाड़ियों को देखता था और उसके विश्राम करने के स्थानों का चक्कर लगाता था। परन्तु वह सब व्यर्थ रहा। उसके पदचिह्नों की मुझे अच्छी पहचान हो गई थी। वह पदचिह्न छोटे थे, मादा शेर के थे। वह पतले शरीर की थी, और अगले दाएँ पंजे से कुछ लँगड़ाती थी। मैं गाँव के आसपास के दस वर्ग मील के क्षेत्र में उसके पदचिह्नों की खोज करता रहा। किन्तु वे कहीं नहीं मिले। मैं जंगल में थका-हारा अकेला घूमता रहा। सम्भवतः वह वहाँ से कहीं और चली गई थी, और मैं उसे क्षेत्र में उसे खोजने के लिए अकेला भटक रहा था।

मेरे साथी सरदारजी हर रोज मुझे गाँव में वापस जाने के लिए कहते थे। उनके विचार में शिकार का अर्थ सफल निशाना होना था जबकि मैंने बचपन से ही सीख रखा था कि शिकार खेलने में असफलता और सफलता, दोनों का अपना-अपना महत्त्व है, दोनों की अपनी-अपनी गति है।

हर बार पक्षी पर गोली चलाने से या बारहसिंघा पर निशाना लेने से उसकी मृत्यु का होना निश्चित होता तो शिकार खेलना रोमांचक न होता। मेरे विचार में वे शिकारी आदर और सम्मान के अधिकारी नहीं हैं जिनका लक्ष्य शेरों की हत्या करना है, जिससे उनकी गणना 'शेरों के मारने वाले शिकारियों' में की जा सके। वे न शेर के किए शिकार को देखने जाते हैं, न सुबह की ठण्डक में बाहर निकल कर उसके पदचिह्नों को देखने के लिए जाते हैं और न ही निशाने के असफल होने पर असफलता के कारण को जानने और समझने के लिए घटना-स्थल पर जाते हैं।

मैं अपने मित्र सरदारजी के नित्य-प्रतिदिन दिन की शिकायतों से तंग आ गया था। मैंने स्पष्ट शब्दों में उनसे कह दिया कि यदि वे वापस जाना चाहते हैं तो जा सकते हैं। मेरा घोड़ा ले जा सकते हैं। परन्तु मैं एक सप्ताह से पहले वापस नहीं जाऊँगा। वे मेरे दृढ़ निश्चय को सुनकर चुप रह गए और उदास मन से वहीं ठहरे रहे।

मैं नरभक्षक शेर को खोजने का प्रयास करता रहा। मेरी लगन से मुझे पुन्नु और उसके मित्र के अतिरिक्त अन्य गाँववालों से भी सहयोग मिल गया। तब मैं नरभक्षक को खोजने में अकेला नहीं रहा। वे भी उसका समाचार इकट्ठा करने के लिए आसपास की बस्तियों में जाते थे। कटरों को उपलब्ध कराने में मेरी सहायता करते थे। मेरे लिए कटरे बाँधते थे और मचान बनाते थे, और जंगल में जाकर, उसके पदचिह्नों की खोज करते थे। इस प्रकार उन्होंने थका देने वाले कामों से मुझे बहुत कुछ मुक्त कर दिया था।

नरभक्षक शेर का अपना पिछला शिकार मारे एक सप्ताह हो चुका था। उसे भरपेट भोजन किए भी पाँच दिन बीत चुके थे।

हर बीतते दिन के साथ मेरे मन में नई शंकाएँ पैदा होती थीं। मुझे भय था कि वह भूखा शेर भोजन उपलब्ध करने के लिए शीघ्र ही किसी दूसरे व्यक्ति के प्राण लेगा।

मैंने उसकी पिछली गतिविधियों की जानकारी एकत्रित नहीं की थी। वह मेरी नासमझी थी। मुझे उसके द्वारा की हुई हत्याओं का रेखाचित्र तैयार करना चाहिए था। उसके शिकार करने के क्रम तथा हत्याओं के बीच की अवधि की पूरी जानकारी इकट्ठी करनी चाहिए थी, परन्तु अनुभव के अभाव के कारण मैंने ऐसा नहीं किया था। नरभक्षक शेर प्रायः शिकार करने की अपनी गतिविधियों और रीतियों का हठपूर्वक पालन करते हैं। वे अपने क्षेत्र में रहते हैं और वहाँ से नियमित क्रम से, और नियमित अवधि के बाद दूसरे स्थानों पर जाते हैं।

नरभक्षक शेर बहुत भ्रमणशील होता है, पशुघातक शेर से भी अधिक। वह किसी भी स्थान पर थोड़े से समय में अपनी उपस्थिति को असह्य बना देता है। वहाँ के लोग अधिक सतर्क होकर सुरक्षा रीतियों को अपनाने लगते हैं। तब वह अपनी भूख की परितृप्ति के लिए वहाँ से हटकर, दूसरे स्थान पर चला जाता है। इस प्रकार वह एक स्थान से दूसरे स्थान पर घूमता हुआ अपने क्षेत्र में पुनः लौट आता है। उसके जाने और आने का क्रम और अवधि चूँकि नियमित होती है, इसलिए शिकारी इसका लाभ उठाकर उसकी गतिविधियों का बहुत कुछ सही अनुमान लगा सकता है।

नरभक्षक शेर, नरभक्षक बाघों जैसे साहसी नहीं होते। नरभक्षक शेर जब भी मनुष्य पर आक्रमण करता है, पीछे से करता है जबकि नरभक्षक बाघ सदा सामने से आक्रमण करता है। नरभक्षक शेर अपना भोजन उपलब्ध करने के लिए बस्ती में नहीं जाता। वह सड़कों और जंगल की पगडंडियों पर घूमता है और धीरज से मनुष्य के वहाँ से निकलने की प्रतीक्षा करता है। यदि बहुत से व्यक्ति एक साथ चले रहे हों तो वह पिछले अकेले व्यक्ति पर कूद पड़ता है। इसके विपरीत, नरभक्षक बाघ को गाँव में जाकर मनुष्य पर

आक्रमण करने में कोई संकोच नहीं होता।

अनुभव के अभाव ने मेरे इस कठिन कार्य को और भी दुष्कर कर रखा था। गाँववालों की उदासीनता ने उसे मेरे लिए बहुत निराशाजनक बना दिया था। मुझे सफलता मिलने की बहुत कम आशा थी। मैं थक गया था, कुंठित और उदास था। सरदारजी के मौन तिरस्कार ने मुझे और भी दुखी कर रखा था। मैं उसे और सहन नहीं कर सकता था। इसलिए मैंने कुछ समय के लिए अपने गाँव वापस जाने का निश्चय किया।

रातभर मैं वहीं गाँव में सोया और सुबह होते ही रोज की भाँति शेर के पदचिह्न देखने के लिए जंगल की ओर निकल पड़ा। मैंने यह अपने अतःकरण की तुष्टि के लिए किया था। मैं अपने आपको विश्वास दिलाना चाहता था कि मैंने दादी के हत्यारे को खोजने और मारने के लिए पूरा प्रयास किया था। परन्तु उस दिन भी जंगल में मुझे उसके पदचिह्न नहीं मिले।

मैं गाँव की ओर जाने लगा जहाँ मंगल और सरदारजी सामान बाँधकर मेरी प्रतीक्षा कर रहे थे। मैं खिन्न मन धीरे-धीरे चल रहा था और अपने आपको विश्वास दिला रहा था कि मैंने वह सब किया है, जो मैं कर सकता था। यह सच्चाई से बहुत दूर भी नहीं था, तथापि मुझे अपने किए पर सन्तोष नहीं था। मैं उदास मन जंगल के किनारे पर बैठ गया। दिन काफी निकल आया था परन्तु मन की खिन्नता बराबर बनी हुई थी।

तभी मुझे पुन्नु अपनी ओर आता दिखाई दिया। वह तेज-तेज चल रहा था। उसकी चाल बता रही थी कि वह मुझे कोई आवश्यक सूचना देना चाहता था। मैं उठा और उसकी ओर गया। थोड़ा चलने पर हम दोनों मिल गए।

उसने मुझे बताया कि वह सुबह पास वाले गाँव गया था। वहाँ उसे शेर द्वारा एक अन्य हत्या करने की सूचना मिली थी। शेर ने जिस बस्ती में हत्या की थी, वह उस गाँव से करीब छह मील दूर थी। वह उसी समय उस बस्ती में गया। वहाँ उसकी माँ का मायका था। वहाँ जाकर उसे पता चला कि शेर ने जिस लड़के को मारा था, वह उसका ममेरा भाई था। उसकी आयु केवल सोलह वर्ष थी।

इस सूचना से मेरी दुविधा खत्म हो गई। मैंने वहीं पर उसी समय अपने गाँव जाने का विचार छोड़ दिया और निर्णय लिया कि जब तक मैं उस नरभक्षक को अपनी बन्दूक का निशाना बना नहीं लूँगा गाँव नहीं जाऊँगा। इस निर्णय लेने से मुझे शान्ति मिली। मैं गाँव में लौट आया और चन्द शब्दों में मंगल और सरदारजी से उसे कह सुनाया। मैंने सरदारजी से यह भी कहा कि यदि वह गाँव लौटना चाहें तो निःसंकोच चले जाएँ। वापस जाने के लिए वह मेरा घोड़ा भी ले जा सकते थे। मेरे निर्णय से सरदारजी को कष्ट पहुँचा, परन्तु एक खिलाड़ी की तरह वे वहीं रुके रहे। मुझे अपनी रोचक संगति से वंचित नहीं किया यद्यपि उस स्थिति में मैं उसका आनन्द उठाने की मनःस्थिति में नहीं था।

मैंने जल्दी से खाना खाया और अपने गाँव से उलटी दिशा की ओर, उस बस्ती

के लिए चल पड़ा जहाँ उस नरभक्षक ने पुन्नु के ममेरे भाई की हत्या की थी। सरदारजी ने पुन्नु और जेन्दू के साथ शाम को मेरे पास पहुँचने का इरादा बताया।

मैं जब बस्ती में पहुँचा, दोपहर के दो बजे थे। गाँव वाले उस बालक के मृत शरीर को वहाँ से उठा लाए थे और उसका संस्कार कर चुके थे।

शेर ने पिछली रात उस बालक को मारा था। उस समय वह अपने पशुओं के साथ जंगल से घर लौट रहा था। उसके साथ एक और लड़का भी था। वे दोनों अपने-अपने पशुओं को जंगल में से बाहर निकाल लाए थे। एक पशु जंगल के किनारे पर आकर जंगल में पुनः प्रवेश कर गया। पुन्नु का ममेरा भाई उसे लिवाने के लिए जंगल में गया था। साँझ हो गई थी। लौटने में देरी हो रही थी। पशु घर लौटने के लिए बेचैन हो रहे थे। जो पशु जंगल में गया था, वह भी वापस लौट आया था। परन्तु पुन्नु का ममेरा भाई लौटकर नहीं आया।

दूसरा लड़का डर गया। डरकर वह जोर-जोर से उसे पुकारने लगा। उसके चिल्लाने की डरी हुई आवाजों को सुनकर बस्तीवाले उसके चिल्लाने के कारण को जानने के लिए उसके पास पहुँच गए।

वे सब बहुत चिन्तित थे। परन्तु उस समय कोई भी जंगल में नहीं गया। बालक के यों खो जाने का उन्हें दुख था लेकिन वे उस समय जंगल में नहीं जा पाए। सुबह होते ही वे उसकी खोज में निकल पड़े और उनकी शंका की पुष्टि हो गई। उसका आधा खाया हुआ शरीर झाड़ी में से मिला।

यह कहानी बहुत दुखदायी थी और बहुत समय तक लोग उसकी चर्चा बार-बार करते रहे।

VI

शव को उठा लेने के कारण बस्तीवालों ने केवल शेर को ही उसके भोजन से वंचित नहीं किया था, मुझे भी उस अपराधी को दंड देने के अवसर से विमुख कर दिया था यद्यपि मुझे इसकी बहुत कम आशा थी कि मैं उसे दंड दे सकूँगा।

नरभक्षक शेर प्रायः बहुत चतुर होते हैं। आमतौर पर वे अपने किए शिकार को खाने के लिए वापस लौटकर नहीं आते। अपने पहले अनुभवों से वे शिकारी के वहाँ होने की सम्भावना को समझने लगते हैं। किसी व्यक्ति को मार लेने के बाद यदि नरभक्षक की गतिविधियों में कोई विघ्न-बाधा न डाली जाए, तो वह उसके शव को घसीटकर किसी निर्जन और सुरक्षित स्थान पर ले जाता है, और वहाँ बैठकर भरपेट भोजन करता है। उसके बाद वहाँ से कहीं दूर चला जाता है, क्योंकि हत्या हो जाने के बाद बस्ती में कोलाहल मच जाता है। बस्तीवाले सतर्क हो जाते हैं, और शेर के लिए वहाँ और रह सकना कठिन हो जाता है। अस्तु शेर अपनी स्वाभाविक सतर्कता से काम लेते हुए उस क्षेत्र को छोड़कर कहीं दूर चला जाता है।

पुन्नु के ममेरे भाई की हत्या से बस्ती में विशेष शोरगुल नहीं मचा था। इसलिए उस नरभक्षक के आसपास होने की अधिक सम्भावना थी, ठीक उसी तरह जैसे उससे पहलेवाली हत्या करने के बाद वह बहुत दिनों तक उसी क्षेत्र में रहा था। बालक के शव को बस्तीवालों ने दोपहर के बाद उठाया था इसलिए शेर के उसे खाने के लिए शाम को वहाँ आने की आशा की जा सकती थी। फलतः मैंने शाम को उसी स्थान पर बैठने का निश्चय किया जहाँ से बालक का शव मिला था।

शेर को अतिरिक्त लालच देने के लिए मैंने एक कटरे का भी प्रबन्ध किया और उसे लेकर शाम के तीन बजे के कुछ बाद वहाँ पहुँच गया। वहाँ जाने के लिए मैंने जंगल के किनारे का पतला पथ पकड़ा, जो ऊँचे पेड़ों के जंगल में से जाता था। उस पतले पथ पर न छोटी झाड़ियाँ थीं, और न ऊँची घास ही। जिस स्थान से बालक का शव मिला था, उसे दिखाने के लिए और मचान बनाने में मेरी सहायता करने के लिए, मेरे साथ बालक का पिता तथा दो अन्य व्यक्ति थे।

जंगल में प्रवेश करते ही उन्होंने मुझे शेर के पदचिह्न, और उसके पैरों से दबी घास दिखलाई, और वह कुचली हुई घास भी दिखलाई, जहाँ शव को ले जाते समय उसने लेटनियाँ ली थीं। उसने वह लेटनियाँ क्यों ली थीं ?...क्या अच्छा भोजन मिलने की आशा में या किसी घाव आदि के कष्ट से राहत पाने के लिए ?...पिछली हत्या करने के बाद भी उसने मेरे पेड़ के नीचे यही किया था जबकि उस समय उसे वहाँ से भाग जाना चाहिए था, और, अब फिर मनुष्य के शव को घसीटकर ले जाते हुए रास्ते में रुककर लेटनियाँ लेना !...समझ में नहीं आता।

आधा मील के करीब और चलने के बाद हम जंगल में एक खुले स्थान पर पहुँच गए। वह लम्बे आकार का एक चतुर्भुजी क्षेत्र था। उसकी लम्बाई डेढ़ सौ गज थी और चौड़ाई तीस से चालीस गज।

हम उस क्षेत्र की लम्बाई की दिशा में चलते गए और एक पतले नाले पर पहुँच गए। वह नाला उस क्षेत्र की चौड़ाई में तिरछा बह रहा था और उसने उस क्षेत्र को दो भागों में बाँट रखा था। वहाँ पर पेड़ बहुत कम थे, परन्तु लगभग दस फुट ऊँची घास थी और कुछ उलझी हुई झाड़ियाँ भी थीं। वह शेर उस बालक के शव को उन्हीं झाड़ियों में घसीटकर ले गया था।

मुझे वहाँ मचान बनाने के लिए एक अच्छा साल का वृक्ष मिल गया। वह ऊँचा था और उसका तना मोटा था। परन्तु उस पेड़ में बहुत कम पत्ते थे। वह नाले के पास था। वहाँ से चारों ओर का दृश्य बहुत स्पष्ट दिखाई पड़ता था। मेरे साथियों ने एक चारपाई को रस्सियों से बाँधकर मेरे बैठने के लिए अच्छा आरामदेह स्थान बना दिया।

पौने चार बजे मैं मचान पर चढ़ गया। मेरे साथी बस्ती को लौट गए। उस दिन बहुत गर्मी थी। शेर के सूर्य डूबने से पहले अपने विश्राम-गृह को छोड़कर वहाँ पर आने की सम्भावना बहुत कम थी।

उसके बाद क्या हुआ, इसके स्पष्टीकरण के लिए मैं जंगल के सन्दर्भ में अपनी

और कटरे की स्थिति का संक्षिप्त विवरण देना आवश्यक समझता हूँ।

शेर जिन झाड़ियों में शव को घसीटकर ले गया था वह तिरछे नाले से चालीस गज दूर थी। उस झाड़ी-पुंज और नाले के बीच की धरती रेतीली थी। वह छोटी घास से ढकी हुई थी। उसमें केवल जहाँ-तहाँ दो फुट ऊँची घास के कुछ पुंज थे, जो उस क्षेत्र की दूसरी ओर की झाड़ियों से मिल जाते थे। नाले के जिस किनारे पर मैं बैठा था उसके पास पेड़ों की बीस से तीस गज चौड़ी पट्टी थी, जो उस खुले क्षेत्र को जंगल से जोड़ती थी। जहाँ कटरा बँधा था मैं उसके सबसे नजदीक वाले पेड़ पर बैठा हुआ था। उन पेड़ों के नीचे झाड़ियाँ नहीं थीं। केवल छोटी घास थी। मेरे पेड़ से नदी की ऊपरी दिशा में अस्सी से सौ गज दूर घनी झाड़ियाँ थीं, जो नाले के दूसरे सिरे को जंगल से मिला देती थीं। इन झाड़ियों और पेड़ों के साथ वह क्षेत्र अर्द्धवृत्ताकार बन जाता था और उसका व्यास वह नदी थी।

मेरे और जंगल के बीच पेड़ों की पट्टी से निकलती हुई दो-चार झाड़ियाँ थीं। उनके नुक्कड़ पर मैं बैठा था। वहाँ से मैं उस क्षेत्र के पूरे फैलाव, पेड़ों के जंगल, झाड़ियों और नाले के पार दूर-दूर तक देख सकता था। वहाँ से मैं चारों ओर निशाना लगा सकता था। मैंने इस बात को भी ध्यान में रखा था कि बन्दूक को एक ओर से दूसरी ओर ले जाने में मुझे किसी बाधा का सामना न करना पड़े।

मेरा विचार था शेर यदि वहीं कहीं हुआ तो वह उस गर्मी में पहले पानी पीने जाएगा। उसके बाद कटरे की ओर आएगा। यह भी सम्भव था कि वह ऊपर नाले में ही बैठा हो। इसे ध्यान में रखते हुए मैं पूरे नाले पर नजर रखने के लिए थोड़ा दाईं ओर मुड़कर बैठा। इससे मैं दाईं ओर दूर-दूर तक देख सकता था और निशाना लेने के लिए राइफल को आसानी से घुमा सकता था।

शेर को अच्छी तरह से देख सकने और अपने आप को अच्छी तरह से छिपाने का प्रबन्ध कर लेने के बाद मैंने अपने सिर के पीछे एक पत्तोंवाली टहनी रख ली, जिससे नीचे से यदि कोई ऊपर देखे तो आकाश की पृष्ठभूमि में मेरा सिर पेड़ में ही छिप जाए, उससे अलग दिखाई न पड़े।

मैं बिना आहट किए और बिना हिले-डुले अपनी मचान में निश्चल बैठा था। समय धीरे-धीरे बीत रहा था। प्रतिक्षण धीरे-धीरे बीतते हुए मिनटों में बीत गए, और न बीतनेवाले मिनट घंटों में बदल गए। परन्तु दिन ढल नहीं रहा था। वह ज्यों का त्यों बना हुआ था। उस गर्मी ने मुझे व्याकुल कर डाला। मुझे प्यास लगी। मैंने पानी की बोतल उठाई और दो-चार घूँट भरे। इसने पास के पेड़ पर बैठे एक बन्दर को चौंकाया। उस पेड़ पर बन्दरों की मंडली बैठी थी जो कुछ ही समय पहले वहाँ आई थी। बन्दर एक पेड़ से दूसरे पेड़ पर और एक शाखा से दूसरी शाखा पर कूद रहे थे। वह ऊँचा-ऊँचा बोल भी रहे थे मानो आसपास सबको कोस रहे हों। थोड़ी देर के बाद उनकी मनःस्थिति बदली। वे पेड़ से नीचे उतरकर कुंड के पास चले गए और अपने मुँह को पानी में डालकर पानी पीने लगे। इसी प्रकार वहाँ बन्दरों की अनेक मंडलियाँ आईं और

पानी पीकर चली गईं।

उन बन्दरों में से एक बन्दर बहुत बड़ा और मोटा था। वह अपनी दुम को ऊपर उठाकर चल रहा था। उसकी दुम अन्तिम छोर पर कुछ मुड़ी हुई थी। अपने आत्म-घोषित महत्त्व के घमंड में वह तनावयुक्त दिखाई पड़ रहा था और अपने कदमों को नाप-नापकर रख रहा था। उसने मुझे म्युनिसिपैलिटी के उस नेता की याद दिला दी जो शहर के एक पिछड़े इलाके में धार्मिक उत्सव का उद्घाटन करने आए थे। उसी की भाँति वह बन्दर भी अपने स्वगृहीत और स्वघोषित महत्त्व के प्रति बहुत सचेत था। बन्दर यदि भाषण दे सकता तो मुझे विश्वास है कि वह उस नेता की भाँति अपने महत्त्व पर बल देते हुए बोलना आरम्भ करता।

मैं उन्हें देखने में इतना लीन था कि मेरी दृष्टि किसी और जानवर पर पड़ी ही नहीं। तभी मोरों ने बोलना शुरू किया और उनकी आवाजों ने मेरे ध्यान को उनकी ओर आकृष्ट किया। वे प्यास के मारे खुली चोंचों से नाले की ओर जा रहे थे।

सूर्य पश्चिम में पेड़ों के पीछे छिप गया था। मैं उन दृश्यों को देखने और उनका आनन्द उठाने में इतना मग्न था कि मैं यह भी भूल गया था कि मैं उस पेड़ पर क्यों बैठा था।

तब सहसा मेरा ध्यान कटरे की ओर गया। उसने चरना बन्दर कर दिया था और जंगल की ओर मुड़कर खड़ा था। वह अपना सिर उठाए और नासिकाएँ फुलाए ध्यान से जंगल की ओर देख रहा था। वह बेचैन दिखाई पड़ता था। मैं भी उधर देखने लगा। किन्तु मुझे वहाँ कुछ भी हिलता हुआ दिखाई नहीं पड़ा। सबकुछ शान्त था। तो क्या उसे शेर की गन्ध आ रही थी ? मैंने सोचा। परन्तु हवा भी चल नहीं रही थी। किसी जीव-जन्तु ने संकट की घोषणा भी नहीं की थी। वन-जीवन के सबसे अधिक सतर्क सिपाही और ऊँचे स्थानों में बैठनेवाले बन्दर भी चुप थे। मुझे लगा कि कटरे के ध्यान को आकृष्ट करनेवाला शेर नहीं था।

तब तक सूरज डूब चुका था। असंख्य कीटाणुओं ने आसपास से और दूर-दूर से भिनभिनाना शुरू कर दिया था। उसी समय बन्दरों ने भी जोर-जोर से चिल्लाना शुरू किया। एक-दो मिनट के बाद मैंने उन्हें पेड़ों की ऊँची शाखाओं पर चढ़े हुए देखा। वे डरे हुए-से हड़बड़ाकर एक शाखा से दूसरी शाखा पर कूद रहे थे। शेर के वहाँ होने का मुझे विश्वास हो गया।

मैंने अपनी बन्दूक उठाई। अपने दोनों हाथों में उसे अच्छी तरह से पकड़ा। मेरा दिल और जोर-जोर से धड़क रहा था। साँसें तेज-तेज चलने लगीं और होंठ सूख गए। ऐसी स्थिति में उत्तेजना का मेरा अनुभव यद्यपि क्षणिक होता है तथापि मेरे लिए उन क्षणों का आनन्द इतना पूर्ण और समृद्ध होता है कि मैं संसार की किसी सुख-सम्पदा की तुलना उससे नहीं कर सकता।

अपने श्वासों को ठीक करने के लिए मैंने कुछ गहरी साँसें लीं। मैंने सावधान होकर अपनी आँखों को पेड़ों की पट्टी पर लगा दिया। पाँच मिनट बीते, दस मिनट बीते,

फिर और दस मिनट बीते, किन्तु शेर नजर नहीं आया।

मेरी बन्दूक का वजन साढ़े ग्यारह पौन्ड था। उसका प्रभाव मेरी बाँहों पर पड़ा और मेरा हाथ हल्के से थरथराया। मैंने अपनी बन्दूक अपने सामने उसके ठिकाने पर लगा दी। किन्तु हाथ से नहीं छोड़ी। दस मिनट और बीते। तभी जिन झाड़ियों पर बन्दर बैठे थे उनके नीचे से वह निकलकर बाहर आया। वह एक बन्दर के आकार का भूरा और पीला जीव था जिसे मैंने उस धुँधले प्रकाश में क्षणभर के लिए बन्दर ही समझा था।

वह उस वृक्षहीन धरती पर एक छलाँग में बीस फुट के करीब आगे बढ़ता हुआ कटरे की ओर आ रहा था। प्रत्येक छलाँग के बाद वह दो फुट ऊँची घास के पुंज के पीछे छिप जाता था। वह घास के ऊपर से नहीं बल्कि उसके अगल-बगल से झाँकता था, और फिर पेट को धरती से टिकाकर आगे की ओर सरकता था।

'वह बन्दर नहीं था', मैं यह समझ गया। परन्तु 'वह क्या था' ?...मेरी समझ में नहीं आया। वह पीले और काले रंग का एक भद्दा-सा धब्बा दिखाई पड़ता था। मैं न उसकी टाँगों और बाँहों को देख सकता था और न उसके शरीर को।

कुछ ही देर में वह लगभग चालीस गज दूर घास के एक पुंज में जा पहुँचा। उसने वहाँ से फिर झाँककर कटरे को ध्यान से देखा। तब तक मुझे विश्वास हो चुका था कि वह वही शेर था जिसकी प्रतीक्षा में मैं वहाँ बैठा हुआ था। तथापि वह अपने आकार और आकृति में घोड़े के सिर जैसा दिखाई दे रहा था।

'क्या यह छोटा और विचित्र जीव जंगल का राजा शक्तिशाली शेर हो सकता है ?...क्या यह वही शेर है जो उस सारे क्षेत्र के लिए आतंक और शाप बना हुआ है ?' एक पल भी नहीं बीता था कि मुझे मेरे प्रश्न का उत्तर मिल गया। कटरे के कुछ और निकट आने के बाद वह स्वयं भागकर उससे दूर हट गया और सीधा उठकर खड़ा हो गया। कटरे को देखते हुए वह पीछे को मुड़ा और दो-तीन छलाँगें भरकर झाड़ियों के पीछे पेड़ों की पट्टी में लुप्त हो गया।

मेरा ख्याल था कि वह पेड़ों की आड़ में कटरे पर आक्रमण करेगा। मुझे डर था कि कहीं वह नाले के किनारे और मेरे पेड़ के बीच में से जाकर कटरे पर पीछे से आक्रमण न करे। उस दशा में मेरे पेड़ की छाया और आसपास की ऊँची घास उसे मेरी आँखों से ओझल कर देगी और वह कटरे तक पहुँचकर उसे नीचे गिरा लेगा।

कुछ समय तक प्रतीक्षा करने के बाद मुझे अपने पीछे नाले के किनारे पर एक टहनी के टूटने की आवाज आई। मैं जैसे बैठा था उसमें उस पर निशाना नहीं ले सकता था। यहाँ तक कि अपनी स्थिति को प्रकट किए बिना मैं मुड़ भी नहीं सकता था। इसलिए मैं निश्चल बैठकर उसकी प्रतीक्षा करने के अतिरिक्त कुछ भी नहीं कर सकता था।

मैंने बहुत प्रतीक्षा की किन्तु वह मुझे दिखाई नहीं पड़ा। कटरा उसी ओर देखता रहा जहाँ से वह झाड़ियों के पीछे जाकर आँखों से ओझल हो गया था। मैं बन्दूक तैयार किए हुए और कटरे को देखते हुए, उसके फिर से सामने आने की प्रतीक्षा करने लगा।

बहुत समय बीत गया परन्तु वह सामने नहीं आया। अँधेरा बढ़ गया था। अँधेरा सब ओर से—पहाड़ियों, झाड़ियों और आसपास के जंगलों से आकर मेरे सामने के क्षेत्र में इकट्ठा हो गया था।

वहाँ अँधेरा था। वैसा ही जैसा कृष्णपक्ष में चाँद निकलने के दो घंटे पहले होता है। पास के जंगल के वृक्षों ने उस गहरे अँधेरे को और भी गहरा कर दिया था। कटरे की रूपरेखा भी कठिनाई से दिखाई पड़ रही थी। वह शान्ति से बैठा जुगाली कर रहा था जैसा उसके दाँतों की रगड़ की ध्वनि से पता चलता था।

मैंने अपनी बन्दूक को ठिकाने से लगा दिया और आराम करने के लिए अपने आपको ढीला छोड़ दिया। इसके अतिरिक्त मैं और कर भी क्या सकता था ? मुझे शेर के आने की आशा नहीं थी। उसके जंगल के आसपास होने के कारण मेरी गाँव में वापस जाने की इच्छा भी नहीं थी। मैं बार-बार सोच रहा था कि ठीक प्रकार से छिप-छिपाकर आने के बाद वह शेर वहाँ से भाग क्यों गया ? इस प्रश्न का मेरे पास कोई उत्तर नहीं था। मैं विश्वास के साथ कह सकता था कि उसके भाग जाने का कारण मैं नहीं था; मैंने अपनी उपस्थिति प्रकट होने नहीं दी थी। मैं मचान में बिल्कुल स्थिर बैठा था और मैंने अपने आपको पत्तों और टहनियों में ऐसे छिपा रखा था कि मैं पेड़ का एक अंग दिखाई पड़ता था। मुझे उस पेड़ से अलग देख सकना न मनुष्य के लिए सम्भव था और न किसी और जीव के लिए।...तो फिर, उसके लौट जाने का कारण क्या था ?...उसकी कोई निजी आदत या शारीरिक रोग तथा कष्ट जिसने उसके लिए बड़े या शक्तिशाली जीवों का शिकार करना कठिन कर रखा था। प्रत्यक्ष रूप से उनमें किसी रोग के लक्षण दिखाई नहीं दे रहे थे। सम्भवतः उसे कटरे पर आघात करने की इच्छा ही नहीं थी। शायद सब मांसाहारी जीवों की भाँति उसकी अबाध जिज्ञासा ही उसे उस कटरे की ओर ले आई थी। वह अपनी स्वाभाविक प्रवृत्ति के अनुसार छिपता-छिपाता उसकी ओर आया था। परन्तु सम्भवतः उसे हिरण-भैंसे आदि के खाने की आदत नहीं थी।

मैंने लगभग सत्तर गज की दूरी से उसका जो विचित्र रूप देखा था उसने मुझे असमंजस में डाल दिया था। वह मुझे एक बड़े-से अजगर के सिर जैसा दिखाई दिया था जो धरती पर रेंगते हुए मेरी ओर आ रहा था। उसके अगले पंजे उसके शरीर के नीचे छिपे हुए थे और पीठ सिमटकर सिर के ऊपर उठी हुई थी। उस समय के धुँधले प्रकाश में ऐसा लग रहा था कि सिर के अतिरिक्त वहाँ कुछ और था ही नहीं। जिन लोगों ने बिल्ली को बगीचे की धरती पर अपना पेट लगाए पक्षी के घात में बैठे देखा है, वह उस शेर की उस समय की शारीरिक स्थिति को समझ सकते हैं।

शेर जिस समय छिप-छिपकर कटरे की ओर बढ़ रहा था उस समय उसका आकार इतना छोटा दिखाई पड़ रहा था कि मैं असमंजस में पड़ गया था। मैं पेड़ से शेर को नीचे धरती पर बैठे देख रहा था। मुझे उसके कानों के बीच उसकी पीठ का छोटा सा भाग दिखाई दे रहा था। उस समय वह घास के पुंज के पीछे था, और उस घास ने

उसके शरीर के बहुत से भाग को छिपा रखा था।

इसके अतिरिक्त, उसने अपने सिर को भी उठा रखा था। सामान्यतया शेर चलते समय बिल्लियों की भाँति अपनी नाक को ऊपर हवा में उठाकर और अपने मुँह को शरीर के बराबर सीधा रखकर चलते हैं। वे अपनी ठुड्ढी को अन्दर की ओर और माथे को बाहर की ओर निकालकर चलते हैं। इससे उनकी पीठ की धारियाँ स्पष्ट दिखाई पड़ती हैं। परन्तु उस नरभक्षक शेर की असाधारण स्थिति ने, और उसकी बड़ी-बड़ी आँखों की कठोर दृष्टि ने उसकी रूपाकृति को विकृत कर रखा था।

वह जब तक अपने आपको छिपाकर रख सकता था उसने छिपाए रखा। खुले में आने पर भी उसकी विचित्र रूपाकृति कटरे को पकड़ने में सहायक थी। मैंने हिरणों को देखा है, उन्हें जो जीव विचित्र दिखाई पड़ता है उसे अपनी ओर आते देखकर वे कुतूहलवश खड़े होकर उसे देखने लगते हैं, और फिर उससे पहले कि वे अपने प्राण बचाने के लिए मुड़कर भाग सकें, भागने के लिए समय ही नहीं रहता।

मुझे बहुत निराशा हुई। मैं उस पर निशाना नहीं ले पाया। वह दूसरी बार मेरे सामने आया था और दोनों बार मुझे चिढ़ाते और नीचा दिखाते हुए बच निकला।

मैंने अपने पिछले अनुभवों से सीख रखा था कि निशाना साधने के लिए उस समय तक प्रतीक्षा करनी चाहिए जब तक शेर जीवित जानवर पर आक्रमण न कर ले। वह उसे नीचे गिराने के बाद उसका गला पकड़कर उस पर उस समय तक लेटा रहता है जब तक जानवर मर नहीं जाता। इसमें बहुत समय नहीं लगता तथापि वह निशाना लेने के लिए पर्याप्त होता है। इसके अतिरिक्त उस समय शेर का ध्यान अपने शिकार पर केन्द्रित होता है, इसलिए बन्दूक को कन्धे से लगाने की गति की ओर उसका ध्यान नहीं जाता।

परन्तु उस अनुभव के बाद मैं अपनी बन्दूक को शेर पर उसी समय साध लेता हूँ, जब वह मुझे दिखाई पड़ता है और मेरी गोली चलाने की रेंज में होता है, जिससे कि यदि वह मुड़कर जाने वाला भी हो, तो भी उस पर निशाना लिया जा सके।

VII

मैं उस बस्ती में तीन दिन और रहा। बस्तीवालों को उस नरभक्षक के शाप से मुक्त कराने के मैंने भरसक प्रयत्न किए परन्तु सब निष्फल रहे। मैं प्रतिदिन सुबह से दोपहर तक उसके पदचिह्नों को खोजने के लिए जंगलों में घूमता रहता था। हर शाम को देर-देर तक उसके सम्भावित स्थानों पर बैठता था। मैं सोचता था कि इन प्रयासों से शायद मुझे उस पर निशाना लेने का अवसर मिल जाए। यद्यपि इसकी मुझे बहुत आशा नहीं थी। मैं मन-ही-मन यह जानता था कि उसके उस क्षेत्र में होने की सम्भावना न के बराबर थी। इसके अतिरिक्त उसकी भूख के उग्र होने में भी तीन-चार दिन का समय था। इसलिए वह तीन-चार दिन के बाद ही किसी दूसरे नर की हत्या करेगा। परन्तु

कहाँ ?...किस झोंपड़ी में ?...इसका मैं कोई अनुमान नहीं लगा सकता था।

चौथे दिन स्थिति बिगड़ गई। आकाश पर बादल छा गए। काले-काले भीगे बादल मानो वायु के वेग से घायल होकर हिमालय की पहाड़ियों की ओर बढ़ रहे थे। धरती पर मौसम शान्त था परन्तु वर्षा होने के पूरे आसार थे। लगता था कि एक-दो घंटों में वर्षा होगी, कुछ बूँदें पड़ भी चुकी थीं।

पिछले सप्ताह से अत्यधिक गर्मी पड़ रही थी। आकाश साफ था और दिनभर धूप चमकती थी। लगता था कि मौसम बदलने वाली थी। यद्यपि वर्षा-ऋतु के आने में महीने भर का समय था।

वर्षा के होने से शेर की घात में बैठने में काफी असुविधा पड़ती है। वर्षा के शोर में छोटी-छोटी ध्वनियाँ अथवा महत्त्वपूर्ण आवाजें भी दब जाती हैं। उसकी घात में बैठे अकेले शिकारी के लिए सार्थक और निरर्थक आवाज में भेद करना कठिन हो जाता है। परन्तु वर्षा के अपने लाभ भी हैं, विशेषकर उस शिकारी के लिए जो शेर के किए हुए शिकार के निकट बैठकर उस पर घात लगाता है। वर्षा से धरती नरम हो जाती है, जानवरों के पदचिह्न स्पष्ट दिखाई पड़ते हैं। सूखे पत्तों और सूखी घास के गीले तथा नम हो जाने से शिकारी बिना आहट किए जंगल में चल सकता है। बादलों के आ जाने से मेरे मित्र सरदारजी फिर उदास हो गए। मुझे उनके चेहरे पर परेशानी के लक्षण दिखाई दिए।

मैंने भारी मन से पुन्नु के ममेरे भाई के माता-पिता से विदा ली और सरदारजी के साथ घर की ओर चल पड़ा। पुन्नु का गाँव रास्ते में था। हमने वहाँ तीन घंटे रुककर दोपहर का भोजन करने का निश्चय किया।

हमारे उसके गाँव पहुँचते ही मूसलाधर वर्षा होने लगी। हम भीगते-भीगते बचे। दोपहर को तीन बजे के करीब वर्षा रुकी और हमने आगे जाना शुरू किया। धरती बहुत भीगी हुई थी और घोड़े के पूरे पैर उसमें धँस रहे थे। जहाँ कहीं धरती नरम नहीं थी वहाँ इतनी फिसलन थी कि हमारे लिए चलना कठिन हो रहा था। हम गिर पड़ रहे थे। घोड़े के लिए चलना कठिन हो रहा था, क्योंकि उसकी पैर की नालें घिस चुकी थीं। मुझे उन्हें बहुत पहले बदलवा लेना चाहिए था।

हम पुन्नु के गाँव से मुश्किल से तीन मील गए थे कि तूफान-सा आ गया। चारों ओर गहरे काले बादल झुक आए और देखते ही देखते बादल फटकर बरसने लगे। हम तुरन्त पास की बस्ती में चले गए और गाँव के मुखिया के घर जा पहुँचे। मैं गाँव के मुखिया ध्यान सिंह को पहले से जानता था, क्योंकि मैं वहाँ शिकार खेलने जाया करता था।

शाम को देर तक वर्षा होती रही। हम वहाँ से आगे नहीं जा सके। ध्यान सिंह ने दिल खोलकर हमारा अतिथि-सत्कार किया। हमें रातभर अपने घर में ठहराया और सुख-आराम पहुँचाने का यथासम्भव प्रबन्ध किया। उस पहाड़ी क्षेत्र में आतिथ्य की कुलीन प्रथा थी। अतिथि-सत्कार के बदले में उन्हें कुछ देना मानो उनका अपमान करना था।

उस रात ध्यान सिंह और मैं बहुत समय तक इकट्ठे बैठे बातें करते रहे। बातचीत का विषय गाँव के लोगों की सामान्य समस्याएँ थीं। गाँववासियों का संसार अत्यन्त सीमित होता है। वे खेती-बाड़ी के सन्दर्भ में अपने जीवन की सफलता और असफलता को देखते हैं। वनरक्षक, मालगुजारी के कर्मचारी, देवी-देवताओं के प्रकोप और प्रायश्चित की रीतियाँ, सूखा पड़ना, अकाल और महामारी जैसे विषय उनकी दरिद्रता के मुख्य कारण होते हैं, और यही उनकी बातचीत के मुख्य विषय भी।

उन गाँवों या बस्तियों में दैनिक समाचार-पत्र नहीं जाते थे और न ही देश-विदेश के महत्त्वपूर्ण समाचारों का उनके लिए कोई अर्थ होता था जब तक उन समाचारों का सम्बन्ध उनके दैनिक जीवन की तात्कालिक समस्याओं से न हो। उनके दैनिक जीवन की माँगें बहुत कम थीं और शहरों की तुलना में वे आज भी कम हैं। अपनी थोड़ी सी आमदनी में वे सन्तोष का जीवन व्यतीत करते थे।

ध्यान सिंह ने अपनी सहज बातचीत में मुझे बतलाया कि जंगली-जानवरों ने उसकी खेती-बाड़ी को बरबाद कर रखा था। उसे जितनी फसल की आशा थी, उससे आधी भी उसे वसूल होती दिखाई नहीं पड़ रही थी। ग्रामवासियों की धारणा थी कि भगवान उनसे अप्रसन्न थे और नरभक्षक उनकी अप्रसन्नता का प्रत्यक्ष रूप था। सूर्य डूबने के बाद बस्ती से कोई भी बाहर नहीं जाता था। परिणामस्वरूप जंगली जानवर, हिरण, साम्बर, जंगली सूअर आदि बिना किसी रोक-टोक के रातभर उनकी फसलों को चरते थे।

उसने कहा, 'हमने अपनी फसल को रोज नष्ट होते देखा है। परन्तु हम लाचार हैं, उन्हें रोक नहीं सकते। जंगली जानवर फसलों को नष्ट करने में इतने मस्त हैं कि जिन पौधों और सब्जियों को वे खाते भी नहीं, उन्हें भी अपने पैरों से कुचलकर तबाह कर देते हैं। इस तबाही से भी भगवान का प्रकोप कम नहीं हुआ। नरभक्षक यहाँ चला आया है। उसने एक नवयुवती को मार डाला है, जो जंगल में पशुओं के लिए चारा लेने गई थी।'

'हमारे दिन ही खराब हैं, मेरे भाई।' वह कहता गया। 'भगवान हमसे नाराज हैं। क्यों ?...किस अपराध के कारण ?...मैं नहीं जानता। हमने प्रयश्चित के लिए यथासम्भव उपाए किए हैं। पुजारीजी के कहे अनुसार हमने बारी-बारी से सफेद और काले बकरे भी बलि चढ़ाए हैं। हमने पूजा भी की है। मैंने भगवान पर अपने दाएँ अँगूठे का रक्त भी चढ़ाया है। पुजारीजी ने स्वयं मेरे अँगूठे में चीरा दिया था। परन्तु हमारे कष्ट कम नहीं हुए, और हम अब भी कुछ नहीं कर सकते।

'नरभक्षक अब भी अपने विनाशकारी कार्यों में जुटा हुआ है। लगता है हमारे कष्टों का कोई इलाज नहीं है। तुम्हारे प्रयास भी तो सफल नहीं रहे। मैं यह पहले से जानता था। दुरात्मा को कौन ललकार सकता है ?...उसे कौन पराजित कर सकता है ? यह हमारा प्रारब्ध है, मेरे मित्र।'

मैंने उसके साथ कोई वाद-विवाद नहीं किया और न ही उनके मिथ्या विश्वासों पर

हँसा। मैंने अपने अविश्वास को अपने में ही संयमित रखा और विषय को बदलने के लिए उसके पहले के किए हुए बड़े शिकारों की बातचीत करने लगा।

वह बहुत अच्छा शिकारी था। उसने अपने यौवनकाल में अनेक बड़े और खतरनाक जानवरों का शिकार किया था। मेरे आग्रह करने पर वह बहुत मीठी हँसी हँसा जिसमें उसकी जवानी के मस्त दिनों की अनेक स्मृतियाँ छिपी थीं।

अपने निजी साहस की चर्चा को सरसरी तौर पर कहते हुए उसने अपने शिकार करने की साहसिक घटनाओं की अनेक कहानियाँ सुनाईं। वह एक-नली मजल-लोडिंग बन्दूक से शिकार किया करता था।

मैंने पूछा, 'चाचा, आप बन्दूक चलाने में इतने कुशल हैं, और लोग बहुत प्यार और सराहना से आपनी शिकार-कुशलता की बातें करते हैं। फिर आपने जंगली जानवरों से अपनी और गाँववालों की फसल की रक्षा क्यों नहीं की ? जंगली जानवरों द्वारा उसे यों बरबाद क्यों होने दिया ?'

उसने प्यार भरी नजर से अपनी बन्दूक को देखा, जो एक बहुत मूल्यवान एवं प्राचीन वस्तु की भाँति दीवार पर टँगी हुई थी। वह साफ थी। उस पर तेल लगा रखा था। उच्छ्वास लेते हुए उसने कहा, 'मैंने बहुत समय से शिकार खेलना छोड़ दिया है।'

'परन्तु क्यों ?' मैंने पूछा, 'अपनी फसल की रक्षा करना तो शिकार खेलना नहीं है। आत्मरक्षा या अपने माल की रक्षा में बन्दूक का प्रयोग करना न कानून की नजर में अपराध है और न भगवान की दृष्टि में पाप। तुम इसे जानते हो चाचा। जानते हो न ?'

'हाँ यह सही है।' सहमति दिखाते हुए उसने कहा, 'परन्तु कानून किसने बनाए हैं ? और कौन जानता है, भगवान को क्या पसन्द है और क्या नहीं।...मैंने शिकार खेलना क्यों छोड़ा, यह कहानी ही कुछ और है।' और वह कहने लगा।

'एक बार मैंने शिकार खेलने में गलती से हिरणी मार दी थी। उसे साफ करते समय मैंने देखा कि वह बच्चेवाली थी। मुझे बहुत बुरा लगा। परन्तु उस समय मैं कर ही क्या सकता था ! मैंने उसका गर्भ निकालकर फेंक दिया, और उसे उठाकर घर ले आया। उसे पकाया और खाया, क्योंकि फेंक देना और भी बुरा था। विश्वास करो, मुझे वह खाना अच्छा नहीं लगा। अपराध भाव ने मुझे दुखी कर दिया और बहुत समय तक भोजन करने में मुझे आनन्द नहीं आया।

'उस हिरणी को मारने के कुछ ही दिन बाद मेरी एक बहुत कीमती और सुन्दर भैंस सहसा मर गई। मैं उस दुख से बाहर निकल भी नहीं पाया था कि एक बाघ ने मेरे बैल को मार डाला। वह पशुघातक बाघ जहाँ उसके शव को ले गया था, मैं वहीं उसकी घात में बैठा। मैंने उस पर निशाना भी लिया किन्तु वह घायल होकर बच निकला। दूसरे दिन मैं जब उस घायल बाघ का पीछा कर रहा था, वह सहसा एक झाड़ी से निकला और मुझ पर कूद पड़ा। उसने मुझे बुरी तरह दबा डाला। किसी को भी मेरे बचने की आशा नहीं थी। मैं वर्षभर चारपाई पर पड़ा रहा। जब मैं ठीक हुआ तो मेरी

पत्नी को एक पागल गीदड़ ने काट लिया, और वह एक महीने के बाद जलत्रास नामक रोग अर्थात् पागल कुत्ते के काटने से होने वाले रोग से मर गई। इस प्रकार मैं मुसीबतों से घिर गया। एक के बाद एक मुसीबत आती रही, और यह सब उस गर्भवती हिरणी के मारने के बाद शुरू हुआ था। मैंने अपने पाप का प्रायश्चित किया, पूजा करवाई। तब एक रात देवी माता मेरे स्वप्न में आई, और मुझे शिकार छोड़ देने का आदेश दिया। तभी से मैंने शिकार करना छोड़ रखा है, उसके बाद मैंने कभी बन्दूक नहीं चलाई।'

बुद्धिमत्ता के मिथ्या आडम्बर से अछूती उसकी कहानी ने मेरे दिल और दिमाग को हिला दिया। उसका वह सहज विश्वास न किसी तर्क पर आधारित था और न किसी यथार्थ कारण पर। परन्तु उसने उसके मन में दया और करुणा की जिन भावनाओं को उजागर किया था, वह सब आदर्शों और सद्भावनाओं का मूलाधार है। गलती से एक गर्भवती हिरणी की हत्या करने पर कितने लोगों की प्रतिक्रिया ऐसी होगी ?...कितने पढ़े-लिखे और उच्च शिक्षा प्राप्त व्यक्ति अपने अपराध को इस दृष्टि से देखेंगे, और जीवनभर उसका प्रायश्चित करेंगे ? ध्यान सिंह की भूल ने उसकी आत्मा को बहुत ऊँचा उठा दिया और उसके मन में सदा के लिए दया और करुणा का संचार कर दिया।

मुझे उदास और विचारों में खोया देखकर ध्यान सिंह ने बातचीत का विषय बदल दिया। उसने मुझसे कहा कि मुझे उसकी व्यर्थ की बातों और बुड़बुड़ाने पर ध्यान नहीं देना चाहिए।

फिर पलक मारते हुए वह बोला, 'आदमी जब बूढ़ा हो जाता है तो ऐसा ही हो जाता है। वह आत्मकेन्द्रित और सनकी हो जाता है। अपनी धुन में अपनी ही बातें करता जाता है, और दूसरों को थका देता है। मेरी ओर ही देखो, मैं कितने घंटों से यही तो कर रहा हूँ। मैंने गाँववालों की सहायता नहीं की। जंगली जानवरों से उसकी फसल को नहीं बचाया। परन्तु तुम इसका बुरा नहीं मानना। प्रत्येक व्यक्ति का अपना मानसिक रुझान होता है और उसे उसके अनुरूप व्यवहार करने की छूट होनी चाहिए। ऐसा होने पर लोग एक-दूसरे के विचारों को समझ सकेंगे। विचारों के मतभेदों को लेकर उनमें आपासी झगड़े नहीं होंगे।'

'अब तुम जाओ, जाकर सो जाओ। काफी देर हो चुकी है। इस बूढ़े की बातों ने तुम्हें काफी थका दिया होगा। इसका बुरा मत मानना।'

वर्षा रुक गई थी। रात शान्त और मौन थी और प्रभात होने की प्रतीक्षा कर रही थी। मैं बहुत देर तक सो नहीं सका। मैं उसकी गम्भीरता और सहज बुद्धिमत्ता के बारे में सोचता रहा।

क्या व्यक्ति और व्यक्ति, देश और देश तथा राष्ट्रों के बीच मित्रता स्थापित करने के प्रयास नहीं हो रहे ? क्या इस आधुनिक युग के प्रगतिशील, बुद्धिमान और विशिष्टजन इस समस्या से जूझ नहीं रहे ? तथापि उनके विचार इतने उलझे हुए हैं, और उनके काम एक-दूसरे के इतने विमुख हैं कि समस्या का कोई हल नजर नहीं आता। वे अज्ञान के अँधेरे में बुरी तरह से भटक रहे हैं।

और अब देखिए इस सरल स्वभाव वृद्ध को जिसे शिक्षा प्राप्त करने का सौभाग्य नहीं मिला था और न उसे सभ्य और कुलीन कहलाने का अवसर ही। जानवरों और मिथ्या विश्वासों की अपनी दुनिया में उसने कितने सहजभाव से शान्ति में रहने की बुद्धिमत्ता को पा लिया और अपने दैनिक जीवन में उसे अपने व्यवहार का अंग बना लिया।

VIII

मेरे क्षेत्र के लोग मांसाहारी थे और ध्यान सिंह की बस्ती उसी क्षेत्र में थी। नाहन रियासत के अन्य पर्वतीय क्षेत्रों की भाँति वहाँ की जनता भी निर्धन थी। वे अपने सामान्य भोजन के लिए मांस खरीद नहीं सकते थे।

उनकी अर्थ-व्यवस्था ऐसी थी कि वे विवाह-शादी या विशेष उत्सवों के अतिरिक्त न मांस खरीद सकते थे, और न अपना बकरा काट सकते थे। उन दिनों में हिमाचल प्रदेश के जंगलों में सूअर, साही, हिरण बहुत होते थे और उनका शिकार आसानी से मिल जाता था। खेतों में जब जंगली जानवर आ जाते थे, तो बस्ती वाले उनका शिकार कर लेते थे। उस क्षेत्र की एक प्रथा थी जिसका मैं भी पालन किया करता था। जब भी कोई शिकार करता था, बस्ती के सब लोग मिलकर उसे आपस में बाँट लेते थे। इस तरह बिना किसी आर्थिक और सामाजिक भेदभाव के, शिकार का मांस सबको उपलब्ध हो जाता था।

परन्तु जबसे नरभक्षक उस क्षेत्र में आया था तब से सूरज डूबने के बाद कोई खेत में जाने का साहस नहीं करता था। इसलिए बस्तीवालों ने बहुत दिनों से मांसाहार नहीं किया था और वे मांस का सेवन करना चाहते थे।

मैं उनकी इस आवश्यकता और इच्छा को जानता था। अतएव मैं अपने गाँव जाने से पहले उनके लिए एक-दो जानवरों का शिकार करना चाहता था। बस्तीवाले मेरे सुझाव से खुश थे। सरदारजी को भी मेरा प्रस्ताव पसन्द आया। वे भी मेरे साथ अपनी बन्दूक लेकर जंगल में जाने के लिए तैयार हो गए।

उस बस्ती के निकट एक जमींदारी जंगल था। वह वन-विभाग के अधिकार में नहीं था। इसलिए मैंने अपने गाँव जाने की जल्दी में उसी जंगल में शिकार करने का निश्चय किया।

वह जंगल खुला-खुला था। उसमें न घनी झाड़ियाँ थीं और न बहुत पत्तों वाले बड़े वृक्ष। वह छोटी घास का छोटा सा टुकड़ा था। उसमें कहीं-कहीं छोटी झाड़ियों के कुंज थे और कहीं-कहीं ऊँचे पेड़ों के झुंड। वह जंगल कृषिभूमि से लगा हुआ था। उसके किनारे पर टन, रुणी, चिल्ला और चाल जैसे बेकार पेड़ों की पट्टी थी, जो उसे कृषिभूमि से अलग किए हुए थी।

सामान्यतया उन जंगलों में जानवरों के होने की सम्भावना नहीं होती जिनमें न घनी

झाड़ियाँ हों, न घने पेड़ और जो कृषिभूमि के साथ लगे हुए हों। परन्तु नरभक्षक के डर से लोग सुबह और शाम को अपने घरों में ही बन्द रहते थे। इसलिए मुझे वहाँ एक-दो जानवरों के मिल जाने की आशा थी।

इसी आशा से मैं सुबह छह बजे के करीब जंगल में जा पहुँचा। पिछली रात की वर्षा ने उस सारे क्षेत्र को गीला कर रखा था। मौसम भी अच्छा था। जंगल के सूखे कुरकुरे पत्ते भीगे हुए थे और सूखे घास की परतों ने वर्षा का पानी सोख रखा था। उन पर चलने से आहट नहीं होती थी। पेड़ों से पानी की बूँदें टपक रही थीं। नाले के बहने का धीमा स्वर भी सुनाई पड़ रहा था।

हम चार थे, दो बन्दूकधारी, सरदारजी और मैं और दो हाँका करने वाले। एक गाँव का बाँका जेन्दू और दूसरा मेरा सेवक मंगल। मेरे पास 12 बोर बन्दूक थी और उसकी दोनों नलियों में बॉल एम्युनिशन था। सरदारजी के पास ऐसी ही बन्दूक थी। मेरी दूसरी बन्दूक मंगल के पास थी। वह खाली थी।

हम दोनों बन्दूकधारी बिना आहट किए, चुपचाप नाले के किनारे से दो सौ गज आगे गए और वहाँ जाकर हाँका करने वालों की प्रतीक्षा करने लगे। वे हाँका लगाते हुए प्रत्येक झाड़ी में पत्थर फेंकते और उसे ध्यान से देखते हुए हमारी ओर आ रहे थे। किसी भी झाड़ी से कोई भी जानवर नहीं निकला। हमें बहुत निराशा हुई।

जमींदारी जंगल के आधे भाग में हाँका लगा लेने के बाद हम अगले आधे भाग की ओर बढ़े। वह क्षेत्र झाड़ियों से प्रायः खाली था। उसमें केवल थोड़ी सी झाड़ियाँ थीं और वे भी विशेष घनी नहीं थीं। उसमें छोटे कद के बीस-पच्चीस पेड़ थे।

उस भाग के एक किनारे पर दरार थी, जो इधर-उधर मुड़ती हुई कुछ दूर जाकर एक नाले से मिल जाती थी। वर्षा का गँदला पानी उस दरार से बहकर नाले में जा रहा था। वह दरार इतनी बड़ी थी कि सूखे मौसम में उसमें एक-दो जानवर हो सकते थे, परन्तु उस समय पानी और कीचड़ के होने से इसकी सम्भावना भी नहीं थी।

हमें आगे जाना था। जंगल का दरारवाला टुकड़ा रास्ते में पड़ता था। इसलिए हमने उसमें हाँका लगवाना ठीक समझा। हम बन्दूकधारी आगे गए और हाँका करनेवाले पीछे से हाँका लगाते हुए हमारी ओर आ रहे थे। मैं उस टुकड़े के साथ-साथ चलकर दरार के दूसरे किनारे पर जा पहुँचा और वहाँ दरार से पन्द्रह गज दूर घास के पीछे चींटियों की बॉबी पर जा बैठा। दरार के दोनों ओर पचास गज़ से बड़ा घास का क्षेत्र था। उसकी भूमि समतल थी। उसमें कहीं-कहीं झाड़ियों के कुंज थे।

दरार के दूसरे किनारे की झाड़ियाँ जंगल की ओर झुकी हुई थीं। वें जमींदारी जंगल की सीमा थीं। वृक्षों के वन में भाग जाने वाले जानवरों पर नजर रखने के लिए मैंने सरदारजी को उन्हीं झाड़ियों के पास बिठा दिया। वह स्थान मुझसे लगभग सत्तर गज दूर था।

उस क्षेत्र की घास को सूखने से पहले जला दिया गया था। उसका निचला भाग जला हुआ था परन्तु ऊपरी भाग अधजला था। पिछली रात की वर्षा ने उसके जले हुए

भाग के काले रंग को, और झुलसे हुए घास के पीले रंग को निखार दिया था। उस काले-पीले घास ने मुझे शेर की खाल की याद दिला दी।

हाँका करने वाले निकट आ चुके थे। मैं जेन्दू के खाँसने और उसके तालियाँ बजाने की आवाजें सुन रहा था। वह जानवरों को उनके सुरक्षित स्थानों से निकालने का भरसक प्रयास कर रहा था, परन्तु कोई जानवर नहीं निकला।

'यह क्या ? सब जानवरों को क्या हो गया है ?...बस्तीवालों की खेती को खाकर मोटे हुए इन जानवरों को किसने डरा दिया है ?'...मैं मन-ही-मन अपने आपसे पूछने लगा।

दूसरे ही क्षण मानो मेरे प्रश्न का उत्तर देने के लिए दरार के निकट, मुझसे दस गज दूर, शेर की खाल जैसी काली-पीली धरती पर मुझे हिलती हुई घास दिखाई दी। उसका रुख दरार की ओर था। पलक झपकते ही वह जीव झाड़ी में लुप्त हो जाने वाला था। हिलते हुए घास में मैंने क्षणभर के लिए उसकी झलक देखी। वह तेजी से जा रहा था। उसका रंग लाल था। रंग-बिरंगी तरंग की भाँति वह आकृति तेजी से निकली। मैंने उसे काकड़ समझा और उस पर गोली चला दी। उसके बाद मुझे कुछ सुनाई नहीं पड़ा। न घास के कुचले जाने की आवाज सुनाई दी और न किसी चीज के दरार से टकराने या उसमें गिरने की ध्वनि। मैंने सोचा कि मेरा निशाना खाली गया और मैंने अपने निकम्मे निशाने के लिए अपने आपको कोसा।

मैं हाँका करनेवालों की प्रतीक्षा करने लगा। परन्तु कोई नहीं आया। समय बीत रहा था। समय बीतने की गति बहुत धीमी पड़ गई थी। एक मिनट बीता और फिर दूसरा लम्बा मिनट। किन्तु उनके आने का कोई संकेत नहीं मिला। वे मुझसे बहुत दूर भी नहीं थे, जब मैंने वह निशाना लिया था। उस समय जेन्दू मुझसे तीस गज से अधिक दूर नहीं था। मैंने उसे खाँसते हुए सुना था। 'उन्हें क्या हो गया है ?...वे कहाँ चले गए हैं ?'...मैं सोचने लगा।

मैंने उनकी दस मिनट और प्रतीक्षा की। जंगल बिल्कुल शान्त और मौन था। ठीक जैसे तूफान आने से पहले सागर का होता है। हवा भी चल नहीं रही थी; न ऊपर पेड़ के पत्ते हिल रहे थे और न नीचे घास। पिछली रात की वर्षा से पेड़ों की शाखाओं और पत्तों में जो पानी इकट्ठा हो गया था, उसके धरती पर टकपने की आवाज भी सहसा बन्द हो गई थी। मैं इतना घबरा गया कि जो स्वतः स्पष्ट था, उसे भी समझ नहीं पाया। मैं बहुत बेचैनी से हाँका करनेवालों की प्रतीक्षा कर रहा था और साथ ही मुझे अपने उस भद्दे निशाने के कारण उनका सामना करने में मन-ही-मन संकोच भी हो रहा था।

पाँच मिनट और बीत गए। हाँकेवाले नहीं आए। जंगल की शान्ति ने मेरे मन को अशान्त कर दिया और मैं बेचैन हो गया। मैं और सहन नहीं कर सका, उन्हें बुलाने के लिए सीटी बजाई। मुझे तुरन्त सीटी का जवाब सीटी से मिल गया। परन्तु जहाँ मुझे उनके होने की आशा थी, वह सीटी उससे बहुत ऊँचे स्तर से आई थी। मैंने आते समय

वहाँ न कोई पहाड़ी देखी थी, और न मिट्टी का टीला। फिर वह सीटी कहाँ से आई थी ?

मैं असमंजस में पड़ गया। मैंने इधर-उधर देखा और मुझे जेन्दू एक ऊँचे पेड़ पर बैठा दिखाई पड़ा। वह पेड़ मुझसे लगभग साठ गज दूर था। जेन्दू मेरा ध्यान आकर्षित करने के लिए हवा में जोर-जोर से हाथ हिला रहा था। जब मैंने उसकी ओर देखा तो जेन्दू ने अजीब सा संकेत किया। उसने अपने दोनों हाथों को मुँह के दोनों ओर फैलाकर अपना मुँह खोल दिया।

मैं उसके उस मूक अभिनय का अर्थ नहीं समझ सका। मन-ही-मन उस पर हँस दिया। मैंने उसे जब नीचे उतरने को कहा और अपने निकट आने का इशारा किया तो उसने सिर हिलाकर इनकार कर दिया। तत्पश्चात् थोड़ा सा रुककर उसने दरार के दूसरे किनारे की झाड़ियों की ओर संकेत किया, जहाँ सरदारजी बैठे हुए थे।

परन्तु मुझे उस समय भी कुछ समझ में नहीं आया। मैं चींटियों की उस बॉबी से पीछे हटा, और थोड़ा सा चक्कर लगाकर, उस पेड़ के नीचे जा पहुँचा, जहाँ वे दोनों बैठे थे। उन्होंने मुझे पेड़ पर चढ़ने का इशारा किया। वह छोटे-छोटे काँटों वाला पेड़ था। उसकी कठोर और खुरदुरी छाल त्वचा को काटकर खून निकाल देनेवाली थी और उसकी पीड़ा बिच्छू के काटने से कम नहीं थी।

मैंने उस पर चढ़ने की कोशिश की और त्वचा पर चीरफाड़ सहते हुए उस शाखा पर चढ़ गया जहाँ जेन्दू और मंगल बैठे थे। जेन्दू ने दबी आवाज में बताया कि शेर अपने आपको खींचकर दूर की झाड़ियों में ले गया था। वहाँ वह जीवित है या नहीं, वह नहीं कह सकता।

'शेर ?' मैंने आश्चर्य से पूछा, 'क्या कह रहे हो ?' 'हाँ, शेर।' उसने उत्तर दिया और कहा, 'मेरे हाँका करने से वह दरार की एक घनी झाड़ी से बाहर निकला था। वह जमीन पर लेटा हुआ तुम्हें देख रहा था। उसकी दुम मेरी ओर थी। वह साँप की दुम की तरह ऐंठनियाँ ले रही थी। मैंने उसे साँप समझा। तुम काली-पीली धारियोंवाले आलसी साँपों को जानते हो न ? मैंने उसे वही साँप समझा था, और उसके सिर को कुचलने के लिए, दरार से एक पत्थर निकाला। पत्थर निकालने की ध्वनि ने उसे सतर्क कर दिया। वह कुछ ऊपर उठा और फिर उसने मुड़कर पीछे देखा। वह मेरे निकट था। मुझे उसकी पूरी लम्बाई दिखाई दी। मैं क्षणभर में पेड़ की सबसे ऊँची शाखा पर चढ़ गया। मैंने यह कैसे किया, मैं नहीं जानता। मंगल भी मेरे पीछे आ गया। शेर ने रोषभरी दृष्टि से हमारी ओर देखा, और फिर सामने की ओर देखने लगा जहाँ बॉबी के पास तुम खड़े थे। शेर ने अपनी दिशा बदली और दरार की ओर जाने लगा। जब वह घास के टुकड़े में से जा रहा था तो तुमने उस पर गोली चला दी। मैं पेड़ से सबकुछ देख रहा था। वह सिर के बल दरार में जा गिरा। कुछ देर बाद वह खड़ा हुआ और एक मिनट तक लड़खड़ाने के बाद, दरार में से डगमगाते हुए निकला और घास के पुंज में चला गया। मेरा विश्वास है कि वह अब भी उसी पुंज में है।''

मुझे सरदारजी की याद आई। मेरी वह निर्बुद्धि हरकत सरदारजी के लिए कितनी संकटमयी हो सकती थी, उसने उन्हें कितना मृत्यु के निकट पहुँचा दिया था। किसी भी लक्ष्य को ठीक तरह पहचाने बिना उस पर निशाना लेना महामूर्खता ही नहीं, घोर अपराध भी है, और शिकार के सब नियमों का उल्लंघन करना भी है। मैं बहुत घबरा गया। मुझे सरदारजी की सुरक्षा की चिन्ता हुई। जेन्दू के अनुसार वे उसी स्थान के निकट थे, जहाँ जख्मी शेर पड़ा था। गोली की आवाज सुनने के बाद उन्होंने यदि कुतूहलवश दरार का छोटा पथ पकड़कर मेरे पास आना चाहा तो वे सीधे शेर के मुँह में जाएँगे। यह सोचते ही मैं काँप गया। मैं उस पेड़ से उतरकर सीधे सरदारजी की ओर भागा। जेन्दू और मंगल मेरे पीछे थे।

हमें सरदारजी सकुशल मिले। सौभाग्यवश उन्हें शेर के सन्निकट होने का पता ही नहीं था। वे एक झाड़ी से करोंदे तोड़-तोड़कर खा रहे थे। मैंने कुछ ही शब्दों में उन्हें शेर की उपस्थिति से अवगत करा दिया और उन्हें पेड़ पर चढ़ जाने का सुझाव दिया।

सरदारजी भारी शरीर के थे। बहुत प्रयास करने पर भी वे अपने भारी शरीर को ऊपर उठाकर पेड़ पर चढ़ नहीं पाए। मैंने उन्हें वहाँ से हटकर पेड़ों की पट्टी में बैठ जाने के लिए कहा। वह पट्टी वहाँ से सौ गज दूर थी, परन्तु वह उसके लिए भी तैयार नहीं थे। वे वहीं धरती पर जमे खड़े रहें जैसे कि उन्हें लकवा मार गया हो।

मैंने जेन्दू को एक पेड़ पर चढ़ने के लिए कहा, जो दरार और उस स्थान के मध्य में था। जहाँ हमें सरदारजी को छोड़ने के लिए जाना था। जेन्दू पेड़ पर चढ़ा और उसने इशारों से बताया कि झाड़ी में शेर का कोई चिह्न दिखाई नहीं पड़ रहा, यद्यपि वह अपने उस ऊँचे स्थान से झाड़ी को बहुत अच्छी तरह देख सकता था। मैं मंगल को साथ लेकर छिपते-छिपाते हुए आगे बढ़ा, और फिर यह देखने के लिए कि क्या उस झाड़ी में कुछ था या नहीं, मैंने मंगल को पेड़ पर चढ़ने के लिए कहा। मैं बन्दूक लेकर उस पेड़ के पीछे सुरक्षित खड़ा हो गया।

वह खैर का पेड़ था, उसमें पत्ते नहीं थे। उसकी छाल खुरदुरी थी और घने काँटों वाली थी। उसका घेर लगभग पाँच फुट था और ऊँचाई तीस-चालीस फुट। उसमें दस फुट की ऊँचाई पर एक अच्छी शाखा थी, जो दरार के ऊपर फैली हुई थी। उसमें उससे भी ऊँची एक और शाखा थी जो नीचे वाली शाखा के सामान्तर थी। मंगल निचली शाखा पर खड़ा हुआ और ऊपर की शाखा को पकड़कर उसने झाड़ी-पुंज को ध्यान से देखा। वह झाड़ी-पुंज बिल्कुल उसके सामने था। उसमें उसे शेर दिखाई नहीं पड़ा, और उसने सिर हिलाकर उसे सूचित कर दिया।

मैंने उसे उससे भी ऊपर की शाखा पर चढ़ने का इशारा किया। वह ऊपर की शाखा पर चढ़ गया। परन्तु वहाँ से भी उसे शेर दिखाई नहीं पड़ा। उसने पुनः सिर हिलाकर मुझे सूचित कर दिया। वहाँ से वह उससे ऊपर वाली शाखा पर चढ़ा, परन्तु वहाँ कोई ऐसी दूसरी शाखा नहीं थी जिसे थामकर वह खड़ा हो सकता। वह तने से चिपक गया। मैं संकेतों के लिए उसके मुँह की ओर देख रहा था। सहसा वह मुझे

अतिसतर्क एकटक झाड़ी-पुंज की ओर देखता हुआ दिखाई दिया।

बिना किसी संकेत की प्रतीक्षा किए मैं उस शाखा पर चढ़ गया, जहाँ वह पहले खड़ा था। मैं अपने झूलते हुए शरीर को स्थिर करने के लिए मुश्किल से बाएँ हाथ से उसके ऊपर की शाखा को पकड़ पाया था कि वह झाड़ी-पुंज एक भयंकर गुर्राहट से गूँज उठा। मैंने शेर को अपनी पिछली टाँगों पर खड़ा देखा, और वह मुझ तक पहुँचने के लिए अपने अगले पंजों से उस पेड़ के तने को खरोंच रहा था।

उसके तुरन्त बाद जो हुआ उसकी मुझे स्पष्ट स्मृति नहीं है। मुझे बस इतना ही याद है कि जिस हाथ में मैं बन्दूक लिये हुए था, उसे एक झटके में मैं शेर की दिशा में ले गया और बाएँ हाथ से ऊपर की टहनी को पकड़े हुए मैंने शेर के खुले मुँह में गोली दाग दी। मेरी बन्दूक की नली उसके मुँह से केवल दो फुट दूर थी। बन्दूक के झटके की चोट मेरी उँगलियों और ठुड्डी पर लगी। मेरा वह बहादुर शत्रु मुझ पर ऐसा आक्रमण करना चाहता था मानो उसने अपनी सारी शक्ति मुझ जैसे कायर को सबक सिखाने के लिए संचित कर रखी थी, जो पेड़ों और झाड़ियों की आड़ से अपने दुश्मन पर आघात करते हैं। गोली लगने पर वह अपनी सारी संचित शक्ति के साथ नीचे ऐसे गिरा जैसे कोई वजनी रेत की बोरी भी नहीं गिरती।

कुछ समय तक हम दोनों अपने प्राण बचाने के लिए, दो बन्दरों की भाँति शाखा से चिपककर बैठे रहे। हम हिले नहीं, सम्भवतः हमने साँस भी नहीं ली। खेतों में चिड़ियों के डराने वाली विभीषिका की भाँति हम अपने-अपने ठिकानों पर खड़े रहे। तब मेरा सेवक मंगल जोर से हँस पड़ा। उसे हँसते देखकर, बिना कारण जाने मैं भी हँसने लगा, और हम उस समय तक हँसते गए, जब तक हमारी आँखों से आँसू नहीं बहने लगे।

मैंने कठिनाई से अपनी हँसी रोकी और उस मूर्ख की हँसी के कारण को जानने के लिए उसकी ओर देखा। वह हँसते-हँसते कुछ कह रहा था, जो मैं समझ नहीं पाया। उसने अपनी बाँहें उस ओर फैला दीं, जहाँ सरदारजी और जेन्दू थे। मैंने वहाँ जो दृश्य देखा, उसकी याद मुझे आज भी हँसा देती है।

सरदारजी एक झाड़ी के नीचे खड़े थे और उनके केश उस झाड़ी में उलझे हुए थे। अपने प्राण बचाने के लिए वे वहाँ से भाग जाना चाहते थे, परन्तु झाड़ी के काँटों ने उनके केशों को बुरी तरह से पकड़ रखा था। वे भाग निकलने का बहुत प्रयास कर रहे थे। जितना समय वे पैर चलाते रहे, वह उन्हें दो-तीन मील तक ले जा सकता था, किन्तु दरियाई घोड़े की तरह नाचते हुए वे एक ही स्थान पर खड़े थे।

जिस शेर पर मैंने गोली चलाई थी वह वही नरभक्षक शेरनी थी जिसने मुझे पागल कर रखा था। उस पर सफल निशाना ले लेने के बाद, बहुत समय तक शेर द्वारा हत्या होने का कोई समाचार नहीं मिला। यही उसके नरभक्षक होने का प्रमाण था।

वह शरनी अपंग थी। उसके वक्ष-स्थल और टाँगों-बाँहों में साही के काँटे धँसे हुए थे। उन काँटों के जो भाग बाहर निकले हुए थे, शेरनी ने उन्हें काट रखा था, परन्तु जो भाग शरीर के भीतर धँसे हुए थे उन्होंने उसके शरीर में गहरे घाव कर रखे थे।

एक हाथ के ऊपर के भाग में सड़ी हुई पीव थी। कंठ के नीचे के घाव में काले मुँह और सफेद शरीर वाले कीड़े चल रहे थे।

वह एक आँख से अन्धी भी थी। उसकी आँख के गड्ढे में बाहर को निकला हुआ एक काँटा था। मैंने उसे खींचकर निकाल दिया। वह काँटा डेढ़ इंच अन्दर धँसा हुआ था। उस स्थिति में पहुँचने में उस काँटे को लगभग छह महीने लगे होंगे, और यही उसके नरभक्षक होने की अवधि थी। उस अभागी युवा शेरनी को नरभक्षक बनाने वाला साही ही था।

उस शेरनी ने बहुत कष्ट सहे होंगे। वह बहुत पतली और दुर्बल थी। उसके शरीर में चर्बी नहीं थी और मांस भी घुलता जा रहा था। मुझे विश्वास है कि उसकी मृत्यु जल्दी ही होनेवाली थी। परन्तु तब तक कितने और मनुष्यों की जानें जातीं, कोई नहीं कह सकता।

उसकी लम्बाई सात फुट दो इंच थी—शेरों का एक बहुत ही घटिया नमूना। मेरी पहली गोली उसकी बाईं ओर आखिरी पसली के पास लगी थी। वह उसके दिल को स्पर्श किए बिना उसके वक्ष-स्थल में तिरछी चली गई थी और उसके उसके दाएँ फेफड़े के टुकड़े कर दिए थे।

उसके घावों में से जो पीव निकल रही थी, उसकी दुर्गंध जी मिचलाने वाली थी। उसे खोलने के बाद हम उसकी खाल नहीं उतार सके। उसको दबाने के लिए हमारे पास औजार नहीं थे। इसलिए हमने आसपास से सूखी झाड़ियाँ इकट्ठी कीं और उसके शरीर को वहीं जला दिया।

●●●